天津市经济发展研究院智库报告

天津经济调研2022

◎ 刘福强／主编　冯玲　燕中州　王琦／副主编

Tianjin Economic Investigation 2022

天津社会科学院出版社

图书在版编目（CIP）数据

天津经济调研. 2022 / 刘福强主编 ； 冯玲，燕中州，王琦副主编. -- 天津 ： 天津社会科学院出版社，2023.11

ISBN 978-7-5563-0926-9

Ⅰ. ①天… Ⅱ. ①刘… ②冯… ③燕… ④王… Ⅲ. ①区域经济发展－研究报告－天津－2022 Ⅳ. ①F127.21

中国国家版本馆 CIP 数据核字(2023)第 207961 号

天津经济调研.2022

TIANJIN JINGJI DIAOYAN.2022

责任编辑：杜敬红
责任校对：王　丽
装帧设计：高馨月
出版发行：天津社会科学院出版社
地　　址：天津市南开区迎水道 7 号
邮　　编：300191
电　　话：（022）23360165
印　　刷：北京建宏印刷有限公司
开　　本：787×1092　　1/16
印　　张：18
字　　数：270 千字
版　　次：2023 年 11 月第 1 版　　2023 年 11 月第 1 次印刷
定　　价：78.00 元

踔厉奋发强攻坚　勇毅前行谱新篇
聚力推进经济发展驶上现代化赛道

2022,意义极其重大,历史必将铭记。这一年,党的二十大胜利召开,擘画了全面建设社会主义现代化国家、以中国式现代化全面推进中华民族伟大复兴的宏伟蓝图。这一年,中国共产党天津市第十二次代表大会确定建设社会主义现代化大都市的战略目标,天津市委经济工作会议明确实施高质量发展"十项行动"的重大举措。这一年,天津首战奥密克戎,努力克服疫情影响,一场场艰苦的硬仗,一个个拼搏的昼夜,一幕幕感人的场景,浓缩着城市的万千气象,记录着这极不平凡、极不寻常、极不容易的2022年。

我们勠力同心迎大考、闯难关,以非凡韧劲跨过风雨路上的重重险阻。面对新冠疫情严峻形势带来的超预期影响,我们高效统筹疫情防控与经济社会发展,全面落实国家稳经济"一揽子"政策和接续政策措施,及时制定出台天津市稳经济35条、提振消费19条、稳就业14条、房地产调控12条等政策措施,最大限度释放政策的撬动效应和综合效应,经济发展顶住了压力,保持持续向好态势,全年GDP实现正增长。

我们坚定不移抓项目、促发展,以非凡定力交出高质量发展的攻坚答卷。持续推进京津冀协同发展,积极争取优质资源来津布局,北京企业在津新设机构1406家,新落地重大项目318个、总投资1721亿元,吸纳北京技术合同2256项。以积极承接北京非首都功能为"牛鼻子",抓紧抓牢重大项目调度,积极谋划实施产业投资、基础设施、重大民生等领域项目,清单化推动"十四五"规划项目建设,使之成为全市稳住经济大盘的"压舱石"和高质量发展的引擎。

我们比学赶超对标杆、争先进,以非凡拼劲践行改革创新的使命任务。持续深化"放管服"改革,大力推广电子营业执照应用,实现电子营业执照与电子印章同步发放,出台实施构建高标准市场体系若干措施,在全国首批印发 693 项行政许可事项清单。海光信息、唯捷创芯、华海清科、天纺标等 9 家企业实现上市注册发行。新建脑机交互与人机共融海河实验室,6 家海河实验室开展重大课题 130 余项,"天津号"纯太阳能车迭代升级。产业数字化、数字产业化进程加快,实施智能制造专项资金项目 203 个,新打造智能工厂和数字化车间 100 家。

我们用心用情办实事、惠民生,以非凡底色绘就民生幸福的温暖画卷。坚持用政府的"紧日子"换取百姓的"好日子",全年一般公共预算支出七成以上用于民生领域。聚焦高校毕业生、退役军人、农民工等重点群体实施针对性稳就业政策,城镇新增就业 36 万人。着力推进民心工程、办好民生实事,加快建设"15 分钟社区生活圈",更多养老、托育、健身、文化、医疗设施建在了家门口,建成 50 个"口袋公园",群众转角就能遇见美,更多美好生活新期待正在变为现实。

我们矢志不渝防风险、护平安,以非凡决心牢守和谐稳定的坚固防线。深入贯彻总体国家安全观,树牢底线思维,增强预判性,打好主动仗,坚持不懈防范化解各类风险隐患,社会大局持续安全稳定。精心做好能源保供和电力运行调度,全力做好迎峰度夏、迎峰度冬各项工作;全面加强应急管理和安全生产工作,组织开展一系列综合性隐患排查整治,严格落实安全度汛各项措施,让平安天津的成色更足底色更亮。

惟其艰难,才更显勇毅;惟其笃行,才弥足珍贵。踩在过去一年跌宕起伏的地基上,我们作为奋力攻坚的参与者切身感受到:唯一确定的是不确定性,唯一预期的是超预期,唯一不变化的是变化,我们将在高质量发展上奋楫争先,在高水平改革开放上引领示范,在高效能治理上探索新路,在高品质生活上持续用力,让更多追梦人在天津现代化大都市建设中成就事业。面对新征程,我们坚定踏上现代化建设新赛道,并努力跑好经济研究的第一棒,由天津市宏观经济学会和天津市经济发展研究院联合开展 2022 年天津市经济调研项目,在范小云教授、马国旺教授、赵光勋董事长等专家学者指导下,有关人员从制造业转型升级、战略新兴产业、城市发展等不同侧面开展深度调研和分析,形成 23 项研究成果,并按照主题划分产业发展篇、创新驱动篇、营商环境篇、绿色低碳篇、高品质生活篇五个部分予以呈现,深入分析当下天津面临的发展难题,积极提出破解发展困境的建议。希望本书能为关心天津市发展的相关人士提供研究参考和思路,对促进天津现代化大都市建设有所帮助。

我们深知,自身的研究水平和调研条件有限,可能在很多地方存在不足,真诚期待读者给予指教,对本书的疏漏、不足之处给予批评和指正,我们将感激不尽。

刘福强

2023 年 9 月

目　录

产业发展篇

创新驱动篇

营商环境篇

绿色低碳篇

高品质生活篇

产业发展篇

推动港产城深度融合
做优做强港口经济

魏泳博　天津市经济发展研究院高级经济师
尹晓丹　天津市经济发展研究院经济师
李　锦　天津市经济发展研究院研究实习员

港口经济高质量发展是实现港产城融合发展的关键,坚持推进港口转型升级和资源整合,优化港口功能布局,推动物流通道升级为发展通道、通道经济升级为港口经济,促进城市、产业和港口发展相互赋能,主动对接京津冀协同发展、共建"一带一路"等国家重大战略和发展需求,在推动区域经济协调发展、建设现代化产业体系中发挥更大作用。

一、发展基础

(一)北方国际航运中心建设取得成效

天津港是京津冀重要的"海上门户",承担京津冀大部分外贸集装箱货物海上运输任务,外贸集装箱吞吐量占津冀港口的98%。2022年,天津港集装箱吞吐量为2102万标准箱,位列全国第六位;完成货物吞吐量5.49亿吨,位列全国第八位。天津港形成以东疆、北疆和南疆港区为主体,大沽口港区初具规模,大港港区、高沙岭港区起步发展,海河港区、北塘港区为补充的"一港八区"总体格局。码头设施和进出港航道基本实现专业化和深水化。全港已建成泊位212个,码头岸线总长45.93千米,年综合通过能力5.01亿吨。拥有新港航道、大沽沙航道、大港航道、高沙岭航道等进出港航道,主航道新港航道已达到30万吨级。

（二）港航物流服务生态圈不断完善

天津港已形成货物仓储装卸搬运、船舶靠泊服务、航道疏浚维护、集疏运作业等较为完善的港口服务体系。港航辅助服务已形成船舶代理服务、货运代理服务、船舶管理登记、船舶检验检疫、船舶理货与引航、物流仓储与配送等港航辅助服务体系。东疆保税港区成为我国首个实施国际船舶登记的船籍港。天津拥有较为齐全的船员培训、外派、服务、体检等一体化船员服务机构。小白楼、东疆、于家堡等区域聚集了一批外贸、航运、货代、仓储物流、船务等航运服务企业，马士基、达飞轮船、赫伯罗特、长荣海运等世界前 20 强船舶公司中的 11 家公司在天津设立了分支机构。

（三）临港产业呈现良好发展态势

临港产业包括石油化工、高端装备制造、航空航天、粮油轻纺、商贸以及物流加工等产业。天津石油化工产业已具备从油气开采、炼油、石化、化工到下游产品完整的产业链，同时在轨道交通、船舶与海洋工程、节能环保等装备制造领域具备较完整产业链，更聚集了较为完整的航空制造企业，形成以飞机组装、研发、部附件组装、机载设备和零部件生产、机内饰改装以及航空维修的航空制造产业链，初步建立了航天材料研制、宇航产品总装试验、航天零部件制造、航天技术应用转化的航天产业链。滨海新区是我国重要的粮油轻纺产业基地、北方最大粮油生产基地、全国三个产能最大的油脂加工区之一。商贸呈现良好的发展态势，2021 年，天津口岸进出口额同比增长 25.6%，高于全国平均水平 4.2 个百分点；商品汽车吞吐量为 101.7 万辆，是北方第一大商品汽车进口口岸。天津港进口冻品量连续多年位居全国第一。

（四）港产城初步形成融合发展格局

天津统筹"津城""滨城"和天津港资源，推动港口经济上规模、上水平、上档次，打造一流的集疏运体系、一流的港航服务、一流的管理效能、一流的开发环境，服务国内大循环和国内国际双循环。"津城"——重点培育航运经纪、航运金融、航运发展、海事法律服务等高端航运服务业态,吸引更多国内外航运企业落户于此。"滨城"——重点发展航运物流、冷链物流、汽车物流、保税物流等临港物流业,壮大海洋装备、石油化工新材料、航空航天、粮油加工、冷冻品精深加工等临港制造业,做强航运租赁、航运交易、大宗商品贸易等临港服务业。天津港集团——重点加强港口运营和市场开拓,开辟更多集装箱班轮航线,推进"港、航、物、贸、产"一体化发展。

二、发展情况分析

(一)天津港对城市带动作用待提升

天津港吞吐量贡献率有待提升。吞吐量贡献率反映港口单位货物吞吐量为地区经济带来的总产出,2020—2023 年天津港吞吐量贡献率分别为 2785.44元/吨、2962.00 元/吨、2970.93 元/吨,处于逐年上升的趋势。而同时期上海港吞吐量贡献率为 5984.69 元/吨、6251.62 元/吨、6135.56 元/吨,天津港吞吐量贡献率不到上海港的一半。如表 1 所示。

表1　2022 年全国货物吞吐量、外贸货物吞吐量、集装箱吞吐量前十港口

排名	港口	货物吞吐量 (万吨)	港口	外贸货物吞吐量 (万吨)	港口	集装箱吞吐量 (万 TEU)
1	舟山港	126134	舟山港	56003	上海港	4730
2	唐山港	76887	青岛港	47343	舟山港	3335
3	上海港	72777	上海港	39834	深圳港	3004
4	青岛港	65754	日照港	33213	青岛港	2567
5	广州港	65592	天津港	30530	广州港	2486
6	苏州港 (内河)	57276	唐山港	27279	天津港	2102
7	日照港	57057	深圳港	21052	厦门港	1243

排名	港口	货物吞吐量（万吨）	港口	外贸货物吞吐量（万吨）	港口	集装箱吞吐量（万 TEU）
8	天津港	54902	苏州港（内河）	17318	苏州港（内河）	908
9	烟台港	46257	北部港湾	16756	北部港湾	702
10	北部港湾	37134	烟台港	15606	日照港	580

天津港发展模式相对单一。天津港以生产运输功能为主,与天津"一基地三区"的城市定位不匹配。由 2022 年重点港口各板块营业收入可以看出,在港航服务方面,上海港、宁波港、青岛港等港口物流以及港口服务板块能够在营收占比中达到 40% ~50%,而天津港该部分业务占比只有 21%,仍以集装箱装卸以及煤炭燃油等销售业务为主,占比达 59%。同时业务收入占比最大的板块毛利率低于其他主要港口,这也造成整体天津港收入毛利率较低,盈利水平不高。如表 2 所示。

表 2 2022 年港口营业收入情况

业务板块	天津港股份有限公司			上海国际港务集团			青岛港国际股份有限公司		
	营业收入（亿元）	毛利率（%）	占比（%）	营业收入（亿元）	毛利率（%）	占比（%）	营业收入（亿元）	毛利率（%）	占比（%）
集装箱板	63.7（集装箱、焦炭、原煤、金属矿石等）	27.84	58.86	157.53	41.81	43.52	11.93	73.44	6.75
散杂货板				15.13	9.92	4.18	35.19（液散货）	62.12	19.91
							39.73（金属矿石、煤炭等）	19.49	22.48

业务板块	天津港股份有限公司			上海国际港务集团			青岛港国际股份有限公司		
	营业收入（亿元）	毛利率（%）	占比（%）	营业收入（亿元）	毛利率（%）	占比（%）	营业收入（亿元）	毛利率（%）	占比（%）
港口物流	16.7	34.68	15.43	126.22	27.76	34.87	81.42（港口物流及港口增值服务）	19.96	46.07
其他服务业	5.74	64.16	5.3	25.9	31.43	7.16			
其他	27.09（煤炭、燃油等销售业务）	1.44	25.03	68.93	37.96	19.04	8.44（港口配套服务、工厂、劳务及港机建造）	12.24	4.78
抵减	5	—	—	31.76	—	—	—	—	—
合计	108.22	25.3	—	361.94	37.86	—	176.72	31.49	—

（二）物流通道升级发展通道任重道远

天津港与达到流通中心功能标准存在差距。港口的功能可以用相对集中指数（RIC）来衡量，直观反映港口属性与城市属性对港口城市发展的作用力。RIC < 0.33，表明城市类型为一般城市；0.33 < RIC < 0.75，表明城市类型为临港城市；0.75 < RIC < 1.25，表明城市类型为典型港城；1.25 < RIC < 3，表明城市类型为门户城市；RIC > 3，表明城市类型为流通中心。2020—2023 年，天津港城的相对集中指数分别为 2.34、2.41、2.42，说明天津港目前的功能是城市的门户，但距流通中心的标准还存差距，仍需着力推动物流通道升级为发展通道、通道经济升级为港口经济。

天津港的干线数量已跌落至较低水平，2022 年外贸集装箱航线 76 条，且外贸集装箱航线 82% 为至东南亚、日本、韩国等地区的近洋航线（62 条），至欧美等地区的远洋航线较少。与华东、华南地区其他港口相比，天津港航线数量和近远洋比例与上海港(外贸集装箱航线 310 条,其中,近洋航线 154 条,远洋航线 156 条)、宁波港(外贸集装箱航线 300 条,其中,近洋航线 159 条,远洋航线 141 条)相比,存在较大差距。天津港在环渤海湾港口中的优势地位并不突出,青岛港(外贸集装箱航线 143 条,其中:近洋航线 74 条,远洋航线 69 条)在中南美、地中海、北美等多个航线上更具优势,而天津港仅在欧洲航线上有相对优势。如表 3 所示。

表 3　主要港口航线情况

单位:条

航线	上海	宁波	广州	青岛	天津
近洋航线	154	159	113	74	62
远洋航线	156	141	41	69	14
合计	310	300	154	143	76

(三)港航服务发展能级有待提升

天津航运企业规模相比国内发达港口存在较大差距。天津有航运企业 82 家,营运船舶 462 艘,船舶总运力 354.9 万总吨、4088 客位,而上海有国内水路运输企业及个体户 198 家,营运船舶 1259 艘,船舶总运力 2162.25 万总吨、32876 客位。原中远集团在津散货运输船队南迁广州,对天津航运规模影响较大。据天津航运协会负责人反映,随着中远海运散货运输船队迁到广州,协会会员规模逐渐萎缩,目前仅剩 30 家会员单位。此外,2021 年天津新华·波罗的海国际航运中心指数在全球排第 20 位,与全球第八大集装箱港口的地位不相称,反映出天津航运服务业发展质量还不够高。

(四)临港产业集群效应不明显

与上海等发达城市相比,天津部分临港产业对航运需求偏低,临港产业能级与港城功能适配性不足,存在规模偏小、层次不高等问题。绿色石化产业的化工行业精细化率、战略性新兴产业产值占比与全国平均水平还有差距;海洋装备产业高端产业链、供应链配套不够齐全,未形成完备的船舶维修、燃料油品加工供应等产业体系;航空航天产业关键技术环节的设计、研发及制造能力不足;粮油轻纺产业附加值相对较低,普遍缺乏高附加值产品。如表4所示。

表4 临港产业发展情况

临港产业	存在问题
石化产业	绿色石化产业的化工行业精细化率、战略性新兴产业产值占比与全国平均水平还有差距。石油化工产业下游和高端产品缺乏,基础产业产能较为过剩,高端化学品大量进口。在化学制品领域,企业多数属于日用化学品、涂料油墨油漆制造和部分其他化学产品领域,产业链条缺失明显。
装备制造产业	关键零部件和基础原材料本地化供给不足,关键核心技术和关键核心部件亟待实现突破。智能制造装备领域,工业机器人和工业母机制造规模较小,增材制造装备、建筑材料生产专用装备、冶金专用装备方面的布局不足。在轨道交通装备领域,检测维修领域的基础较弱,集聚的代表性企业较少,在电子技术、自动化设备信息传输领域产业布局不足。在海洋工程装备领域,优质龙头企业较少且缺乏带动作用,产业规模近年来有所下降。
航空航天产业	缺乏具有核心竞争力的本土龙头企业,关键技术环节的设计、研发及制造能力均显著不足。大飞机产业链在航空发动机、机体、机载设备、关键零部件等的原材料供应、设计、研发、制造、部装等方面处于缺失状态。直升机产业链在发动机、旋翼、尾桨、适航、零部件制造、部装、原材料供应等关键部件处于空白。无人机产业链在尖端固定翼等无人机核心零部件的设计、研发和制造上基本处于空白状态,与国外先进水平存在较大差距。
粮油轻纺产业	附加值相对较低,普遍缺乏高附加值产品,亟待进一步优化产业链条。粮油加工产业缺乏棕榈油、茶油等高附加值产品,同时缺乏皂类、脂肪酸、脂肪醇、甘油及各种油脂衍生物和副产品。食品加工业附加值较低,缺乏保健型、功能性等高附加值产品生产。乳制品加工企业较少,亟待引育大型乳品加工企业落户。传统轻纺产业的高端合成纤维、化纤材料等新技术研发力量较弱。
邮轮旅游产业	缺乏邮轮设计、邮轮建造以及关键配套企业,邮轮旅游产业链条有待延伸。缺乏具有地方特色的岸上旅游产品,对商场、酒店、餐饮、旅游资源、旅游保险、旅游金融等环节重视程度不够,缺乏一日游、全域游、深度游等高附加值旅游产品。

9

（五）港产城融合协调发展程度不高

天津港受"远海近陆"的特殊区位条件及沿海捎带等政策缺失的影响,大规模开展国际中转的条件支撑不足,集装箱国际中转比例较难提高。同时天津腹地货源的特点客观上造成铁路对比公路在近距离运输上并无优势,从而造成天津港公路运输方式中集装箱吞吐量相比其他港口占比过高的情况。以公路运输为主的集疏运结构,加之缺乏专用的疏港货运通道的影响,滨海新区北部港城矛盾问题突出,海滨大道、京津高速辅道常处于饱和状态,而海滨大道作为天津港公路集疏港主要道路,也承担着城市交通功能,与港区作业交通存在交叉与冲突,疏港交通与城市交通干扰严重,影响运输效率。

三、值得重点关注的问题

一是关于货物运量问题,既要重视集装箱吞吐量也要关注散货吞吐量。港口流通上规模是港口经济上水平的重要前提。2013—2022 年天津港货物、集装箱吞吐量在津冀中的占比总体呈下降趋势,分别由 36% 降至 30%、90% 降至 80% 左右。从环渤海港口群看,天津港货物吞吐量在环渤海港口群中占比小幅下降,由 2013 年的 14.08% 降至 2022 年的 12.32%;天津集装箱吞吐量在环渤海港口群中占比呈先降后升趋势,由 2013 年的 24.69% 升至 2022 年的 27.83%。长期来看,如果没有货物吞吐量的支撑,天津的国际贸易、航运金融和商务服务等也将面临流失风险。

二是关于融合空间问题,须探索港产城在大空间尺度上的融合。港产城融合发展分为区级、市级、都市圈三个层次。根据伦敦、新加坡、上海等地的经验,港产城发展均历经功能混合、港城分离再到更大空间上探索修复港口和城市及区域关系的过程。以上海为例,港口发展经历黄浦江时代、长江口时代和洋山港时代。改革开放后外向型经济的迅速发展要求上海跳出黄浦江和长江口的发展思维,在小洋山建立了离港深水港区,重塑了港口与城市及区域发展关系,形成了长三角的新引擎。天津港口经济腹地广阔,为实现北方国际航运区目标谋划更大发展空间,应在"津城""滨城"乃至京津冀世界级城市群范围内适度超前探索实现港产城高质量融合发展。

三是关于发展模式问题,对集装箱国际中转比例、海铁联运比例等指标要客观看待。天津港地处渤海湾,为腹地型枢纽港口,受"远海近陆"的特殊区位条件及沿海捎带等政策缺失的影响,大规模开展国际中转的条件支撑不足,集装箱国际中转比例较难提高。另外,天津港腹地货源的特点客观上造成海铁联运货物存在的进出不平衡、箱属箱型不平衡的问题,难以满足铁路部门"双向重载"运输的要求,且铁路又存在无法门到门、集中编组、多次装卸等问题,对比公路在近距离运输上并无优势,也客观制约了海铁联运比例的提升。

四、发展思路

(一)指导思想

以习近平新时代中国特色社会主义思想为指导,全面贯彻党的二十大精神、习近平总书记对天津工作"三个着力"重要要求和对天津港重要指示精神,立足"一基地三区"功能定位,以推动港口经济高质量发展为主题,高标准建设世界一流智慧港口、绿色港口,巩固提升天津港的枢纽港地位,推动物流通道升级为发展通道、通道经济升级为港口经济,促进城市、产业和港口发展相互赋能,打造港产城深度融合的世界级港口城市,建成更好地服务京津冀协同发展和共建"一带一路"的新高地、产业引领的新支点、经济发展的新引擎。

(二)发展路径

1. 提升港口基础服务能级

一是优化外贸航线布局。落实好《天津市促进港产城高质量融合发展的政策措施》,对航运企业落户、新航线开发、航运物流重大项目落地建设、航运功能性机构集聚等给予一定补贴或奖励。对于天津港集团使用自有资金支持引进船公司、加密航线航班,对出资部分在考核方面视同利润。二是强化环渤海内支线建设。推动津冀港口合作,鼓励企业以市场为导向、以资本为纽带加快整合。完善以天津港为中心的环渤海内支线网络建设。依托"两港一航"精品航线,提升内贸货物集装箱化水平,发挥干支联动优势,满足客户的个性化服务需求。三是大力发展集装箱海铁联运。发挥天津港在中蒙俄经济走廊中的优势,加大蒙古国、俄罗斯方向国际海铁联运市场开发,打造全程物流服务品牌。整合推进内陆港布局建设,优化海铁联运班列线路,建立健全铁路运能调配机制。四是加强港口集疏运体系建设。公路方面加快建设集疏运专用货运通道、北港路南延等项目;铁路方面近期加快推进黄万铁路电气化改造,加快建设南疆矿石铁路专用线扩建工程;水运方面进一步深化雄津水运通道前期研究。

2. 提升全球资源配置能力

一是推进大宗商品交易中心建设。加快推进国家进口贸易促进创新示范区建设,培育保税贸易、离岸贸易等新兴业态,探索开展保税展示交易、期货保税交割试点。充分发挥对外开放平台作用,与大商所、郑商所、上交所、广交所等机构建立高水平合作机制,依托天津金融、贸易、口岸、港航等要素资源,探索搭建专业化的商品交易平台。深化与中钢协、中矿协、中煤协等行业平台合作,拓展大宗商品交易货种和规模,建设国际大宗商品交易中心,提升港口对生产资料贸易的支撑保障作用。二是打造进口商品集散地。着力打造能源资源类商品、先进技术设备和关键零部件、消费品三大进口集散地。发展原油进口、国际航行船舶保税油供应资质主体,建设区域性国际航行船舶保税油供应基地。发展汽车保税仓储和转口保税增值服务。培育引进肉类、酒类、水果、水海产品等一批进口贸易促进平台,打造进口食品全产业链基地。结合国际消费中心城市、区域商贸中心城市建设,适应京津冀消费升级需求,建立国际采购、分拨、配送中心和国际物流运营中心。

3. 构建现代临港产业体系

一是支持港口后方关联产业发展。依托北疆、东疆、大沽口港区,推进综合保税区建设;依托大沽口港区,打造先进装备制造基地和粮油精深加工产业集群;依托大港港区,打造世界一流的南港化工新材料基地和石化产业聚集区。

二是做强优势临港产业。争取国家支持建设船舶保税制造与维修基地、全国最大海上工程装备保税制造中心、国家级海洋工程保税研发示范区,打造"综合保税＋产业升级"的样板和标杆。建设天津市海水资源利用技术创新中心,加快推动南港先达15万吨海水淡化示范工程、临港10万吨海水淡化试验场等项目建设。三是加快临港产业升级换代。主动承接北京非首都功能疏解相关产业转移,以重大项目与龙头企业引领产业链发展,构建要素配套齐备、技术含量较高、辐射带动能力较强、先进制造业创新发展的临港产业体系,打造与天津市和滨海新区产业相衔接、相互支撑的临港产业集聚区。

4. 提升航运服务能级

一是集聚现代航运服务市场主体。结合基底优势,在天津市区、滨海新区提升国际航运服务集聚区建设,吸引包括招商局、中远海、中交等中央港航要素企业在京机构,中国海事仲裁委员会等科研服务机构,马士基等世界级港航企业区域总部向天津转移。加强对天津本地交通运输部天科院、中交一航局、中交天航局等港航单位的支持,重点培育具有代表性的航运智库机构。探索成立市属船公司,弥补"港强航弱"的短板。二是提升国际航运中心排名。围绕新华·波罗的海国际航运中心指数体系所含产业要素内容,相关部门和区进一步提升航运服务要素(主要包括航运经纪、船舶工程、航运经营、海事法律、航运金融)和综合环境要素(主要包括政府透明度、政府数字化管理程度、关税税率、营商便利指数、物流绩效指数)的管理和服务水平,进一步增强天津北方国际航运枢纽的影响力和吸引力。三是完善现代航运服务体系。培育航运服务生态,加快港航信息、商贸、金融保险等现代航运服务业的发展,高质量打造国际航运服务聚集区。支持跨境融资租赁做大做强,发展特色航运保险业务,打造北方国际航运融资中心。建立完善的航运人才培养体系,引进上海、大连等知名航运高校、研究机构在天津设立分院,鼓励其定期举办港航发展年会、论坛等,充分集聚人脉、商脉等资源。

推进天津重点产业链高质量发展研究

袁进阁　天津市经济发展研究院经济师
王　刚　天津市经济发展研究院高级经济师
丁绪晨　天津市经济发展研究院经济师

产业链是指各产业之间依据一定经济技术联系、空间布局关系形成的链式形态,其现代化水平体现了一国产业的核心竞争力。在世界地缘政治冲突频发、贸易保护主义兴起、经济出现逆全球化的背景下,全球产业链格局正发生着深刻变化。面对这一形势,党的二十届二中全会明确指出,要"切实提升产业链供应链韧性和安全水平"。习近平总书记多次强调,要"努力掌握产业链核心环节、占据价值链高端地位"。推动产业链高质量发展,是天津贯彻党的二十届二中全会精神和习近平总书记指示的必然要求,是"十四五"时期建设全国先进制造研发基地,实现经济转型升级的重要任务。

一、当前产业链发展面临的形势

近年来,随着地缘政治博弈加剧,世界进入动荡变革期,不稳定和不确定性显著增强,全球产业链格局面临深刻调整,主要呈现以下三大趋势。

(一)多元化、分散化

当前地缘政治冲突频发,全球产业链面临不安全、不稳定的挑战。关键零部件断供、能源粮食禁运、技术制裁等现象时有发生。因此,若一国基础产品和技术对外依存度较高,就有面临断供的风险。面对如此复杂多变的环境,为保证产业链安全和占据产业竞争的有利位置,各国纷纷着手推动本国产业链多元化布局,尤其是加强针对能源矿产、粮食、关键核心技术等的保护。各跨国公司也主动调整战略、分散投资,多点布局产能,推进能源矿产等来源地和运输通道多元化,提高产业链韧性。与此同时,以美国、欧盟、日本为代表的发达国家还展现出强烈的本土化诉求,积极推动制造业关键环节迁回本土。如美国,就通过了《2022 年通胀削减法案》,对电动汽车、太阳能电池板、风力涡轮机等产业给予补贴,并对本地份额和本土生产提出了要求。欧盟也批准"欧盟芯片法案",对欧洲本地的芯片生产给予 430 亿欧元补贴。

(二)数字化、智能化

随着大数据、物联网、人工智能等技术逐渐成熟,全球范围内企业生产、商业模式及市场运行环境发生了深刻变化,特别是 2022 年底生成式人工智能 ChatGPT 的横空出世,更是加速了这一趋势。为适应这一变化,产业链数字化、智能化受到多数国家政府的大力推广。美国先后发布《美国的全球数字经济大战略》《人工智能研究和发展战略计划》等政策,制定了数字化转型和人工智能发展的长期计划,以确保美国持续处于领先地位。欧盟委员会发布《2030 数字罗盘》和《欧洲数据战略》等多份文件,在企业、人才、基础设施、公共服务四方面力推数字化转型,并投票通过了全球首部人工智能法案,即《人工智能法案(AI Act)》,为人工智能的发展制定了相应规范。韩国政府先后出台《大韩民国数字战略》《产业数字化转型促进法》等法案,建立"地区数字创新中心",加快产业的数字化转型,大力拓展数字经济。

(三)绿色化、低碳化

过去产业链的竞争力主要来自成本控制、产品质量和上下游整合等方面,但近年来全球气候变暖,极端天气频发,对世界各国造成重大影响,结合降碳、减污、扩绿的产业链绿色化转型已成为重要趋势和必然要求。发达国家纷纷推出相应的规划、法案、协议,通过多种渠道加速产业链绿色化转型。美国相继通过《通胀削减法》《两党基础设施法》等多项法案,加速推动电动汽车、清洁能源等绿色产业发展。欧盟则早在 2019 年就出台了《欧洲绿色协议》,近期又通过了《"为欧盟重新供能"计划》协议,并计划推出碳边境调节机制(CBAM),对高碳排放进口产品征收特别关税,全方位开展绿色低碳化竞争。日本政府高调发布了《2050 年碳中和绿色增长战略》,提出构建"零碳社会"的目标和重点任务,为日本实现"碳中和"提供了相应的产业指导方向。通过推进产业链绿色化转型提升国际竞争力,已成为全球共识。

二、天津产业链发展基本情况

近年来,天津围绕"1 + 3 + 4"现代工业产业体系,深耕 12 条重点产业链、49 条子链,产业链现代化取得明显成效。

(一)整体规模平稳增长

2022 年,天津 12 条重点产业链发展态势良好,运行速度始终高于全市平均水平,工业增加值占全市规模以上工业比重的 77.9%,比 2021 年提高 5.2 个百分点。链上企业从 2021 年底的 2697 家增加到 2022 年底的 2850 户,全年净增 153 户,同时新增兆讯传媒、美腾科技、海光信息、天纺标等 7 家 A 股上市企业,上市企业总数已达 70 家,增长势头良好。在产业链的有力带动下,高技术产业快速发展,增加值同比增长 3.2%,快于规模以上工业 4.2 个百分点。高端产品产量方面,生产集成电路 27.16 亿块,锂离子电池 10.62 亿只,光纤2259.44 万千米,工业机器人 1.8 万套,城市轨道车辆 240 辆。企业效益稳中向好,2022 年,在链工业企业利润总额同比增长 15.5%,高于全市规模以上工业11.5 个百分点。

(二)重点产业培育成效明显

重点产业培育方面,截至 2022 年底,已形成绿色石化、汽车及新能源汽车、新材料、轻工 4 条规模以上工业年产值超 1000 亿元的产业链,以及生物医药、新能源、高端装备 3 条规模以上工业年产值超 500 亿元的产业链,其中绿色石化产值超 4000 亿元,汽车及新能源汽车产值超 2000 亿元,是天津的支柱产业。

链上企业培育方面,针对产业链薄弱环节,实行梯度培育专精特新企业发展战略,截至 2022 年底,共有四批 194 家企业入选工信部国家级专精特新"小巨人"企业名单,其中,航天精工、天锻、科迈化等公司更是入选国家级制造业单项冠军企业,为天津提升制造业发展能级打下了良好基础。

表 1　天津 12 条重点产业链情况

产业链	产业链概况
信息技术应用创新产业链	分为 CPU 设计和集成电路、网络安全、外设终端、应用软件 4 条子链,其中网络安全子链入选全国先进制造业集群。拥有 360、中科曙光、普林电路、七一二等龙头企业。
生物医药产业链	分为制药、生物制造、医疗器械 3 条子链,其中生物医药子链入选首批国家级战略性新兴产业集群。拥有康希诺、凯莱英、赛诺医疗等龙头企业。
新能源产业链	分为风能、锂离子电池、氢能及其他新能源、太阳能 4 条子链。拥有中环半导体、力神电池、东方风电、金开新能源等龙头企业。
新材料产业链	分为新型无机非金属材料、高端金属材料、新一代信息技术材料 3 条子链。拥有银龙预应力材料、久日新材料、利安隆新材料、PPG 涂料、膜天膜科技等龙头企业。
绿色石化产业链	分为高端精细及专用化学品、高端生产性服务业、特种烯烃衍生物、先进化工材料 4 条子链。拥有渤海化工、中沙石化、天津石化等 26 家龙头企业。
汽车及新能源汽车产业链	分为车身领域、底盘领域、动力领域、汽车电子、新能源核心零部件、整车制造 6 条子链。拥有一汽丰田、大众变速器、电装电子等龙头企业。

续表

产业链	产业链概况
高端装备产业链	分为工业母机、智能装备、轨交装备、海洋装备 4 条子链。拥有渤海装备、博迈科、凯发电气、长荣股份、百利机械装备等龙头企业。
航空航天产业链	分为飞机、卫星、无人机、火箭、直升机 5 条子链。拥有空客天津、航天长征火箭、飞眼无人机等龙头企业。
集成电路产业链	拥有集成电路 1 条子链。拥有唯捷创芯、华海清科、海光信息等龙头企业，其中 5 家为上市公司，2 家市值超千亿。
轻工产业链	分为耐用消费品、日用消费品、绿色食品和特色文旅 4 条子链，拥有爱玛科技、桂发祥、依依卫生用品、玖龙纸业、大冢饮料等龙头企业。
中医药产业链	分为中成药生产、中药饮片加工 2 条子链。国家中医药服务出口基地 3 家，拥有天士力、中新药业、红日药业等龙头企业。
车联网产业链	拥有车路协同装备 1 条子链。建有天津（西青）国家级车联网先导区，拥有中汽数据、博顿电子、希迪智驾、经纬恒润等龙头企业。

资料来源：根据互联网相关资料整理。

（三）科技创新能力持续提升

综合科技创新水平持续保持全国前列。根据世界知识产权组织（WIPO）发布的 2022 年全球创新指数，在全球“科技集群”排名中，天津位居第 37 位，《自然》（Nature）发布的“2022 自然指数科研城市”排名中，天津位居第 20 位，均位于全国第一梯队。全社会研发投入强度达到 3.66%，位居全国第三，自主创新能力持续提升，聚焦原始创新，在物质绿色创造与制造、先进计算与关键软件、细胞生态等主攻方向，打造 6 家海河实验室，已全部投入运行。产业技术创新不断突破，生物医药、绿色石化、高端装备等重点产业领域中涌现出多项原创标志性成果,腹腔微创手术机器人技术、百万吨级乙烯成套技术、煤矿井下智能化采运技术等获得国家科学技术奖。科技型企业"底盘"不断壮大,国家高新技术企业和科技型中小企业均达到 1 万家以上。"海河英才"行动计划进展顺利,截至 2022 年底,累计引进人才 44.5 万人,为科技创新提供有力支撑。

(四)空间集聚格局初步形成

截至 2022 年底,围绕 12 条重点产业链,天津累计建成 12 家国家新型工业化产业示范基地,组织认定两批 20 家市级产业主题园区,涉及集成电路、汽车及新能源汽车等多条产业链,汇聚企业 1206 家,产业集聚度进一步增强。从各产业布局来看,滨海新区实施创新集聚谷行动,加快建设信创谷、声谷、细胞谷、生物制造谷等特色产业集聚区,青禾晶元半导体、新智感知、康希诺创新疫苗产业园、乐纯生物细胞培养器等多个重大项目先后落地,龙头带动作用进一步增强。中心城区充分发挥现代服务业的基础优势,制造业与服务业深度融合,成为设计服务、智能科技等高端生产性服务业核心区域。环城四区与外围五区大力推进"链园结合",按照"一园一特色、一区一品牌"的原则,大力培育特色主题园区,津南智慧家电产业、西青集成电路产业、东丽华明医疗健康产业等产业主题园区先后获得市级产业主题园区授牌,已成为健全产业生态、促进区域产业集聚的重要载体。

三、天津产业链发展面临的问题

产业链发展的实质是产业链水平的现代化,即价值链高端跃升、供需链高效匹配、企业链融通发展和空间链合理集聚,对照这四个维度,天津与北京、上海、广东等先进省市相比,仍存在一定差距。

(一)从价值链维度看,产业发展层级有待提升

从价值链维度看,天津产业链已具有一定竞争力,但产业结构、产品附加值及企业品牌建设能力仍有待进一步提升。一是产业结构仍以传统产业为主,高

技术含量的新兴产业占比较低。据统计,2022年天津高技术制造业增加值仅占规模以上工业比重的14.2%,低于北京、上海,与苏州(占比34.0%)、合肥(占比31.9%)、南京(占比28.4%)等较强的工业城市。二是部分企业仍以生产初级产品为主,向高端延伸不足。以规模以上工业占比最高的绿色石化产业链为例,企业主要集中在中上游,下游精细化工产品和专用化学品生产能力较弱,高性能聚乙烯、改性塑料、碳纤维等高附加值产品明显不足。三是国际知名的一流企业偏少,品牌效应有待提高。《财富》杂志评选的2022年世界500强企业中,中国共有145家企业入围,其中没有天津企业。品牌评估机构"品牌金融"公布的"2022中国品牌价值500强"榜单,天津也仅有7家上榜,远远落后于北京(97家)、广东(72家)、上海(49家)等省市。

(二)从供需链维度看,自主可控能力有待提高

从供需链角度看,天津虽然工业门类齐全,产业配套较为完善,但部分领域自主可控能力有待提高。一是核心技术设备和关键材料存在短板。不但高档数控机床、高档装备仪器等技术设备主要依赖进口,大尺寸硅片、细胞培养基等高端原材料也需要进口,这也造成产业发展受制于人。2022年受芯片供应不足等因素影响,汽车产量出现了一定程度的下降。二是在产业发展过程中,存在部分行业对境外技术依存度较高的问题。根据《天津科技统计年鉴2021》,天津通用设备、汽车、电气机械等行业的规模以上工业企业,技术获取上仍以引进境外技术为主。三是企业自身研发投入不足,根据《中国区域创新能力评价报告2022》,天津仅排名全国第14位,科技活动投入指数低于全国平均水平,有R&D活动的企业占比、企业R&D研究人员占比、企业R&D经费支出占比等多项指标均落后于北京、广东、上海等先进省市,亟待有效改善。

(三)从企业链维度看,全链条协同有待加强

从企业链维度看,企业间及产学间已形成一定协作体系,但数字化程度不高,整体协同效应不足。一是生产性服务业与制造业未能充分融合。一方面开展数字化改造的制造业企业数量较少,制约了生产性服务业的渗透力。

根据《智能制造发展指数报告（2021）》，在智能制造能力成熟企业数量排名中，天津仅位于全国第 32 位。另一方面生产性服务业内部结构失衡，信息服务业占比相对偏低，新兴的工业互联网等产业发展较为滞后，未能适应产业数字化转型的发展要求。二是产学研协同效率有待加强。企业及高校单打独斗、闭门造车较多，围绕产业链进行合作创新较少，尤其在推进天津本地科研成果转化方面成果少、效率不高。根据《中国科技成果转化 2022 年度报告》，在科技成果合同转化金额排名中，天津高等院校与科研机构无一进入前 20 位。此外，天津在高校学科建设上与产业链也未能形成合力。传统优势产业学科建设较好，但与信创、集成电路、生物医药等新兴产业链相关的软件工程、微电子、生物制药等学科资源投入不足，建设相对滞后，专业 A 类院校少，仍有较大提升空间。

（四）从空间链维度看，产业布局仍有待优化

从空间链维度看，天津产业集聚效应初显，但布局仍有待进一步完善。一是集约化水平和亩均效益低。集约化方面，根据自然资源部发布的 2022 年国家级开发区土地集约利用监测统计，天津排名最高的天津港综合保税区仅位于全国第 57 位。亩均效益方面，2022 年，天津单位工业用地产出尚不足 40 亿元/平方公里，落后于广州、上海等城市。二是区域协同存在不足，京津冀产业链合作仍以建立产业联盟、保证物资供应等浅层次合作为主，真正涉及科技转化的深层次合作较少。北京作为全国领先的科技中心，流向外省市技术合同中天津仅占 8.1%，而 90% 以上流向长三角、粤港澳大湾区等其他地区，对天津的技术辐射度偏低。三是产城融合发展水平有待提高，随着产业园区建设的深入推进，生活配套不足问题逐渐凸显。以园区较为集中的滨海新区为例，因为基础公共服务不足，出现了职与住不平衡的问题，大量员工居住在中心城区，上下班通勤时间需 1 小时以上，这也对高端人才的吸引和集聚产生了较大影响。

四、天津产业链发展的对策建议

(一)加快向价值链中高端攀升,增强产业链竞争力

一是加快从价值链低端环节向高端延伸。支持绿色石化、航空航天、集成电路等"短链"通过精细化工和制造业服务化等手段延伸产业链和价值链,拓展上游研发、关键零部件供应或者下游终端产品生产等价值链高端环节。二是聚焦 12 条重点产业链,吸引央企、世界 500 强等优质企业落户天津,支持本土龙头企业做大做优做强,加快培育一批技术、规模、效益达到国内一流水平的企业。三是加强质量品牌标准建设,建设天津商业品牌建设服务平台,举办天津质量品牌博览会系列活动,打造一批质量可靠、美誉度高的天津市自主品牌,重新振兴一批津门老字号,擦亮天津制造的金字招牌。

(二)突破"卡脖子"技术,实现产业链关键环节自主可控

一是对产业链风险进行清单化梳理。绘制 12 条重点产业链的产业链、供应链图谱,梳理原材料及关键零部件的断链断供风险清单,做好备品备件储备。打通各产业链关键卡点,增强稳定性。二是用好"揭榜挂帅"机制,开展精细化扶持。针对长期依赖进口的产品和技术,筛选对天津产业链发展具有战略意义的企业名单,对产业链关键技术攻坚给予专项资金支持。三是产业链多元化布局。发挥国内超大规模市场和创新潜力巨大的优势,在全力"稳出口"的同时,将产业链的研发生产流通消费更多依托国内市场,积极寻找关键原材料和核心零部件的国内备选供应商,促进产业链多元稳定。

(三)推动全链条数字化转型,提升产业链协同发展水平

一是推动传统产业数字化改造,以"工业云平台"、数字车间和智能工厂为抓手,深入推进企业"上云用数赋智"行动,推动制造业和信息软件服务业等生产性服务业深度融合,全面提升传统制造业数字化协同能力。二是以数字产业

化为导向,积极培育元宇宙、车联网等新型数字产业,以互联网平台企业、ICT(信息技术通信)领军企业为主导,大力建设工业互联网平台,提高全产业链数字化水平。三是密切产业链创新链关系,由政府牵头建设线上线下相结合的技术交易网络平台,推进科研院所与企业对接制度化,支持科研院所承接企业生产过程中的技术难题,从而对产业链发展形成更好支撑。

(四)发挥双循环优势互补机制,优化产业链空间布局

一是充分发挥 RCEP(《区域全面经济伙伴关系协定》)、OBOR("一带一路")倡议的政策红利,加强与 RCEP 成员国及 OBOR 沿线国家技术对接与产业合作,利用天津自贸区打造外循环枢纽节点,密切天津与国际产业链的分工合作,促进"国际大循环"。二是依托京津冀世界级城市群建设,结合三地特色产业,高质量建设一批京津冀世界级先进制造业产业链,推进滨海中关村科技园、宝坻中关村科技城产业共建,增强区域产业链协同性和整体竞争力,实现"区域中循环"。三是以产业链发展为主线,以重点产业园区为载体,积极盘活存量土地、处置低效用地、科学规划,推动资源向优质高效领域集中。完善产业园区各项基础设施建设和公共服务功能,推动产业空间由单一生产功能向综合功能转型升级,充分发挥"城市小循环"作用。

(五)强化要素支撑水平,保障产业链高质量发展

一是夯实人才支撑。围绕软件工程、微电子、生物制药等产业链相关薄弱学科,加大对高水平科技创新人才和科研团队的引进力度,积极推行院校、企业等共建教育培训平台,将高校学科建设向产业链需求靠拢,加快基础研究型人才和创新型专业技术人才队伍建设,提高教育的针对性和总体水平。二是多元化企业投融资渠道。加大财政资金对产业链提升改造支持力度,探索设立天津产业链现代化投资基金,引导银行等金融机构加大对链上企业贷款投放规模,支持链上企业上市挂牌及发行债券直接融资,为企业长期发展提供资金。三是优化营商环境。对接国际高标准营商环境评价体系和市场规则体系,持续推进"放管服"改革,不断完善土地、劳动力、资本、技术等要素市场化配置机制,营

造产业链高质量发展环境。

参考文献

［1］盛朝迅:《推进我国产业链现代化的思路与方略》,《改革》2019 年第 10 期。

［2］钱平凡:《制造业高质量发展要义与政策建议》,《发展研究》2020 年第 10 期。

［3］孟祥宁:《科技创新赋能产业链高质量发展》,《当代广西》2021 年第 7 期。

［4］江小国:《推进制造业产业链现代化的问题、路径及保障措施研究》,《当代经济》2021 年第 11 期。

［5］孙媛、王得新:《天津推动产业链与创新链融合发展研究》,《统计与管理》2022 年第 2 期。

滨海新区制造业高端化发展研究

丁绪晨　天津市经济发展研究院经济师

王　刚　天津市经济发展研究院高级经济师

袁进阁　天津市经济发展研究院经济师

制造业是城市经济发展的根基和重要引擎,对国民经济的发展具有重要作用。滨海新区是天津制造业发展的主阵地和实施制造强市战略的主抓手,充分发挥滨海新区制造业优势,不断夯实制造业根基,推动制造业发展加速向高端化迈进,能够更好地发挥滨海新区的支撑引领作用,提升城市综合竞争力。

一、滨海新区制造业发展现状

今年5月,天津陆续发布了制造业高质量发展行动方案、滨海新区高质量发展支撑引领行动方案,将制造强市建设战略提升到了新的高度,为滨海新区制造业发展擘画了蓝图。当前以滨海新区为引领的全市制造业正从"去低效产能、优存量结构"阶段走向"重塑制造业优势、强发展新动能"的关键阶段。

(一)制造业根基逐步夯实

天津始终坚持把发展经济的着力点放在实体经济上,坚决贯彻落实制造业立市战略,加快制造强市建设,制造业增加值占工业的比重超过60%,制造业支撑作用不断增强。滨海新区是天津制造业发展的主阵地,涵盖29个制造业行业大类,制造业增加值占全市的比重接近50%,占新区地区生产总值的25.5%,高于全市2.7个百分点,制造业根基正加快夯实,具有整体的产业规模优势。从主要行业看,汽车制造业、计算机通信和其他电子设备制造业、化学原料和化学制品制造业三大行业产值规模均超过千亿元。从重大项目看,一汽丰田、长城汽车新能源车型已经顺利下线,环欧高效太阳能超薄硅晶片项目成功投产,中石化 120 万吨大乙烯、大众变速器 APP550 电动汽车驱动电机、空客二线等优质制造业项目稳步推进,对新区制造业发展提质升级形成强有力支撑。

(二)新兴产业发展迅速

近年来,滨海新区制造业产业结构不断优化,新动能领域保持较快增长,战略性新兴产业和高技术制造业增加值占比稳步提升。2022 年,滨海新区规模以上工业战略性新兴产业和高技术制造业增加值分别占全市的 58.2%、64.0%。新区工业战略性新兴产业总产值占全区规模以上工业总产值的 31.6%,高于全市 2.6 个百分点。新兴产业的快速发展推动新区产业结构进一步优化升级。以生物医药产业为例,滨海新区为天津生物医药产业集群的发展核心,产业规模占全市的比重超过 60%,天津滨海高新技术产业开发区的综合竞争力位列全国第 8 名。

龙头企业在产业发展中发挥着重要作用,持续保持领先地位,百强工业企业占滨海新区全区工业总产值的比重超过 77%。中环半导体、恒银金融、特变电工等 5 家企业入选第七批国家级制造业"单项冠军"企业名单,创历年来新高,滨海新区国家级制造业"单项冠军"累计达到 12 家,占全市的 42.9%。在工信部、国家发改委等联合公布的 2022 年度 99 个智能制造示范工厂揭榜单位中,滨海新区有 2 家工厂(干式变压器智能制造示范工厂、微型空气断路器智能制造示范工厂)入选,占全市的一半。

(三)创新能力持续提升

滨海新区积极围绕智能科技产业引领发展,通过以信创产业为主攻方向,大力推进自主创新和原始创新,在信创、人工智能、大数据与云计算、机器人、智能软件等特色优势领域全面发展,全力提升竞争水平。创建了一批先进制造主体园区,如北方声谷、中国信创谷、天津滨海—中关村科技园等,在人工智能、信创、智能科技等领域集聚发展。根据赛迪顾问发布的"先进制造业百强园区(2022)",天津经济技术开发区、天津滨海高新技术产业开发区入选,分列第8、53位,其中,天津经济技术开发区规模以上工业总产值已突破五千亿元。

在加快建设全国先进制造研发基地核心区的过程中,滨海新区企业创新水平持续提升,中海油天津设计院等多家企业进入国家企业技术中心认定公示名单。截至2022年底,滨海新区累计获批9家新型工业和示范基地、13家国家技术创新示范企业、22家国家重点专精特新"小巨人"企业、84家国家专精特新"小巨人"企业和35家国家级企业技术中心。随着5G应用领域的逐步深入,5G场景应用建设逐步加快,累计布局建设智慧园区、智慧工厂等43处5G场景应用。

(四)重点产业链加速提质

从产业链发展情况看,全市重点产业链建设以滨海新区为主导,立足产业链高质量发展,滨海新区集中攻坚信创、生物医药、新能源、新材料、航空航天等10条主导产业链,产业基础高级化、产业链现代化实现大踏步前进。产业链增加值占全市重点产业链增加值的比重达到75.8%,这一占比高于滨海新区地区生产总值占全市的比重(42.8%)和规模以上工业增加值占全市的比重(65.8%)。在信创产业方面,滨海新区已具备一定的先发优势,成为全市信创产业发展的主要集聚地,也是全国信创产业链条最全、聚集度较高的区域之一,拥有相关企业约1200家,年营业收入约900亿元。

目前,滨海新区已发展形成汽车、装备制造、航空航天、石油化工四大优势产业,汽车产业整车产能150万辆,装备制造业方面海工装备制造、海洋工程总承包和服务实力位居全国前列,航空航天产业方面空客A320飞机累计交付超600架;石油化工产业方面形成以南港为主,临港、大港为辅的石化产业园区布局,南港工业区世界一流化工新材料基地正加快建设。

二、滨海新区制造业发展的地区比较

近年来,全国各地都在加力布局制造产业,确立了各自的制造业立市战略,出台一系列支持制造业发展的政策举措,各地制造业竞相发展的势头迅猛、成果颇丰。在全国 19 个国家级新区中,滨海新区的经济规模排在第二位,是第三位青岛西海岸新区的 1.5 倍,但仍不及第一位上海浦东新区的一半。作为经济发展的重要支撑,各地制造业发展状况亦有差距。

(一)带动作用较为突出,产业规模相对偏小

从前述分析可以看出,滨海新区作为全市制造业发展的主阵地,产业规模高居各区之首,在全市制造产业发展中占据重要地位,通过横向比较可以看出滨海新区发挥的带动作用。从制造业对全区经济发展的贡献看程度,2022 年滨海新区工业总产值 11095 亿元,相当于浦东新区的 82.9%,而同期滨海新区 GDP 仅为浦东新区的 43.6%,工业制造业对滨海新区经济发展的贡献程度更高。从本区制造业在全市的占比看,滨海新区工业总产值占全市的比重为 52%,高于浦东新区的 33.1%,滨海新区对全市工业制造业的吸引集聚能力更高。从另一个方面来看,虽然滨海新区制造业占全市的半壁江山,但制造业整体规模仍旧较小,全区制造业增加值不到 2000 亿元、总产值仅 9000 亿元左右。以战略性新兴产业为例,滨海新区战略性新兴产业总产值规模仅为浦东新区战略性新兴产业(制造业部分)产值的一半左右。

(二)高端制造引领不强,产业升级步伐缓慢

在滨海新区工业制造业发展格局中,石油化工等传统产业占据相当分量,高端制造业发展势头良好但仍未占据主导地位,引领作用有待提升。2022 年,滨海新区战略性新兴产业增加值占规模以上工业的比重为 21.5%,低于全市平均水平(24.4%),也低于杭州(44.6%)、青岛(29.5%);高技术制造业增加值占规模以上工业的 13.8%,低于全市平均水平(14.2%),也低于南京

(28.4%),表明滨海新区产业转型升级的步伐有待进一步加快。横向来看，2022 年，浦东新区规模以上战略性新兴产业（制造业部分）产值达 6857.57 亿元，占全区规模以上工业的 51.2%，表明滨海新区在高端制造领域与浦东新区的差距更大。以新能源汽车产业为例，虽然滨海新区具备国家新型工业化汽车产业示范基地和国家级汽车及零部件出口基地优势，也有经开区汽车产业主题园区、保税区氢能产业园加持，但 2022 年新能源汽车产量仅 1.26 万辆，远低于浦东新区（84.68 万辆）的产量水平，在全国新能源汽车产业版图中难有一席之地。

（三）产业集群相对不足，优质企业数量偏少

产业集群在现代产业的发展过程中发挥着重要作用，先进制造业集群是推动产业迈向中高端、提升产业链供应链韧性和安全水平的重要抓手，滨海新区在先进制造业集群的培育方面仍有不足，缺乏规模大、实力强的先进制造业集群，在 2022 年工业和信息化部公布的国家先进制造业集群名单中，与新区相关的仅有京津冀生命健康集群，与江浙沪地区城市存在较大差距，仅上海市就有 3 个集群入选，分别是上海市集成电路集群、上海市张江生物医药集群、上海市新能源汽车集群。从高新技术企业数量上看，截至 2022 年末，滨海新区拥有国家级高新技术企业 4600 余家，与浦东新区基本相当；但从上市公司数量上看，截至 2022 年末，滨海新区共有各类上市企业 53 家，远低于浦东新区（228 家）。

三、滨海新区制造业发展面临的挑战

通过与其他地区的对比可以看出，滨海新区制造业的发展步伐仍然落后于浦东新区等领先地区，与先进制造研发基地核心区的建设目标也有差距，制造业发展过程中仍然面临一些问题与挑战。

（一）传统产业转型困难

近年来，以滨海新区为代表的全市各工业区都在加力实施传统产业转型升

级,高耗能产业调整成效显著,但传统重化冶金工业占比依然较高,化学原料和化学制品制造业、黑色金属冶炼和压延加工业等原材料制造业均属于高耗能产业,约占工业总产值的三成。天津三大化工园区均位于滨海新区,以此为代表的传统重化冶金工业普遍存在规模大、能耗高、成本高、盈利水平低等困境,大而不强、转型困难。

(二)高端产业实力不强

战略性新兴产业和高技术制造业是各地竞相发展的重点,也是衡量地区产业实力的重要标志。滨海新区战略性新兴产业、高技术制造业增加值占比仍然偏低,未能在全市起到支撑引领作用。全区重点产业链中,生物医药、信创、集成电路等产业链规模较小,不仅与绿色石化产业存在差距,也与其他城市存在较大差距。2022 年中国制造业百强企业、中国战略性新兴产业百强企业中,均无滨海新区制造业企业入选。

(三)产业竞争优势有所下降

作为全市新兴产业的增长极,滨海新区虽然已经集聚了一大批石油化工、汽车制造、装备制造等优势产业,但环境容量约束较大,且部分战略性新兴产业主要依靠少数几家大型龙头企业支撑,产业链条不够健全,竞争优势地位不稳固。比如,随着三星、摩托罗拉等手机巨头撤出或转产,天津在智能手机行业失去了优势。在重大标志性产业项目或重大科技基础设施布局方面,与国内其他城市相比,天津缺少优质大项目、好项目,制造业竞争优势减弱。随之而来的是品牌号召力下降,知名品牌逐渐减少。根据艾媒咨询与中国广告主协会联合发布的"2022 年中国杰出品牌排行榜 TOP50",滨海新区无企业入选。

(四)产业配套体系不够完善

滨海新区与市内各区之间一体化发展不平衡,产业发展没有形成强有力的相互支撑关系,还处于开发区发展状态,是依靠引进大型外来企业投资建成的生产制造基地,在总部运营、研发设计等方面存在短板。滨海新区与其他各区之间产业链衔接配套层级不高,各自独立发展,没有形成完整的产业生态、创新生态。各产业链尚未形成良好的产业生态圈,产业链条短、上下游产业配套程度不高、产业链企业聚合力不足,尚未形成从产品研发、设计、生产、销售的完整产业链。比如,在汽车产业方面,核心零部件企业数量较少,尤其是针对未来发展方向的电动化、网联化、智能化等新能源汽车核心零部件企业少,缺乏带动作用强的头部企业。

四、滨海新区制造业发展基础支撑

虽然滨海新区制造业发展面临着不少困难与挑战,但产业发展的根基依旧稳固,发展动能依旧强劲,资源禀赋依然丰富,为制造业的发展提供了强有力的基础支撑。

(一)顶层设计支撑有力

为加快推进制造强市建设,天津以全国先进制造研发基地的功能定位为指引,出台了一系列支持政策,2021 年 5 月出台《天津市制造强市建设三年行动计划(2021—2023 年)》,2021 年 6 月出台《天津市制造业高质量发展"十四五"规划》《天津市工业布局规划(2022—2035 年)》,2022 年 5 月印发《天津市促进工业经济平稳增长行动方案》。同时,"十项行动"中京津冀协同发展走深走实行动、港产城融合发展行动、滨海新区高质量发展支撑引领行动、制造业高质量发展行动等都为滨海新区制造业的发展提供了规划指引,为产业高质量发展指明了方向。

(二)港口作用支撑有力

制造业的发展离不开港口建设,港口是地区经济增长的重要推动力。天津港是我国新亚欧大陆桥的主要通道,也是中国大陆唯一具备三条连接境外通道的大陆桥港口,可以接卸所有进出渤海湾的大型船舶,对外通达 180 多个国家、500 多座港口,集装箱国际航线达 144 条,连续多年位列全球港口十强。天津港口基础设施条件不断提升,内陆服务营销网络不断完善,基本形成了辐射东北、华北、西北等内陆腹地的物流网络,是京津冀、华北及西北地区最便捷的出海口,年集装箱吞吐量超过 2100 万标准箱,港口货物吞吐量达 55000 万吨。

(三)产业基础支撑有力

天津是我国北方重要的工业城市,是先进制造业研发基地,产业门类齐全,是全国工业产业体系最完备的城市之一。滨海新区制造业种类较为齐全,在汽车制造、医药制造、计算机通信等多个行业拥有较高覆盖率,在智能科技、生物医药、新能源新材料、汽车行业多个产业拥有较为完整工业体系。同时,作为全市经济发展的龙头,滨海新区人均 GDP 超过 33.7 万元,是全市平均水平的 3倍;居民人均可支配收入 6.1 万元,约为全市平均水平的 1.3 倍,具有较强的人口和产业吸引力。

(四)创新能力支撑有力

科技创新是制造业高端化发展的核心竞争力。近年来,天津深入实施创新驱动发展战略,区域创新水平持续提升,国家新一代人工智能创新发展试验区获批建设,全面创新改革试验向纵深推进,国家自主创新示范区高标准建设,为制造业发展提供了坚实的科技支撑。天津的全社会研发投入强度超过 3.6%,连续多年位居全国第三,综合科技创新水平指数达到 83.5%,仅次于北京、上海。同时国家高新技术企业和国家科技型中小企业均突破 1 万家,技术合同成交额超 1700 亿元,占 GDP 比重位居全国前列。创新能力的持续提升将为滨海新区制造业的高质量发展提供有力的智力支撑。

(五)战略机遇支撑有力

天津作为国家中心城市,是首都和雄安新区的"海上门户",是京津冀协同发展的重要一域,是"一带一路"海陆交汇点,是中国参与区域经济合作和经济全球化的重要窗口,具有重要的战略地位和支点作用。天津也是我国特殊经济区域形态最齐全的城市之一,拥有国家自贸试验区、国家级新区,以及天津经济技术开发区、滨海高新区、空港经济区、东疆保税港区、中新天津生态城等高水平的功能区和海关特殊监管区。作为全市制造业发展的主阵地和排头兵,滨海新区可以充分享受天津的各项战略机遇。

五、滨海新区制造业高端化发展对策建议

党的二十大提出,要坚持把发展经济的着力点放在实体经济上,推进新型工业化。作为天津制造业发展的主阵地,滨海新区制造业的发展关乎全市发展大局,有效解决滨海新区制造业发展面临的问题与挑战,推动制造业高端化、智能化、绿色化发展,构建面向未来的现代化产业体系,对提升天津城市竞争力具有重要作用。

(一)建设多元开放的制造业创新体系

深入实施创新驱动发展战略,筑牢科技创新根基,大力促进产业链创新链融合发展,建设功能完备、充满活力的创新生态。一是推动产业基础高级化。围绕汽车、高端装备、石油化工、新材料、生物医药、新能源等行业组建科技攻关联合体,主动对接、参与国家产业基础再造工程,提高优势产品的可靠性、稳定性。支持龙头企业通过产业链延伸、业务并购等途径突破制约行业发展的短板。二是培育壮大创新型企业。发挥大企业在产业链现代化中的"链主"作用,提高产业链协同创新能力和抗风险能力,构建大中小企业纵向分工合作、横向资源共享的产业生态。壮大中小企业阵营,引育更多国家高新技术企业,引导企业向专精特新方向发展。三是构建协同创新平台体系。大力推进以企业为主体、市场为导向、产学研深度融合的技术创新体系,在石油化工、新材料、新能源等行业率先鼓励产业链上下游企业、高校、科研院所及金融机构组建创新联合体,推动科技创新资源优势向制造应用能力转化。

(二)主动错位承接京冀优质产业布局

按照"十项行动"完善全域承接格局,深入研究论证滨海新区产业基础与

北京疏解产业的匹配性和互促发展的可行性,精准对接北京非首都功能疏解。一是注重以商招商改落并举。发挥大乙烯等央企重大投资项目的示范效应,吸引更多央企将滨海新区作为新增投产项目的重点地区,依托滨海新区优越的港口和开放平台,打造央企混改综合试验区,吸引央企新增投产项目先混改后落地。二是坚持错位承接,精准孵化。充分利用各类众创空间平台和孵化平台,设立初创企业产业化照护基地,承接制造业硬科技初创企业落户,引导企业适时将孵化成熟项目落地转化。三是构建全方位的产业联盟。促进京津冀先进制造业领域人才及技术的快速流动,鼓励高校、科研院所等技术研发单位之间加强跨区域的产业链分工与合作,借助北京的研发优势,顺势布局北京落地产业的产业链后端服务。

(三)做大做强优势产业集群

构建产业集群梯次培育体系,推动优势产业集群化、配套链条化,打造若干先进制造业集群。一是坚持突出特色错位发展。依据自身禀赋条件进行特色化发展,与其他各区形成合理的产业分工,探索跨区协同培育发展先进制造业集群的机制,建立跨区产业分工协作体系和要素流动体系,更好发挥滨海新区的领头羊作用。二是发挥龙头企业的带动作用。支持集群内的龙头企业牵头,通过产业联盟等组织方式进行集群管理和研发合作,形成横向、纵向融合发展的产业生态,打造集群产业发展命运共同体。三是提升产业链配套发展能力。针对产业集群发展的薄弱环节培育引进关联企业,提升关键环节产品的本地配套率,持续做大优势产业集群,推动石化产业精细化、绿色化转型,汽车产业向新能源、智能网联车转型,装备制造向智能制造、高端制造转型。

(四)加快传统产业赋能改造

传统制造业在滨海新区的制造业体系中仍然占据重要地位,需要因势利导促进传统制造业智能化转型升级。一是提升产业链现代化水平。全力推动产业链升级改造,引导制造业企业从制造环节向高附加值服务环节延伸,推动石油化工、汽车、高端装备等优势重点产业链向价值链中高端攀升,布局精细化工、高端汽车零配件、特种钢材等产品。二是建设统一的云端服务器。针对制造业中小企业等数字化转型困难的企业,建设统一的制造业企业数字化转型云端服务器,为企业提供云计算存储资源、安全等级保护和统一的运维支撑,作为企业生产运营系统的运行载体,减轻企业自建机房和系统维护的成本,专注于智能制造的生产与研发。三是加大金融支持保障力度。推出智能化改造贷款贴息政策,鼓励行业龙头、金融机构设立产业智能化改造基金,统筹推进行业企业的升级改造。

(五)推动产业园区集聚发展

推动园区治理体系变革,瞄准传统产业园区发展的痛点与堵点,调动各方积极性,通过资本和技术平台引导产业集聚发展。一是引导产业园区协同发展。推动功能定位接近、产业链创新链协同的产业园区联手发展,避免产业空间散乱布局和发展雷同,推动具有同类产业的园区建立紧密合作关系,实现园区功能互补,组建产业协作发展投资基金,为各园区产业发展提供资金保障。二是进行园区产业的优化整合。组建平台型园区开发企业,运用市场化手段推动同类产业园区的开发与整合,进而推动战略合作产业园区之间错位发展,打造高品质专业园区。三是打造有影响力的品牌形象。推动园区企业建立技术创新规则体系,加大创新力度,积极搭建研发平台,努力打造高端产品、行业精品;提高对消费市场的重视程度,依托各类展会资源,由园区统一组织开展制造业品牌推介活动,增强本地制造业产品的影响力。

天津市电子商务发展对策研究

刘　营　天津市经济发展研究院经济师

李　锦　天津市经济发展研究院研究实习员

党的二十大报告提出："加快发展数字经济,促进数字经济和实体经济深度融合。"电子商务作为数字经济的主要组成部分,伴随新技术、新模式、新环境不断演进,其融入经济社会发展的广度和深度不断拓展。本文以商贸流通领域为重点,围绕电商发展背景分析其发展短板,深入把握其发展趋势,充分借鉴先进省市经验做法,进一步提出天津电子商务发展的对策建议,强化其与实体经济的有机融合,助力天津经济高质量发展。

一、电子商务迎来发展新篇章

(一)国家双循环战略布局为电商应用带来新场景

世界百年未有之大变局进入加速演变期,贸易保护主义抬头,全球产业链、供应链面临重大冲击,经济全球化遭遇逆流。面对新格局,需要应时应势调整经济发展路径,在努力打通国际循环的同时,进一步畅通国内大循环,提升经济发展的自主性、持续性和韧性,顺势推动发展转向更多依靠创新驱动。电商作为一种数字网络经营方式,具备规模效应和集聚效应优势,是畅通国内国际双循环的关键力量。

(二)数字经济国家战略为电商产业发展带来新机遇

当今世界经济正处于加速向以数字经济为重要内容的经济活动转变中,数字经济正处于密集创新期和高速增长期,大数据、云计算、人工智能等新兴数字技术的迅猛发展与实体经济的深度融合,日益成为推动经济增长的强大驱动力。加快传统企业电商化进程,将有利于推动生产方式智能化、产业生态数字化、产业组织平台化,进而优化要素资源配置效率,提升企业对市场的快速响应能力,并将在数字经济战略布局中获得新的发展机会。

(三)京津冀协同发展需要电商承担新角色

习近平总书记主持召开深入推进京津冀协同发展座谈会时提出"努力使京津冀成为中国式现代化建设的先行区、示范区"的新目标新定位。这不但是天津面临的又一次时代大考,更是唱好京津"双城记"、全力服务北京非首都功能疏解的题中应有之义。天津要进一步强化服务意识,在推动优势产业成龙配套、成链成群,推动现代服务业同先进制造业深度融合中,充分发挥电商经济的纽带、融合、赋能、新动能作用,在改革创新中承担历史新使命、干出新作为。

二、加快天津电子商务发展的优劣势分析

天津电子商务的发展优势主要体现在以下几个方面。

优势一:得天独厚的区位优势。天津地处环渤海地区的中心位置,区域交通发达,拥有港口、航空、铁路、公路等综合立体交通网,也是港口型国家物流枢纽、空港型国家物流枢纽和商贸服务型国家物流枢纽城市,天津港是我国北方最大的综合港口,天津港货物吞吐量已经连续多年位居世界前列,贸易往来覆盖 200 多个国家和地区的 800 多个港口。铁路总里程达 1468 公里,路网密度全国第一,高速公路网密度位居全国第二。天津突出的区位优势和发达的交通物流将为电子商务发展提供强有力的支撑。

优势二:底蕴深厚的产业优势。天津是全国先进制造研发基地,全市规模以上工业企业 5725 家,产业门类齐全,拥有 41 个工业大类、191 个中类、606 个小类,是全国工业产业体系最完备的城市之一。天津拥有长期培育的国内外知名轻工产品、特色食品及 66 个"中华老字号"和 187 个"津门老字号"品牌,无

论质量、工艺、设计,还是价格、品种、品牌都具有显著优势,这些都为电子商务的发展打下了坚实的基础。

优势三:多年积累的发展优势。目前天津有电子商务活动交易的企业数1726 家,比上年增加 285 家。2021 年电子商务销售额为 5403.4 亿元,比上年增长 24.4%,电子商务采购额 2437.5 亿元,比上年增长 1.4%(见图 1)。2022年限额以上网络社零额为 718.2 亿元,同比增长 9.8%,占限额以上社零额的31.3%。天津电子商务亮点突出:一是跨境电商快速发展。2022 年天津跨境电商进出口超 150 亿元,同比增长超过 5%,其中出口超过 110 亿元,同比增长超过 15%,目前全市已基本形成以 3 个国家电子商务示范基地和 3 个市级跨境电商示范园区为支撑的"3 +3"电子商务示范新格局。二是新业态新模式不断涌现。全市已形成抖音直播生态产业园、中新乐淘直播基地、西青津牛等多个直播产业基地,直播电商、社区电商、定制电商等新业态、新模式异军突起并有巨大的发展潜力。

图 1　2017—2021 年天津市电子商务销售额和采购额

数据来源:《中国统计年鉴—2018》《中国统计年鉴—2019》《中国统计年鉴—2020》《中国统计年鉴—2021》《中国统计年鉴—2022》。

优势四：国家赋予的政策优势。2012 年 5 月,商务部批准天津为国家首批电子商务产业示范基地;2015 年 10 月,海关总署将天津列为跨境电子商务服务试点城市;2016 年 1 月,国务院批复同意在天津设立跨境电商综合试验区;2020 年 7 月,海关总署将天津列入跨境电商 B2B 出口监管试点。此外,国家批准的天津建设自由贸易示范区和国际消费中心城市,也为发展电子商务提供了有力的政策支撑。

综上,天津有发展电子商务的优越条件,但也存在制约电子商务发展的劣势,主要有以下几个方面。

劣势一：企业竞争力明显偏弱。电子商务总部型平台、全国性平台企业缺乏,数字零售、数字生活、跨境电商企业数量与其他城市存在明显差距(见图2),如天津市未能上榜由网经社公布的 2022 年度中国直播电商"二十强榜"。

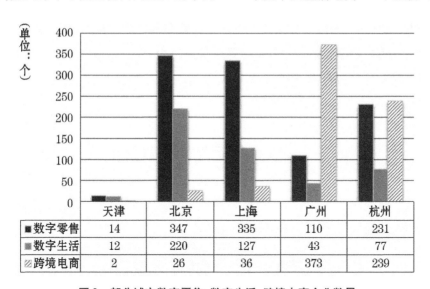

图 2　部分城市数字零售、数字生活、跨境电商企业数量

数据来源:根据网经社企业库整理。

劣势二：市场活跃度相对滞后。从有电子商务交易活动企业数看,北京、上海、浙江、广东有电子商务交易活动企业数分别是天津的 5.4、3.4、8、11.2 倍;从销售规模来看,北京、上海、浙江、广东的企业电子商务销售额均超过 1 万亿元,最高的接近 4 万亿元,天津与之相比存在明显的差距(见表1)。

表1　天津市与发达地区电商交易额情况比较

地区	每百家企业拥有网站数（个）	有电子商务交易活动企业数（个）	有电子商务交易活动企业数比重（%）	企业电子商务销售额（亿元）
天津	39	1726	7.3	5403.4
北京	57	9263	23.5	31239.8
上海	57	5851	11.3	29122.5
浙江	47	13726	11.9	14913.5
广东	55	19257	11.3	37886.0

资料来源:2022 年《中国统计年鉴》,数据年份均为 2021 年。

劣势三:专业性资源聚集不足。与新电商紧密相连的流量服务、数据服务、直播带货、视频拍摄等专业服务资源,主要集中在北京、上海、杭州、深圳、广州等城市,占全国专业服务资源的六成以上。天津在市场分析、品牌定位、营销策划、产品运营、跨境服务等方面专业服务资源较少,人才结构性问题较为突出,电商从业人员多为商贸、零售及服务人员,顶尖的战略顾问、战略架构师、策划师、营销包装等专业人才较为稀缺。

三、电子商务面临的发展趋势

电子商务作为新一轮科技革命和产业变革孕育出的商业模式,已经融入生产、消费、流通各领域,并呈现快速发展态势。

(一)数字技术赋能电子商务产业创新发展

大数据、云计算、人工智能、虚拟现实等数字技术快速发展,打破了时间和地域限制,精准匹配供需,构建了直播电商等新的产业模式。人工智能技术发展,数字人直播崭露头角、5G 技术优化直播流程、VR 全景直播提升购物体验,数字技术为电商产业发展提供了技术支撑。"十四五"规划纲要指出"以数字化转型整体驱动生产方式、生活方式和治理方式变革",为新时期数字化转型指明了方向,必将推动生产端、消费端、服务端数字化转型,打造更具数字化的新应用场景,驱动新一轮电子商务产业创新发展。

(二)电子商务新模式新业态迭代加速

电商直播购物已经成为常态化购物方式,中国互联网络信息中心第 51 次《中国互联网络发展情况统计报告》显示,截至 2022 年底,我国网络直播用户为 7.51 亿人,其中,电商直播用户 5.15 亿人,占网络直播用户的 68.58%。用户规模的不断扩大催生新模式、新业态的产生。即时零售新业态发展迅速,2022 年我国即时配送订单预计超过 400 亿单,同比增长 30% 左右,市场规模达到 2000 亿元。短视频平台持续拓展电商业务。2022 年快手全年电商商品交易总额超过 9000 亿元,同比增长 32%;2022 年抖音电商交易总额达到 1.41 万亿元,同比增长 76%。社交电商、拼购电商、社区电商等新模式、新业态满足了多层次、差异化的消费需求。

(三)数字生活方式成为美好生活新特征

以电子商务为代表的数字经济向各行业、各领域深入渗透,已全面融入人们的衣食住行,人们有了更便捷的购物方式、更智能的消费体验、更多样的消费选择。各地各部门纷纷推出举措,如"推动本地生活服务类电商平台创新应用""大力推动社区电商""积极支持旅游电商"等,致力于发展电商服务新场景、新模式,不断用更多的创新产品和服务形式丰富人民群众的生活,同时也赋予了人们对美好生活更多的想象力,数字生活成为美好生活的新样态。

(四)发展与规范并重是电子商务发展主线

新模式、新业态快速创新的同时也带来一些新问题。以直播电商为例,随着业务规模的扩大,出现了商家偷税漏税、虚假宣传等乱象。《"十四五"电子商务发展规划》明确了电子商务的监管理念、范围、方式、手段及争议解决等在内的多方面、全方位监管,为各地推进电商高质量发展提供了工作遵循和行动指南,未来电子商务的发展将更加注重活力与秩序、安全和发展,营造更为公平健康的发展环境,推动电子商务发展进入合规、健康发展新阶段。

四、部分省区市电子商务发展经验借鉴

近年来,各省区市积极抢抓电子商务发展机遇,重点围绕培育电商主体、发展电商新业态、营造电商发展生态等方面进行了有益探索。

(一)积极引育电商龙头企业

各地区加大力度引进大型电商平台。一是给予投资扶持。深圳对新进总部企业给予最高 1000 万元的投资扶持;杭州按新引进企业实际投资额的 20% 给予最长 3 年,累计最高 500 万元的资助。二是按交易额奖励,宁夏对于总部入驻或设立市级以上区域运营中心的电子商务平台,年交易额达到 5 亿元的给予最高 200 万元的奖励。

培育本土电子商务企业做大做强。一是成长扶持方面,广州荔湾区支持批发零售业企业转型,对入选世界 500 强企业年销售额达到 500 亿元的企业给予 8000 万元奖励。二是在品牌培育方面,广州荔湾区对新认定的电子商务示范企业最高给予 100 万元的品牌培育奖励。三是在梯度培养方面,杭州推动电商企业"个转企、小升规",对年营业收入突破 2000 万元且近三年平均增速在 20% 以上(含)的企业,给予最多 100 万元的奖励。

(二)加力支持新业态新模式发展

鼓励直播电商企业推进直播业态和运营模式创新。一是举办电商直播节打造城市品牌。广州突出国际元素,实行进出口双向跨境直播,推动广货出海、好货入粤;徐州打造主播矩阵与供应链协同发展的直播生态,促进线上线下消费深度融合。二是发展"线上引流 + 实体消费"新模式。上海引导住宿、餐饮、旅游等企业开展直播电商业务;广州推动传统粤菜馆、"老字号"餐饮店等线上经营,探索直播与餐饮融合发展新模式。

探索"数商兴农"发展新优势。一是共享直播红利。浙江创建"电商直播式"共富工坊,推行"支部联建 + 电商直播 + 专业合作社 + 基地 + 农户"的"五位一体"模式,通过电商带动资源整合。二是探索"电商+旅游"新路径。浙江出台办法鼓励经营者通过电子商务平台、网络直播、云展览等方式,促进乡村旅游商品、农副产品的展示和销售。[①]

扎实推进跨境电商创新发展。一是创新业务模式。杭州积极拓展综保区功能,推广和深化"保税进口+零售加工"的综保区工厂模式。二是强化制度创新。成都明确将进一步优化跨境电商出口海外仓监管模式退税流程,加快扩大"海外仓出口+分批退税"模式覆盖面。

(三)持续优化产业生态

夯实电商人才发展基础。一是引进方面。杭州重点引进电商战略人才、电商合伙人、新零售复合型人才;义乌对知名直播平台、规模网红服务机构、自带流量的"网红"等在人才购房、子女入学等方面给予支持。二是帮扶培训方面。成都开展流量达人孵化行动,帮扶带货达人创新创业;江苏成立直播电商产业联盟,依托线上培训平台开展培训;杭州、广州对专业培训机构给予一次性补助。

加强园区载体建设。一是资金支持。深圳、厦门等地对于获批成为国家级、省级电子商务示范基地给予现金奖励。二是建设"一站式"直播电商园区。上海、杭州、深圳支持电子商务园区加强直播场景、视频技术等基础设施建设,吸引优质平台、专业服务机构入驻,形成集群效应。

构建金融保障体系。一是设立发展基金。杭州鼓励社会资本参与电子商务产业基金的设立,鼓励商业银行参与支持设立面向中小企业的发展基金。二是多样化融资模式。成都深化"银税互动"模式,鼓励银行业金融机构根据企业纳税发放贷款,支持发展供应链金融、"云量贷"等新兴融资模式。

探索"政校行企"协同创新机制。一是设立专门机构。广州成立全国首个直播电商智库——广州直播电商研究院,为直播电商的发展建言献策。二是产

---

① 《浙江省乡村旅游促进办法》,中华人民共和国政府网站 https://www.gov.cn/zhengce/2023-02/02/content_5743707.htm。

学研协同创新。重庆等地支持园区、企业、高校、智库机构等联合研发,技术攻关、企业技术外部等产学研一体化的协同创新模式。

五、天津市电子商务高质量发展的对策建议

天津市电子商务发展应立足城市定位,充分利用区位、产业、港口等优势,注重挖掘在地化的潜力价值,激发电子商务创新创业活力,推进电子商务与产业相融合,促进电子商务高质量发展。在整体推进中,重点实施"六项工程"。

(一)实施平台提升工程,推动产业聚集发展

打造平台聚集电商产业,既能提供高效率、低成本的专业服务,还能营造电商加快发展的氛围。抓好以下三类平台建设。

一是跨境电商聚集区。利用天津港口、开放优势,建设跨境电商综合试验区。积极申报设立新的海关特殊监管区域和进境特殊商品指定监管场地(口岸)功能,提升跨境电商线上综合服务平台功能,提供全程一站式、数字化服务。引导高新区、红桥区、经开区跨境电商资源集聚,加快建设跨境电商服务和孵化体系,吸引跨境电商企业入驻,建成一批要素集聚、主体多元、服务专业的跨境电商线下产业园区。

二是电商产业园区。整合优化现有电商产业园区和平台。持续抓好滨海高新区等三个国家电子商务示范基地建设,充分发挥其引领带动作用。结合城市更新改造,引导空置楼宇进行结构、功能的改造和升级,面向特色电商企业入驻招商,打造若干具有特色的行业性电商主题楼宇。

三是大宗交易平台。提升粮油商品交易所、融诚物产等大宗商品 B2B 交易平台,依托港口资源体系,聚焦粮油、钢材、油气等大宗商品领域,加快发展形成一批大宗商品交易和资源配置平台。

(二)实施主体引育工程,增强企业竞争实力

加快电子商务发展的首要任务是做大做强电商企业,激发企业发展的主动

性和创造性。要引育以下三类企业。

一是引进一批电商总部企业。加强与广东、浙江等地区的对接合作,积极引进行业龙头,精准对接供应链、跨境电商等平台企业来津设立新业务全国总部、区域型总部、结算中心及仓储中心,引进互联网头部品牌和运营团队来津设立项目运营、科研中心和孵化中心,打造高端互联网品牌集聚区。

二是培育一批本土电商企业。围绕批发、零售、餐饮、住宿等领域,引导企业通过股权改制、并购重组、天使投资、基金等多种融资模式,加快技术创新和迭代升级,提高用户深度和广度,培育互联网领域"独角兽"。积极培育"小而美"网络品牌并加大宣介力度,壮大一批具有行业引领性和带动力的本土电商企业。

三是集聚一批电商服务企业。积极培育引进一批提供交易撮合、仓储物流、人才培训、策划运营等电子商务服务企业,探索搭建电商服务资源对接优势产业机制。

(三)实施数实融合工程,赋能实体商业升级

电子商务对传统商业是一场"颠覆",将其理念、技术广泛植入流通环节,推动商业模式变革取得新突破。要打造以下三大消费场景。

一是打造智慧商圈。强化武清区佛罗伦萨小镇全国示范智慧商圈和创意米兰生活广场智慧商店的示范引领作用,加快5G、大数据、云计算等信息技术在金街、意式风情街、五大道等商业街区智慧设施、智慧场景的融合应用,提高商圈便利化、智能化水平。

二是推动传统商贸转型升级。支持传统商超、商业综合体以互联网为依托,通过与知名电商平台合作或自建电商平台等形式,充分运用大数据、人工智能等先进技术手段,全面重塑人、货、场要素,多场景利用"云逛街""云展销"等新模式促消费,实现传统业态向新型业态转型。推动"老字号"与电商平台对接,运用车间直播、跨界联名、新品首发等形式拓展销售,借助电商渠道重构数字化交易场景。

三是实施"数商兴农"行动。引导农产品电商企业与区域特色产业市场化

精准对接,与农业合作社等生产主体相结合,通过股权投资、订单采购等方式建立新型合作关系,解决农产品规模小、相对分散等短板,打造区域特色电商供应链体系。以"津农津品"品牌建设为契机,深入开展特色农产品网络品牌创建工作,支持打造一批标准化、品牌化农产品网货供应基地。

(四)实施模式创新工程,激发市场消费活力

顺应消费升级大趋势,充分挖掘消费新潜力,不断创新商业模式,布局电商新业态、新模式。发展以下四类新业态、新模式。

一是新业态。大力发展新媒体电商,围绕优势特色产品,借助"网红"、直播达人流量,拓展产品线上销售渠道,形成直播产业集群,提升培育抖音直播生态产业园、中新乐淘直播基地、西青津牛直播基地等直播基地建设能级。加强与国内知名短视频、直播平台的合作,引进知名直播、短视频经济总部和 MCN 机构,提高直播经济总部基地效能。

二是新零售。引导连锁便利店等传统载体依托互联网平台推广"线上下单、线下配送"销售模式,推动传统生鲜门店、餐饮连锁通过网店微店、自建新媒体小店等模式开拓线上销售渠道,加强智慧超市、智慧商店、无人便利店、生鲜社区店等新模式的应用。

三是新场景。鼓励社区电商充分利用社区私域流量搭建社区交流服务平台,建立有针对性的社群交流和分享场景,方便居民在线为社群粉丝提供高匹配度、高满意度、高认可度的产品和内容。

四是新消费。立足传统实体品牌、特色产品等资源优势,通过线上线下融合消费活动、实体电商消费融合,丰富消费节庆内容,策划打造一批线上促消费主题活动。借助"双品网购节""海河国际消费季""老字号国潮节"等活动,积极探索数字消费、电商新场景等跨界融合应用。

(五)实施物流协同工程,健全电商配送体系

物流是电子商务发展的基础和条件,尤其是新电商的发展对物流时效、服务质量等要求不断提高,必须不断完善现代物流服务体系。强化以下三项

举措。

一是做优做强电商物流园区。加强快递物流园区规划建设,推动京津电子商务产业园、东疆海运跨境电商物流园区等园区提质升级,策划打造电商(跨境)物流综合产业园,提升仓储分拣智能化水平,提升物流配送效率,降低物流配送成本。

二是推动电商物流转型升级。鼓励快递物流企业建设区域性集配中心,鼓励快递物流企业建设一批智能云仓、共享仓库、定制仓等公共仓储,加快发展电商供应链、智能化快运、仓配一体化等服务。

三是完善快递物流网络布局。根据市、区、社区(镇村)三级物流配送体系规划,加强快件处理中心、航空及陆运集散中心和基层网点等网络节点建设,加快健全完善城乡共同配送体系,发展多站合一、服务同网的共同配送体系。

(六)实施生态优化工程,营造良好发展环境

优化电商发展环境是推动电商高质量发展的长久之策,构建电商发展生态离不开人才、金融等要素的支撑。推动以下三项建设。

一是积极引育电商人才。支持电商企业引进行业中高端人才,给予人才落户、租房补贴、医疗保障等方面的优惠政策,建设跨企业电商学徒孵化器,支持建立电商人才实训基地,搭建校企合作平台,完善电商人才培养、流动和激励机制。

二是建设数字商贸综合服务平台。在商贸流通领域打破信息孤岛和数据分割,提供查询、办理、应用相融合的涉企综合服务平台,提升企业服务便利化水平,实现与"津心办""津产发"等平台的高效对接。

三是加大财税金融支持。优化服务业发展专项资金等相关产业发展引导资金支出结构,重点支持主体招引、品牌培育、人才培养、园区建设等,落实税收优惠政策,支持电子商务企业发展供应链金融、商业保理等新型融资方式,优化金融资源配置。

基于高质量乡村振兴的
天津特色网红农产品开发研究

穆瑞章　天津市经济发展研究院高级经济师

　　农为邦本,本固邦宁。天津市委、市政府立足现实、聚焦长远,提出实施"十项行动","乡村振兴全面推进行动"作为其中重要的行动之一,在京畿大地绘写着"乡村振兴"的新篇章。天津紧紧围绕现代都市型农业高质量发展,扎实推进农业品牌建设,培育壮大"津农精品",不断提高品牌知名度和市场占有率,带动农业增效、农民增收,为天津全面推进乡村振兴提供强大动力。

　　随着网络与移动互联技术的普及和5G技术的推广,网络短视频平台直播迅猛发展,互动性和沉浸式的电商平台网红直播逐渐成为信息交流和传递的有效方式。2020年,习近平总书记在陕西考察调研时指出:电商作为新兴业态,既可以推销农副产品、帮助群众脱贫致富,又可以推动乡村振兴,是大有可为的。2022年2月22日,《中共中央、国务院关于做好2022年全面推进乡村振兴重点工作的意见》指出,要实施"数商兴农"工程,助推乡村振兴,并首次提出要进一步促进农副产品直播规范健康发展问题。为此,本研究从高质量乡村振兴视角对天津特色网红农产品进行探索,重点调研宝坻区、宁河区的特色农产品以及相关企业和农民,分析借助特色网红农产品助力天津乡村振兴迈向高质量发展的策略。

一、天津重点区域特色农产品调查

(一)津农精品助力乡村振兴高质量发展

　　乡村要振兴,产业振兴是关键。产业是乡村发展的动力,乡村产业重点是农业。实现农业高效率高质量发展,需要现代化科学技术的支持,拓展丰富农业功能属性,加强业态融合发展。近年来,天津着力打造现代都市型农业升级版,不断推进优势特色农产品全产业链建设,依托农业多功能拓展,培育了休闲农业、乡村旅游、加工产业、民宿产业、农村电商等一批新业态,构建形成一、二、三产业融合发展格局,创建一批现代农业产业园和三产融合示范区,培育一批有较大市场影响力的"津农精品"品牌农产品,提高了天津农产品的市场竞争力。

近年来,天津全力推进农业品牌化建设,先后提出"要着力打造我市农产品品牌,树立品牌意识,讲好品牌故事,提升品牌效应,擦亮'津农精品'金字招牌","持续提高'津农精品'品牌知名度,拓展'津''京'双城供给影响力"等一系列决策部署,将农产品牌化作为乡村振兴的重要抓手。

"津农精品"生产的是绿色、精品、高档、安全的农产品,突出了"高端、高质、高新"的卓越品质,在天津的影响力逐渐增强。目前天津已累计培育认定了 212 个"津农精品"品牌,包括 14 个区域公共品牌、74 个企业品牌和 124 个产品品牌,覆盖种源、粮食、畜禽、水产、果蔬、奶制品和糕点等多种品类。

(二)宝坻区重点特色农产品

1. 黄板泥鳅

宝坻黄板泥鳅是我国第一个泥鳅地理标志产品、第一个泥鳅注册商标产品、第一家泥鳅鲜活与加工有机认证产品,而其所在地还是第一家黄板鳅原种场、第一家国家级稻鳅综合种养示范区。黄板泥鳅营养丰富,素有"水中人参"之美誉,其维生素 Bl 含量比黄鱼、虾类高三四倍,维生素 A、C 含量也比其他鱼类高,营养价值在鱼类中名列前茅。目前市场上主要有台湾泥鳅、青鳅及宝坻黄板泥鳅三个品种。台湾泥鳅个头偏大,营养价值略低,青鳅个头小,宝坻黄板泥鳅个头适中且腹部呈明显的黄色。宝坻黄板泥鳅在国内市场占有率一直维持在 60% 左右,在国际市场也达到了 40% 左右,"宝坻黄板泥鳅"在韩国、日本等多个国家已经成为知名品牌,是天津市宝坻区特有的一张"国际水产名片"。

2. 黄庄大米

黄庄大米产于宝坻东南部的黄庄镇,水稻种植已有四百余年历史。黄庄境内地势平坦,渠道纵横,水资源非常丰富,土壤为潮土类,土质为弱碱性黑土,气候为亚热带大陆季风性气候,夏季高温多雨,而且境内无污染企业,水质好,特别适合水稻的栽种。由于这里独具土壤、水质、气候、生产工艺和文化背景等自然和社会环境优势,加上适用的优质新品种及采用无公害栽培措施,出产的黄庄大米色泽光亮,口感甜香,品质上乘,口碑极佳,独特的品质使黄庄大米在华北乃至全国都享有一定知名度。黄庄稻米米粒呈椭圆形,晶莹透亮,圣白极少,洁白有光泽,蒸煮时有香味,饭粒完整、软而不糊粘,食味好,冷后不硬。稻米外观、蒸煮、食味品质均佳。2011 年黄庄大米获国家工商总局商标局颁发的地理标志证明商标,2018 年被认定为天津市知名农产品品牌。

3. 有田人农场小站稻

有田人农场小站稻是天津宝坻潮白河畔土生土长的优质大米品牌,自2018 年创建之初就牢固树立绿色发展理念,以保障消费者食品安全为己任,认真履行经营主体责任,坚守国家标准不动摇,以优质稻米营养高、口感好为目标。有田人农场小站稻坚持"蟹稻共生,立体种养"的绿色理念,追求质量,不求产量,亩产控制在 650 斤左右,稻谷散发自然香气,米粒晶莹透亮,蒸好的米饭"香、黏、弹、筋、甜"冷后不回生。依托具有自主知识产权的"低成本下的农产品全产业链溯源技术",建立电子田间档案,对水稻生长全程进行记录、赋码,让消费者通过条码即可便捷直观地了解到小站稻从一粒种到一仓粮的全过程,满足了消费者追求安全、生态、健康的需求。2021 年 9 月 24 日,有田人农场小站稻获得天津市农业农村委认定,跨入"津农精品"行列。

4. 御泽蔬菜

御泽蔬菜按照无公害蔬菜规程生产,利用物理技术防治病虫害,展现蔬菜固有的颜色和光泽,显示出成熟度和新鲜度,气味浓郁,口感纯正,让人想起儿时的味道,吃得新鲜、放心、安全,深受京津消费者的喜爱。御泽蔬菜坚持以市场为导向,以科技为支撑,实施标准化生产、产业化经营,不断探索农产品可追溯管理和直供直销模式。目前种植基地已达 1500 亩,建有 400 多个温室大棚和一个占地 6 亩的智能温室大棚,还建有 2000 平方米的保鲜库、1000 平方米的净菜加工车间,配备两条现代化净菜加工流水线。2017 年御泽蔬菜被指定为"中华人民共和国第十三届运动会食品供应商",2018 年被认定为天津市知名农产品品牌。

5. 丰华裕隆甘薯

宝坻区丰华裕隆甘薯种植基地拥有 1500 平方米甘薯技术研发实验室,2000 平方米脱毒甘薯组培扩繁中心,200 亩标准化脱毒甘薯种苗繁育基地,1000 亩脱毒甘薯原种繁育基地,带动周边 30000 余亩脱毒甘薯高产种植。基地建有 5000 平方米种薯、商品薯保鲜储藏设施,保证了年产脱毒甘薯原种 200 万公斤的仓储,目前脱毒甘薯种苗生产能力为 2 亿株,有力带动了当地经济的发展和推进了农业产业化经营,对促进本地区农业农村经济发展起到了重要作用。丰华裕隆甘薯与中国农业大学联手合作,在宝坻区史各庄镇打造高标准的"甘薯产业科技示范园区",全力将科研成果转化为可以带来经济效益的生产力,促进甘薯生产由数量型增长向质量、效益型增长转变。

6. 宝坻大蒜

宝坻大蒜是宝坻区"三辣之乡"特产之一,历史可追溯到明、清两朝,曾是御膳贡品。宝坻区林亭口镇后圈村尹义种植的"六瓣红"大蒜,蒜瓣洁白、均匀,鲜嫩多汁,畅销海内外。古往今来,宝坻"六瓣红"大蒜一直保持着名优特产的地位,其在种植方式上也有独特之处,以施有机肥料为主,适宜无公害栽培,其蒜头外观和品质均属上乘,不仅是食中珍品,而且是馈赠亲朋的佳品。特别是近年来宝坻为"六瓣红"大蒜申请注册了国家地理标志商标,更加彰显它的名优特产价值,也为其注入了更多的文化内涵。宝坻产"六瓣红"大蒜还成为 2008 年北京奥运会专供调味食品。这一特产还出口日本、韩国以及东南亚等国家和地区,成为宝坻创汇农产品之一。

7. 冬酿蜂蜜

冬酿蜂蜜集科研、生产、销售于一体,以蜂蜜、蜂王浆、蜂花粉为主导产品,拥有符合 GMP 标准的 10 万级无尘生产车间以及国内领先的蜂产品生产线,并在承德市投资建成无污染养蜂基地。冬酿蜂蜜始终坚持无污染、零添加的企业标准,从采集源头做起、对蜂产品的生产、运输、储存、加工等各个环节进行严格把控,杜绝一切污染,保证产品的天然绿色品质。蜂蜜、蜂王浆、蜂花粉三类产品通过了国家医药管理局的严格审批,取得了蜂产品 QS 市场准入资格,并实现了产品的溯源,赢得了商家和消费者的信赖。经农业农村部筛选和组委会评选,冬酿枣花蜜荣获第 21 届中国绿色食品博览会金奖。

(三)宁河区重点特色农产品

1. 七里海河蟹

七里海河蟹学名中华绒螯蟹,又称"七里海香蟹",因生长在天津市宁河区七里海水域而得名,是中国国家地理标志产品。七里海是中国濒海典型的古泻湖湿地,水质洁净,富含微量元素,使得七里海河蟹品质优良。七里海河蟹早在明清朝时就是宫廷贡品,因营养丰富、蛋白质含量高、脂肪含量低,而深受天津百姓的喜爱。2002 年七里海河蟹被评为天津市名牌农产品,2006 年被国家质检总局命名为"地理标志保护产品",成为天津首个鲜活水产品"地理标志保护产品"。2020 年,七里海河蟹又成为天津市"津农精品"品牌。通过选种、保种、扩繁和养殖技术示范推广,保持和提升了七里海河蟹的优良特性,构建以河蟹产业为主导、企业为主体、基地为依托、产学研究相结合、育繁推一体化的现代种业体系。

2. 鲤鲫鱼遗传育种

宁河区芦台街拥有国家级水产良种场,是我国北方淡水鱼类育繁推一体化专业制种场、全国现代渔业种业示范场、"全国水产健康养殖示范场"、天津市放心水产品基地。种场与科研院所广泛合作,建有北方唯一的农业农村部天津鲤鲫鱼遗传育种中心、天津市淡水鱼类遗传育种企业重点实验室和宁河水产科学研究所。种场致力于淡水鱼类良种保种、选育、品种创新研究,以及优良苗种生产与推广,年生产推广淡水鱼优良苗种 40 亿尾,推广到全国 30 个省市区。种场拥有 15 项技术发明专利,参与制定天津市地方标准和企业标准 26 项,取得科技成果 35 项,其中国际先进水平成果 2 项、国内领先水平成果 1 项,获天津市科技进步奖 11 项,其中二等奖 2 项,获得中国水产科学研究院科技进步奖 2 项,获中国水产业学会范蠡科学技术奖 1 项。

3. 昌翠活鱼

宁河区苗庄镇的昌翠活鱼是集特色淡水鱼繁、育、推、销一体化,一、二、三产业融合发展的典范。昌翠活鱼坚持"引进一批、筛选一批、储备一批、推广养殖"的发展原则,引进大鳞鲃、拉氏鱥、大口黑鲈、梭鲈、斑点叉尾鮰、金沙鲈鲤、卡拉白鱼、唇䰾、翘嘴鳜、斑鳜等特色淡水鱼新品种几十余种,其中以大鳞鲃和拉氏鱥为主打品种,在苗种繁育、大规格鱼种培育、亲本引进等养殖技术上加强研究和探索,不仅满足市场高质量和多样化的消费需求,更为渔业产业结构调整增强后劲。昌翠活鱼以"科技助推产业发展"为主线,以企业为主体,以高等院校、科研院所为依托,形成自主创新、引进消化、示范推广相结合的技术创新体系,促进创新成果产出,取得国家发明专利 2 项、实用新型专利 9 项,获农业部农牧渔业丰收奖、中国水产科学研究院科技进步奖、天津市科技进步奖、中国水产学会范蠡科学技术奖等 8 项奖项。

4. 贾立明蚯蚓

宁河区芦台街的贾立明蚯蚓养殖集规模化养殖、深加工提取、成品开发与销售于一体。养殖产品主要涵盖干、鲜、冻蚯蚓,以及地龙蛋白粉、地龙深加工食品等,主要销售对象为国内制药、食品、保健品等企业,地龙蛋白产品出口至美国、日本、新加坡、加拿大等国家。贾立明蚯蚓养殖秉承地龙产业、惠人达己、蚯蚓精神、守正出奇的理念与各个大学、科研院所,建立了业务合作与良好的产学研关系,本着双赢的宗旨,依托各自优势,共同开创地龙产业新的辉煌。贾立明蚯蚓养殖被认定为天津市科技型中小企业,荣获天津市科普惠农兴村基地、天津市专利试点单位、天津市农业产业化市级重点龙头企业等荣誉称号,公司生产的蚓激酶被天津市人民政府认定为"天津市名牌产品"。

5. 金世神农种子

宁河区大北涧沽镇的金世神农种业以农作物种业为主导产业,涉及农作物种子繁育、棉花扎花、设施农业种植、水稻种植与加工、水溶肥料生产、农药制剂生产、苗圃种植、蛋鸡养殖等产业，逐步成长为"产加销一条龙、育繁推一体化"的高端种业旗舰。金世神农种业拥有棉花试验示范基地 2000 亩、繁种基地 6 万亩，拥有水稻良种繁育和优质水稻种植基地 3 万亩，年可繁育生产农作物良种 1 万吨，生产优质稻谷 2.1 万吨。金世神农种业先后被认定为"国家级高新技术企业""天津市农业产业化经营重点龙头企业"，荣获"全国科普惠农兴村先进单位""天津市青年文明号""中国诚信建设示范单位""天津市守合同重信用单位"等荣誉称号。

6. 禾夥大米

宁河区东棘坨镇的禾夥大米拥有集研发、种植、收购、加工、销售于一体的现代化产业链。禾夥大米积极打造从田间到餐桌的全产业链，并始终致力于为百姓餐桌提供绿色、健康、优质、放心的食品。2007 年"禾夥"牌天津小站米获得绿色食品标识，成为宁河区第一个获得绿色食品标识的产品，并荣获绿博会金奖。禾夥大米先后获得"天津市知名农产品品牌""津农精品""天津好粮油""国内知名农产品"等荣誉称号。禾夥水稻种植基地被评为"天津市巾帼现代农业示范基地""宁河区中小学生研学教育基地"。

7. 齐心菌类

宁河区潘庄镇的齐心菌类种植是集食用菌菌种研发、种植加工、果蔬生产、物联销售、垂钓采摘、餐饮娱乐、休闲观光、科普研学、民俗文化、旅游体验、康养民宿于一体的都市型现代休闲农业综合性产业。菌类基地建有日光温室果蔬大棚 200 多个，食用菌大棚 120 个，拥有年产 4100 万包菌棒的 4 条自动化生产线；1000 平方米的供菌种扩繁培育的一级菌种培育保藏中心；800 平米的且日接种 3 万棒的大型智能化接种车间以及 3800 平米的温控养菌房。"齐心菌类"荣获中国食用菌"上榜品牌"、天津市著名商标，"齐心兴叔"是其品牌商标。

二、天津特色网红农产品开发存在的问题

通过对宝坻区、宁河区特色农产品调研，发现当地农户对网红农产品打造、

直播带货利用率较低,其原因主要有以下三方面。

(一)农产品品牌推广力度不足

宝坻区、宁河区特色农产品在市场上已打出多个区域品牌,成为农业方面的支柱性产业。但部分企业和农民对自己的农产品品牌宣传意识不足,他们认为,地域特色农产品品牌的推广是政府和相关单位的事,与自身关系不大。而"网红效应"主要依赖消费者在网络上的宣传和网红推荐,粉丝由此下单认购特色网红农产品。但一些"网红"在售卖农产品的过程中受利益驱使,往往只重视短期交易额,不重视特色农产品品牌的打造。尽管近年来农户的品牌意识有所提高,但总体来看,农产品品牌建设情况并不乐观,特别是许多农户没有品牌意识,不知道知名品牌会带来怎样的效益。

(二)网红营销意识淡薄

网络直播带货的销售渠道虽然已经成为一种流行趋势,但多数企业和农民并不了解甚至不清楚。经过调研发现,很多宝坻区、宁河区的农户并不了解当前互联网营销模式和"网红"带货方式。许多农户一直使用传统的销售方式,且已形成固化的思维模式,很难接受新兴的"网红"带货方式。也有部分农民质疑新兴的网络营销模式能否形成真正的利润,他们始终认为传统的营销模式更为稳妥。有些农民使用抖音刷视频消遣时光,却不清楚抖音的直播带货可以销售农产品。

(三)缺乏技术、人才、资金力量支持

实际访谈中发现,虽有部分企业和农民对直播带货的销售方式感兴趣,但他们并不清楚如何操作,并缺乏相应的技术支持,最终难以实现农产品网络销售。也有农户利用抖音直播销售过农产品,但效果不佳,原因在于不了解直播带货的技巧,导致失误频出,销售惨淡,根本原因是缺乏技术人才的指导。更有部分农户试图使用抖音直播销售农产品,但直播带货需要投入一定的前期成本,多数农民考虑到前期投入成本的风险性,最终选择放弃直播带货。

三、天津特色网红农产品开发策略

(一) 挖掘区域特色农产品, 讲好品牌故事, 做好品牌宣传

挖掘发现区域特色农产品, 对农产品市场需求进行充分的调查与分析, 利用传统文化, 为品牌创造有历史感的、鲜活的个性化生命, 让农产品以生动、形象、有趣的品牌形象出现在大众面前, 获得与消费者沟通的特殊语言、特殊故事、特殊情结, 共享品牌特殊文化, 塑造品牌形象。通过媒体, 特别是短视频和直播进行有效的品牌宣传、推介。精准把握消费需求和消费者的心理预期, 将农产品品牌的文化即农产品品牌的价值观传递给消费者, 迅速提升品牌的知名度、美誉度。传播品牌价值, 促进消费者对品牌的认可和信赖, 提高消费者对品牌的忠诚度, 进而形成农产品品牌效应, 提升产品的溢价能力。

(二) 搭建农产品直播平台, 增强直播带货的意识

通过各种有针对性的优惠政策吸引越来越多的直播平台参与天津农产品销售, 在农产品产地建立农产品直播平台或直播孵化基地, 专门进行农产品直播带货。相关部门应加强对网络短视频直播等新兴农产品销售渠道的宣传与讲解, 增强农产品企业和农户对新兴科技化销售渠道的了解, 增强农户对新兴网络销售渠道的信任度, 进而增强农产品企业和农户对短视频直播平台带货的兴趣, 并积极参与其中。

(三) 加强农产品网络销售扶持, 打造特色 "津味" 直播间

相关部门应加大对特色农产品通过网络直播销售的扶持力度, 提供专业性人员技术指导, 解决农户缺乏技术引领的问题, 必要时还可以为困难农户提供相应的资金补助, 解决资金短缺的问题。单纯依靠农产品销售并不会给直播间带来特别大的流量和热度, 直播间需要气氛打造, 发起话题适当引流, 通过打造"津味"特色农产品直播间, 用特色农产品故事与口碑吸引流量、引起热度, 并

带动其他种类农产品的销售。直播间效果好,可以带动当地农产品的销售,还可以带动当地农村经济的发展,形成先进的现代化网络直播带货销售模式。

(四)加快本地电商人才培养,扩大"村播达人"队伍

拥抱直播是乡村振兴大背景下政府实施产业精准扶贫、农民抓住时代红利的有效手段。通过直播带货效益分析可知,优质主播对直播销售起到至关重要的作用。对于天津农产品网络销售,缺乏的便是优质主播人才。优秀主播可以根据农产品的特点以及客户的喜好,以适当方式向客户介绍产品,找准目标客户群体,短时间制造直播热度,带动特色农产品销售。而直播带货的农民更熟悉自己的产品,能给消费者带来更高的信任度。通过开展社交电商、直播、短视频等网络销售农产品和展示农村大好风光内容制作的电商培训,积极提高农民的直播业务能力,抓住顾客的消费心理,学会营造直播间氛围,培养当地农民"村播"网红主播体系,融合线上线下流量,形成具有特色吸引力的直播间,发挥"网红"经济的带动作用,加快区域特色农产品销售,达到助推县域经济、助农增收的目的。

创新驱动篇

京津冀自由贸易试验区
协同发展的路径研究

姚晓东　天津市经济发展研究院正高级经济师

党的二十大报告提出实施自由贸易试验区提升战略。在制度性开放背景下,京津冀自贸试验区协同创新是更好发挥区域服务功能、高质量建设自贸试验区的重要路径,有利于主动对接国际高标准经贸规则,积极参与全球产业链价值链重构,将制度创新融入京津冀协同发展大局,营造更加便利自由的贸易投资环境。

一、京津冀自贸试验区协同发展的基础

2021 年 9 月,京津冀共同签署了《京津冀自贸试验区三方战略合作框架协议》,三地政府积极推动自贸区合作,协同创新具备良好的基础和条件。

1. 高水平开放优势明显

京津冀地缘相接、产业相通,交通相联、文化相承,天然具备相互融合、协同发展的基础。自 2015 年设立天津自贸试验区,2019 年、2020 年河北、北京自贸试验区相继成立,目前三地自贸区面积近 360 平方公里,占全国 21 个自贸试验区总面积的 16. 5% 。

北京自贸试验区充分发挥外向型经济发展水平较高、应用场景丰富、监管能力较强的优势,主动对接国际高标准经贸规则,积极推动制度创新,探索更多"北京经验"。截至 2022 年底,北京自贸区出台近 200 项全国首创性、突破性开放创新举措,55 项最佳实践案例和经验向全国复制推广,认定首批 29 家企业外资研发中心,启动建设"数字丝绸之路"经济合作试验区,服务型政府建设走在全国前列。北京自贸区总体方案中 112 项试点任务已实施 94 项,到 2022 年

底累计新设外商投资企业 474 家,实际利用外资 17.8 亿美元,以 7% 的面积贡献全市近三成的外资企业增量。

　　天津自贸试验区稳步扩大规则、规制、管理、标准等制度型开放,以"五个自由便利、一个安全有序流动"为牵引,深化集成改革创新,累计实施制度创新 544 项,累计向全国复制推广 32 项改革试点经验和 6 个最佳实践案例,占国家层面集中复制推广经验的 18.6%。培育了一批具有天津特色、全国领先的产业,租赁持续全国领先,商业保理、保税加工、汽车贸易、生物医药创新上升势头强劲。金融开放有序推进,设立天津自贸试验区跨境投融资综合服务中心,FT 账户累计结算量超 6400 亿元,16 个自由贸易全功能型资金池聚集资金近 200 亿元。在"2021—2022 年度中国自由贸易试验区制度创新指数"省级综合得分排名中天津位列第三。

　　河北自贸试验区自设立到 2022 年底,新设企业 1.5 万家,其中新设外资企业超 300 家,实际使用外资超 5 亿美元,创造了同期全省 25.7% 的新设外资企业、11.3% 的实际使用外资和 11.6% 的外贸进出口。其中,雄安片区设立央企机构 64 家,集聚高端高新企业 573 家,形成 23 项制度创新成果,其中 4 项在全国复制推广。曹妃甸片区成立首个 RCEP 实施示范区,大兴机场片区是跨省级行政区域设立的自贸试验区片区,成为京冀共建共享制度创新的新平台。

表1   北京、天津、河北自贸试验区基本情况

	片区分布	重点产业	发展目标
北京 自贸试验区 （119.68 平方千米）	科技创新片区 （31.85 平方千米）	新一代信息技术、生物与健康、科技服务等产业	数字经济试验区、全球创业投资中心、科学技术体制机制创新改革先行示范区
	国际商务服务片区 （48.34 平方千米）	数字贸易、文化贸易、商务会展、医疗健康、国际寄递物流、跨境金融等产业	临空经济创新引领示范区
	高端产业片区 （39.49 平方千米）	商务服务、国际金融、文化创意、生物技术和大健康等产业	建设科技成果转换承载地、战略性新兴产业集聚区和国际高端功能机构集聚区
天津 自贸试验区 （119.9 平方千米）	天津机场片区 （43.1 平方千米）	航空航天、装备制造、新一代信息技术等高端制造业和研发设计、航空物流等生产性服务业	亚洲飞机制造维修中心和中国北方航空物流中心
	滨海新区中心商务片区 （46.8 平方千米）	金融创新、总部经济、跨境电子商务、科技信息服务、文化传媒创意等现代服务业	中国北方金融创新中心
	天津港东疆片区 （30 平方千米）	航运物流、国际贸易、融资租赁等现代服务业	国家进口贸易促进创新示范区和国家租赁创新示范区

	片区分布	重点产业	发展目标
河北自贸试验区（119.97平方千米）	雄安片区（33.23平方千米）	新一代信息技术、现代生命科学和生物科技、高端现代服务业等产业	高端高新产业开放发展引领区、数字商务发展示范区、金融创新先行区
	正定片区（33.29平方千米）	临空产业、生物医药、国际物流、高端装备制造业等产业	航空产业开放发展聚集区、生物医药产业开放创新引领区、综合物流枢纽
	曹妃甸片区（33.48平方千米）	国际大宗商品贸易、港航服务业、能源储备、高端装备制造等产业	东北亚经济合作引领区、临港经济创新示范区
	大兴机场片区（19.97平方千米）	航空物流、航空科技、融资租赁等产业	国际交往中心功能承载区、国家航空科技创新引领区、京津冀协同发展示范区

资料来源：京津冀自由贸易试验区官网。

2. 交通基础设施网络完善

京津冀拥有世界级机场群、港口群,网络化、全覆盖的综合交通运输体系。大兴国际机场、首都国际机场形成"双枢纽"格局,并与天津滨海国际机场、石家庄正定国际机场等优势互补,截至 2022 年底年旅客吞吐量能力达 2 亿人次,世界级机场群功能初步实现。天津港拥有 130 条集装箱班轮航线,通达全世界 200 多个国家和地区、800 多个港口,2022 年累计完成集装箱吞吐量 2102 万标准箱,位列全国第六位、世界第八位。海铁联运突破 120 万标准箱,位居全国前三,实现历史性跨越;中欧班列年运量突破 9 万标准箱,新华·波罗的海国际航运中心排名三年跃升 10 个位次。2022 年,唐山港、天津港、黄骅港、秦皇岛港年货物吞吐量合计超过 18 亿吨,占全国总货物吞吐量的 11.5% ,分别位列全国第二、第八、第十三和第二十四位。基础设施互联互通,"轨道上的京津冀"基本实现,京张高铁、京雄城际、京唐城际、京滨城际及京廊、京保、京涿通勤高铁等陆续开通运营,津兴铁路全线铺轨,京津冀区域营运性铁路总里程达到 10933 公里。京昆、京秦、京礼、京雄、津石等一大批高速公路建成通车,京津冀区域高速公路总里程 10880 公里,京津冀主要城市 1 小时到 1.5 小时交通圈基本形成。

3. 要素资源融通便利

据国家统计局测算,2021 年京津冀地区协调发展指数为 141.6,较上年提高 2.6。从区域协调、城乡协调、要素流动等具体指数看,区域间联系更加紧密,要素流动加快,城乡居民收入差距有所缩小。2021—2002 年,北京企业在津投资到位金额为 3707.24 亿元,占天津引进内资的 45.58%。天津滨海—中关村科技园新增企业 1930 家,宝坻京津中关村科技城新增注册主体 755 家。京津研发、河北转化格局积极推进,2021 年北京流向津冀技术合同成交额 350.4 亿元,较 2020 年增长 1.0%,中国科学院、天津大学、钢铁研究总院等 13 项京津重大科技成果在河北转化落地,项目数占河北省级重大科技成果转化项目总数的 1/5。

加强人力资源协同联动,搭建人力资源行业对接交流平台,鼓励企业跨区域吸纳就业,合办京津冀地区高校毕业生招聘会、促就业专项行动等,实现劳动力和高端人才资源"互通有无"。截至 2022 年,京津冀地区共吸引具有硕博士学位的创业人才 35.5 万名,创建知识产权密集型企业 25.8 万个,分别比 2014 年增长了 2.7 倍和 1.8 倍。随着人才流动,京津冀之间的交流联系更加紧密,京津中关村科技城精准承接非首都功能产业转移,聚拢了大批高精尖人才,其中中高层管理人才 50% 来自北京。

4. 产业结构互补性强

京津冀人力资本集中、科技创新资源富集、产业链供应链相对完备,北京、天津和河北分别为全国科技创新中心、全国先进制造研发基地、全国产业转型升级试验区。北京优势在于科技创新,发展高精尖产业,积极培育和发展新一代信息技术、智能网联汽车、智能制造与装备等重点产业链。天津优势在于制造,通过构建"1+3+4"现代工业产业体系,重点打造信创、集成电路、车联网等 12 条重点产业链。河北优势在于资源,谋划布局"4 + 4 + 3 + N"产业体系,重点发展钢铁、装备制造等优势产业链。2022 年北京数字经济增加值占 GDP 的比重超四成,天津 12 条重点产业链占规模以上工业增加值达 80%,河北高新技术产业增加值占规模以上工业增加值的比重为 20.6%。

加快疏解非首都功能,北京减量与转型是京津冀产业发展相融的关键一招,津冀成为重要承接地,天津集中打造"1 + 16"承接平台,河北重点打造"1 + 5 + 4 + 33"的重点承接平台体系,基本形成了"京津研发、津冀转化、河北制造"的互补格局。

5. 合作机制初步建立

2021 年,京津冀共同签署《京津冀自贸试验区三方战略合作框架协议》,共同对外发布 13 项创新成果案例,联合成立京津冀自贸试验区智库联盟,初步建立起规范化的协同合作机制。共同营造区域创新生态,京津冀国家技术创新中心是我国第一个综合类国家技术创新中心,已累计实施科研项目 213 项,其中 11 项为首创,121 项技术实现了转化;知识产权基金一期累计完成出资 2.26 亿元,已完成研发并转化项目 41 个,转化率达到 70%。共筑开放服务平台,北京大兴机场综保区是我国唯一跨省域共建的海关特殊监管区域,通过区港一体化通关模式,加速货物、服务、资金等要素的境内外融通和区域资源配置。京津冀征信链是全国首个基于互联网的涉企信用信息征信链平台,截至今年 4 月,"京津冀征信链"实现产品调用总量、支持放贷户数均超 1000 万,助力信贷发放超 500 亿元。推动政务同事同标,京津冀已在行政许可、行政征收、其他行政权力、公共服务事项类联合推出 179 项"无差别受理、同标准办理"的"同事同标"事项,方便三地企业和群众。

二、京津冀自贸试验区协同发展的动力

主动对标高标准国际经贸规则,对处于开放前沿的京津冀自贸试验区提出了更高要求,既要面对外部压力,也要激发协同创新的动力。

一是面对复杂国际经贸形势挑战的需要。世界经济复苏乏力,地缘冲突影响大宗商品供应紧张,美联储、欧元区持续加息周期。国际货币基金组织(IMF)预测,2023年全球经济增长仅为2.8%,年全球通胀率为6.6%,世界贸易组织(WTO)预测全球货物贸易量仅增长1%,远低于正常年份的增长。美国、日本、欧盟以产业链安全为由,推动制造业回流和供应链"近岸化""友岸化"特征明显。今年7月份我国进出口下降8.3%,如按美元计已连续三个月下降。而同期京津冀地区外贸韧性彰显,今年1—6月京津冀地区进出口总值达2.46万亿元,同比增长5.3%,较全国进出口增速高3.2个百分点。其中,北京表现可圈可点,进出口总值占京津冀的72.6%,上拉地区增速4.1个百分点。

二是主动适应高水平国际经贸规则的需要。今年7月,国务院印发《关于在有条件的自由贸易试验区和自由贸易港试点对接国际高标准推进制度型开放的若干措施》,天津、北京自贸试验区在五个试点之中。特别是签署《区域全面经济伙伴关系协定》(RCEP),完成中欧全面投资协定谈判并申请加入《全面与进步跨太平洋伙伴关系协定》(CPTPP),我国货物贸易、服务贸易、贸易便利化、电子商务等领域更加开放。但同时,各国和国内各地的竞争也将更为激烈,京津冀只有协同合作才能保持制度创新优势。京津冀与东盟十国、日本及韩国等RCEP成员国之间具有密切的经贸往来,可以在对标国际经贸规则中创新"制度贡献",促进实现国内规则国际化,为推动加入高标准经贸协定提供实践支撑。

三是构建具有国际竞争力产业体系的需要。从产业变革看,服务贸易竞争加剧,数字经济异军突起,货物贸易传统形态和全球供应链管理受到严重冲击,对京津冀产业提出了迫切的转型挑战。一要细化三地产业定位、分工和布局调整。从京津冀自贸试验区九个片区产业规划分析,有五个片区将新一代信息技术列为重点产业,有四个片区将生物技术、金融服务和国际商务会展列为重点产业,产业重叠性还是较大。二要充分研究现有产业格局在全国产业链中的地位,找到协同的恰当细分部分,与长三角、珠三角等区域实现错位发展、互利互补。三要构建以数字产业和服务贸易为主的重点产业链,这样才能在全国竞争中争取弯道超车。

四是合力打造全国对外开放高地的需要。习近平总书记强调,京津冀要"打造全国对外开放高地"。京津冀与长三角、珠三角是引领全国高质量发展的三大动力源,但与它们相比,京津冀在经济总量、贸易总额、利用外资和对外投资等方面均大幅落后,对全国南北经济发展和开放态势产生较大影响。在自贸试验区开放方面,商务部先后发布四批共 61 项"最佳实践案例",其中天津 5 项,河北 1 项,北京因设立时间较晚没有入选项目。据中山大学自贸区综合研究院发布的"2022—2023 年度中国自由贸易试验区制度创新指数",评估对象是全国 54 个自贸试验(片),广东前海、上海(浦东)、广东南沙、上海(临港)排名前四,天津、北京分别为五、六位,河北四个片区位列34～48 位之间。可见珠三角、长三角自贸试验区在制度创新方面"头雁"格局明显,形成引领全国开放的趋势,京津冀三地自贸区仍有很大的改进空间。

表 2　京津冀、长三角、珠三角主要经济指标对比

	京津冀	长三角	珠三角
地区生产总值(万亿)	10.03	29.03	13
人均 GDP(万元)	9.14	12.25	15.06
人口(万人)	10967	23694	8630
贸易总额(万亿)	5.05	15.07	16.85
贸易依存度(%)	50.3	51.9	129
实际利用外资	250.2	758.6	574
对外直接投资	163	364	693
第三产业占比(%)	65.9	66.2	55.3

注:长三角包括上海、浙江、江苏、安徽。珠三角包括广东、香港、澳门。

资料来源:各省市统计公报。对外直接投资为 2020 年数据,其他指标为 2022 年数据。珠三角实际利用外资仅为广东省数据。

表 3　京津冀最佳实践案例汇总

	批次	主题
天津	第一批	京津冀区域检验检疫一体化新模式
天津	第一批	以信用风险分类为依托的市场监管制度
天津	第二批	集成化行政执法监督体系

	批次	主题
天津	第三批	平行进口汽车政府监管服务新模式
天津	第三批	租赁资产证券化业务创新
天津	第四批	保税租赁海关监新模式
河北	第四批	四大机制打造京津冀协同发展示范样板

资料来源:中华人民共和国商务部官网。

表4 2022—2023年京津冀自贸区制度创新指数

片区	得分	全国排名
广东前海	90.87	1
上海浦东	90.43	2
广东南沙	90.42	3
上海临港	87.09	4
天津	85.17	5
北京	84.69	6
河北雄安	75.1	34
河北大兴	73.1	44
河北曹妃甸	72.89	45
河北正定	72.1	48

资料来源:摘编自《中国自由贸易试验区发展研究报告2023》。

三、京津冀自贸试验区协同发展路径

紧紧围绕构建更高水平开放型经济新体制的需要,加快实施自由贸易试验区提升战略,立足区位和要素禀赋优势,以推进规则、规制、管理、标准等制度型开放为重点,以创新链、产业链、要素链、改革链协同创新为路径,推动京津冀三地自贸试验区同城化谋划、联动式合作、协同化发展,充分发挥自贸区在京津冀协同发展格局中的桥梁作用,为构建高水平、深层次、宽领域的区域合作体系和对外开放格局探索新路径、提供新模式,共同打造全国对外开放高地。

1. 推动创新链协同发展

发挥自贸试验区制度创新与赋能作用,以创新链引领协同发展,吸引集聚国际高水平创新要素和资源。

一是增强北京自贸试验区科技片区的引领带动作用,不断提升科技成果在区域内转化的效率和比重。完善专业化技术服务网络,支持高校、院所、研究型医院等新建一批专业化技术转移服务机构。搭建专业化、市场化创业孵化平台,围绕中关村示范区主导产业,重点打造 100 家左右优质创业孵化服务机构,建设标杆型硬科技孵化器,为技术驱动型创业企业提供垂直孵化服务。发挥京津冀国家技术创新中心的作用,共同构建基础研究—前沿技术—原创技术—成果产业化的全链条、多层次原始创新科研体系,建设共性技术研发、工业性试验、科技成果系统化和工程化开发、技术推广等公共平台。

二是打造京津冀协同创新共同体。建立与北京全国科创中心联动机制,建设滨海中关村科技园等协同创新中心,积极融入京津冀国家技术创新中心建设。深化"共建平台 + 联合攻关 + 引育团队"全方位合作,在津冀两地打造国内领先、有国际竞争力的二次开发、小试中试、应用推广基地。推动设立京津冀科技成果转化基金,吸引国内外先进成果落地产业化。组建京津冀科技创新成果转移转化联盟,深化天津与石家庄、唐山、保定等高新区的研发创新合作。推动在雄安片区布局建设国家级信息网络实验平台、生命科学创新研究平台和工程研究中心、国际科技成果展示交易中心、国家技术转移中心、国家质量基础设施研究基地。

三是合作建设开放创新平台。依托自贸试验区和综合保税区政策叠加优势,聚焦电子信息、生物医药、高端装备、关键材料等"卡脖子"领域,集聚国际顶尖创新资源,建设新型的科技创新功能区域。鼓励开展保税研发,聚焦前沿产业创新需求,打造保税研发公共服务平台,鼓励企业共享研发设备和研发用品。探索离岸研发,推动境外研发中心与境内创新基地共同开展多层次国际科研合作,促进境外研发成果在境内创新基地孵化转化,加快融入全球研发网络。

2. 推动产业链协同发展

顺应新科技革命和产业变革的前沿方向,以产业链支撑协同发展,培育具有国际竞争力的跨区域性产业集群。

一是建立京津冀自贸试验区产业合作机制。落实《京津冀重点产业链协同机制方案》,全面梳理三地自贸区产业和技术需求目录,组织绘制产业链图谱,用好北京先进的创新资源拓链、天津雄厚的制造业优链、河北丰富的承接载体,探索建立总部—生产基地、园区共建、资源共享等多元化产业对接合作模式。天津自贸试验区推动滨海—中关村科技园、中欧先进制造产业园、京津合作示范区、北方航空物流基地载体平台创新发展,积极构建北京龙头企业产业化基地和重点科研成果产业化转移基地。河北自贸试验区以大兴机场片区、曹妃甸片区、雄安片区为主要载体,在服务业对外开放、数字经济、科技创新等方面加强与北京自贸试验区的合作,在融资租赁、平行进口、港口物流等方面加强与天津自贸试验区的合作,积极构建共享利益的产业集群。

二是促进重点产业链协同发展。推进数据产业链协同,深化京津冀协同场景应用,建设京津冀数据产业联盟,发挥北京中关村、天津"信创谷"的带动作用,加强人工智能、大数据、区块链等技术应用和平台建设,围绕科技创新实施扩链增链补链工程。推进生物技术产业链协同,提升昌平生命科学园、京津冀"细胞谷"、正定片区和大兴机场片区生物医药产业链聚集能力,做优做强以创新药品、新型疫苗、高端医疗器械、精准医疗为重点的生物技术与健康产业,加快天津自贸试验区基因与细胞治疗联动创新示范基地建设,协同探索医疗领域跨境衔接机制,打造生命科学创新走廊。推进临空经济产业链协同,京津冀三地均叠加临空区、自贸区、综保区,在区域内立足一体化发展,统筹规划加工制造、研发设计、物流分拨、检测维修和销售服务五大功能,大兴机场片区(北京、河北)设立跨省市协同管理机构,对标服务雄安新区发展,天津机场片区引导全球和区域物流向滨海国际集散,形成与北京首都机场和大兴机场错位发展格局,建设全国重要的航空快递转运中心。

3. 推动要素链协同发展

创新要素市场协同发展机制,推动京津冀三地自贸试验区实质性构建利益共同体。

一是促进投资协同。以京津冀招商引资联动创新为突破,实现招商引资共享共通,以投资链创造价值链。围绕临空经济、国际物流、生物技术、高端现代服务业、港航服务等产业联合招商,推动优势产业成龙配套、成链成群。推动三地设立京津冀产业协同发展投资基金,在港航物流、临空产业等保税领域筹建联合投资公司,形成一体化运营管理新模式。创新分配机制,针对税收分成、进出口贸易额等开展协商,打破"一亩三分地"的思维定式,共享区域收益机制。

二是促进金融创新协同。以金融制度创新为重点,深化自由贸易账户应用,扩大账户受惠面,进一步提升账户结算便利水平,建立"离岸贸易"与"离岸金融"互相促进的离岸业务综合服务平台。推动跨境投融资自由,探索赋予中关村科创企业更多跨境金融选择权。合作开展本外币合一账户体系试点,共同提升跨境人民币使用比例。持续发力东疆片区国家租赁创新示范区和北方商业保理之都建设,加快融资租赁企业外债便利化政策试点等创新政策落地,利用金融优势服务京津冀企业。建立北京、天津、河北自贸试验区联合授信机制,在区域内形成数据丰富、产品多元、场景广泛、普惠公平的征信服务体系。

三是推进要素市场协同。加快建设在津油气交易中心,推动南港液化天然气(LNG)、京津输油管道等重点项目投产运营。统筹中欧班列运营规划及货源组织,共同提升中欧班列中线和东线运行质量和效益。推进京津冀海港、空港、陆港多港联动,建设天津东疆、石家庄国际陆港等平台载体,打造海铁联运新模式。推动市场监管数据共享复用。加强京津股权、碳排放权等专业交易市场互联互通,支持三地企业生产经营资质互认。加强人才国际交流合作,推动建立人才京津冀资质互认、双向聘任等制度,优化外国人来华工作许可、居留许可审批流程优化人才全流程服务体系,促进人才跨地区、跨行业、跨领域顺畅流动。

4.推动改革链协同发展

加快制度性开放力度,推动实践经验共享,深化联动发展,合作打造国际一流营商环境。

一是深化跨境贸易便利化。建立健全京津冀区域内直属海关一体协同工作机制,深化货物转运、查验、保税监管等领域一体化改革。深化国际贸易"单一窗口"建设,推动"单一窗口"服务功能由口岸通关向口岸物流、贸易服务等全链条拓展,增强跨区域通关协作能力。推进铁路、公路、水路、航空等环节信息对接共享,提升多式联运便利化水平。深化货运领域"放管服"改革,优化许可办理手续及流程,推广电子运输证,实现京津冀货运企业、人员资质资格互查互认。

二是加快政务服务事项"同事同标"步伐。全面实行行政许可清单管理制度,推进京津冀行政许可事项同源、统一规范。共同编制并向社会公开政务服务事项标准化工作流程和办事指南,加快实现高频政务服务事项无差别受理、同标准办理。推动政务服务线上线下融合发展,简化行政审批流程,优化提升"一站式"服务功能。推行"不见面"审批,推广"免证办""就近办"等服务,促进三地政务服务跨地区、跨部门、跨层级数据共享和业务协同。探索许可证件、资质资格等跨区域互认通用,推动计量技术规范共建共享,完善京冀跨省市土地征收协商联动模式。

三是推动区域市场监管一体化。促进京津冀区域知识产权行政执法标准和司法裁判标准统一,研究制定区域行政执法领域轻微违法行为免罚清单。开展区域网络监管合作,联合开展特定行业领域专项网络监测,实现网络案件线索电子化移送。建立健全行政执法信息通报机制,畅通区域违法线索移送渠道,规范跨地区执法办案的协助、配合和支持标准。推进跨区域突发事件通气、重大舆情预警交流、行政执法快速协查、重大疑难案件联合查办、政策实施协作联动。

四、加快京津冀自贸试验区协同发展的建议

对标高标准国际经贸规划,共同探索京津冀自贸试验区合作机制,推动信息共享、创新推动、模式共建,形成联动发展新格局。

1. 建立工作协同管理机制

依托京津冀自贸试验区联席会议,在三地自贸试验区层面搭建协同有效的

管理机制。一是定期召开专题会议,围绕重点关注事项、重点任务推进情况、协同创新实际需求进行会商研究,强化以会议纪要形式固化会议研究成果的决策机制,以清单化推进机制推动各项重点任务落地见效。二是推动三地规划协同,在总体规划、自贸试验区建设及重点产业等多方面开展协同谋划,力求联动发展,避免同质化竞争。三是建立创新推动机制,三地自贸区指定调牵头部门负责统筹组织区域间科技成果转化、承接载体平台建设、制度创新推广、最佳经验复制等,推动协同事项任务的落实落地。

2. 建立承接产业转移合作机制

产业协同发展是京津冀自贸试验区协同发展的重要支撑。一是明确产业转移路径,紧紧抓住承接北京非首都功能疏解、服务北京城市副中心和河北雄安新区,重点承接总部企业、研发转化资源、教育资源、医疗机构、金融资源、事业单位、先进制造业、国际航运资源、现代服务业等功能。二是合作建设承接平台,京津合作建设天津滨海—中关村科技园、北塘湾数字经济产业园、京津细胞谷等协同创新共同体示范区。京冀合作建设大兴机场临空经济区,津冀合作建设渤海新区、芦台·汉沽等协同协作平台。三是共建优势产业链,依托三地自贸试验大多靠近港口、机场、交通枢纽的优势,聚焦产业合作基础较好、发展空间广阔的重点产业,深化产业链区域协作,协同培育壮大跨区域的外向型产业集群。

3. 建立制度创新对接机制

建立"信息共享、创新共推、模式共建"的自贸试验区制度创新合作对接机制,打造京津冀联动创新区。一是通过技术赋能助力政务数据共享开放,联合推广"免申即享""自贸通办""一码办事"、智能审批等创新模式。加快打破信息孤岛,健全政务数据共享供需对接机制。二是推动京津冀自贸试验区联合开展在贸易便利化、金融创新、产业链等领域开展协同创新,推广应用天津自贸试验区金融改革创新案例,引领京津冀跨境人民币结算服务,打造跨境投融资枢纽。对接国际创新资源,建立京津冀三地生物制造产业联盟,促进产业融合发展、协同创新、链式互通。三是在京津冀三地口岸合作、"多式联运"一单制改革等方面开展制度创新,打通京津冀自贸试验区"内循环"。完善大兴机场片区跨省市管理综合保税区的经验,鼓励各片区之间协同创新,探索建立京津冀自贸试验区共建共享新模式。

4. 建立招商引资收益共享机制

一是促进投资合作保障,清理三地自贸区内妨碍要素流动、资源共享和公平竞争的各种规定和做法,消除隐蔽性市场壁垒,打破行政性市场垄断,促进要素跨区域有序自由流动。二是探索利益分享、成本共担机制,进一步完善有利于产业跨行政区转移的税收政策,明确和完善税收分享范围及比例划分,推动《京津冀协同发展产业转移对接企业税收收入分享办法》细化落实,为区域产业协同对接核心问题提供政策保障。三是推动招商合作,用好三地对外招商资源,深挖合作潜力,定期召开联合招商引资对接会,围绕重点产业链开展跨区域联合招商。

天津市建设区域科技创新中心的
可行性与路径研究

周　勇　天津市经济发展研究院高级经济师
郑　宇　天津市经济发展研究院正高级经济师

习近平总书记在2021年两院院士大会、中国科协第十次全国代表大会上指出:"要支持有条件的地方建设综合性国家科学中心或区域科技创新中心,使之成为世界科学前沿领域和新兴产业技术创新、全球科技创新要素的汇聚地。"截至今年4月,我国布局了北京、上海、粤港澳大湾区三个国际科技创新中心,以及成渝、武汉、西安三个区域科技创新中心。科技创新中心城市肩负着全国或区域创新发展的增长极和辐射源的重任,同时也将实现自身跨越式高质量发展。天津作为我国三大增长极之一京津冀地区的核心城市之一,也是北方第二大城市,必须抓住国家布局区域科技创新中心的战略机遇,发挥自身基础和优势,瞄准国家科技创新战略需求,抢建区域科技创新中心,将天津市打造成区域科技创新的新高地、高质量发展的排头兵。

一、国内已有科技创新中心建设的经验借鉴

2021年,北京市印发了《北京市"十四五"国际科技创新中心建设规划》,提出率先建成国际科技创新中心。同年,上海市印发了《上海市建设具有全球影响力的科技创新中心"十四五"规划》,提出具有全球影响力的科技创新中心功能全面升级。同年,广东省印发了《广东省科技创新"十四五"规划》,提出到2025年,实现科技创新综合实力显著提升,粤港澳大湾区初步建成具有全球影响力的科技和产业创新高地,成为国家重要的创新动力源。

三大国际科技创新中心的建设顺利推进,使得我国建设区域科技创新中心

的紧迫性和必要性大大增强。天津市要力争建设区域科技创新中心,有必要借鉴已经确定的区域科技创新中心的建设经验。

(一)成渝区域科技创新中心建设经验

成都和重庆两市共建区域科技创新中心以突破"卡脖子"技术、构建科技创新高地为目标,预计在 2025 年基本建成。两市紧密沟通协同,从如下几个方面进行重点部署。

一是以核能、航空航天、智能制造和电子信息四大领域为重点建设成渝综合性科学中心,吸引一批科技创新机构、高科技企业入驻四川天府新区、重庆高新区。二是优化创新空间布局,共建西部科学城,包括西部(成都)科学城、重庆两江协同创新区、西部(重庆)科学城。三是提升协同创新能力。鼓励和支持科技企业、高校和研究机构联合创新,以联合实验室等形式组建新型创新机构,加强成渝科技创新合作,促进技术交易市场一体化发展。四是加强人才和资金支持力度。推进人才评价、外籍人才引进等人才政策创新,持续推进职务科技成果所有权改革,加大财政资金支持创新力度,支持金融机构推出鼓励创新相关融资政策。

(二)武汉区域科技创新中心建设经验

武汉市建设区域科技创新中心的目标:到 2025 年,基本建成具有全国影响力的科技创新中心,形成光电子信息、先进制造、大健康、现代农业等具有全球影响力的万亿创新型产业集群,形成代表国家参与全球竞争的重要科技力量。到 2035 年,全面建成武汉具有全国影响力的科技创新中心,成为全球创新网络的重要枢纽。为达成目标,武汉市从以下几个方面进行重点部署。

一是建设湖北东湖科学城,打造原始创新策源地。包括建设重大科技基础设施集群,高标准建设实验室体系,打造高水平研究型大学,建设高水平科研机构和加快培育科技领军企业。

二是高标准建设光谷科技创新大走廊,打造世界级创新型产业集群。包括打造全球领先的光电子信息创新型产业集群,全面塑造先进制造产业创新优势,推进大健康和生物技术产业创新发展,创新发展数字经济引领区。

三是推动开放融合创新,构建国家创新型城市群第一方阵。包括推进武汉都市圈科技同兴,打造区域协同创新共同体和构筑面向全球的开放创新高地。

四是强化科技赋能,打造长江经济带绿色发展样板。包括开展长江经济带共保联治科技攻关,构建碳达峰碳中和先行区,促进科技惠及民生福祉和强化农业农村现代化科技供给。

五是深化科技体制改革,打造"科创示范区"。包括推进东湖国家自主创新示范区改革先行先试,高水平建设吸引和集聚人才平台、创新科技成果转化机制,健全金融支持科技创新体系和营造一流创新创业生态。

(三)西安区域科技创新中心建设经验

今年1月,陕西省政府工作报告指出,西安科技创新中心获国家批复。西安科技创新中心建设具有如下特征:

一是构建"一核一圈一带"空间布局。"一核"即西安综合性科学中心核心区,包括丝路科学城、西部创新港和长安大学城;"一圈"即以西安都市区为中心的协同创新生态圈;"一带"即面向"一带一路"的丝路科技创新合作带。

二是打造重大原始创新核心区。以丝路科学城为核心,面向世界科技前沿,围绕优势领域申建全国重点实验室,推进高精度地基授时系统、先进阿秒激光设施等重大科研基础设施建设,谋划一批交叉前沿研究平台和共性技术研发平台。

三是建设西部概念验证中心。聚焦科技成果转化、孵化、产业化的关键环节,构建"一站式"概念验证服务体系。组建秦岭小试基地,对接科研与市场,提供数据积累、工艺优化、二次研发等服务。搭建产业共性中试平台,开展中试熟化、样品试制、工艺改进等中试验证服务。打造科技企业创业孵化集聚空间,加速构建科技孵化育成全链条。

四是培育"5+N"未来产业体系。围绕信息、生命、空间、能量、物质五大领域,开展颠覆性技术研究,布局未来发展新赛道。开展未来核心技术攻关、未来领军企业培育、未来产业载体建设、未来产业场景示范。

五是创建良好创新生态。以建设高品质未来理想城为目标,谋划建设科学家社区、院士岭、海归小镇等人才干事创业平台和服务载体。加快科技金融、高新技术检测、知识产权服务、科技智库等创新服务载体建设,促进高端创新资源和要素加速集聚。

二、天津市建设区域科技创新中心的优势

(一)天津市科技创新基础较强

作为北方第二大城市,天津市具备较为雄厚的科技创新基础条件。

一是科技投入和产出效果明显。2021 年全社会研发投入强度达到 3.44%,名列全国第三位。在国际上首次实现实验室条件下二氧化碳人工生物合成淀粉,实现"0 到 1 原创性突破";"海河智链"区块链系统成功开发,实现完全自主可控且实时开源;海水淡化技创中心研制成功水气分离卷式膜、尿液过滤器和水管理过滤器,2021 年 4 月顺利执行空间站运行任务。技术交易市场愈加繁荣,2021 年技术合同成交额达到 1321 亿元。

二是科技创新平台和重大项目建设稳步推进。2021 年 5 家海河实验室全部揭牌,进入全面建设阶段。大学科技园建设加快推进,新认定 4 家市级大学科技园。围绕人工智能、合成生物、新能源新材料等前沿技术领域和战略性新兴产业,布局建设了 11 家技术创新中心。围绕国家战略需求积极开展关键核心技术创新,累计承担国家级项目 120 项,经费合计 4. 17 亿元,获专利授权 352 项,参与制定国家标准 13 项。

三是科技促进产业发展力度持续增强。2021 年战略性新兴产业增加值同比增长 10.3%,占规模以上工业增加值的 26.1%;高技术产业(制造业)增加值同比增长 15.5%,占规模以上工业的 15.5%。国家高新技术企业和国家科技型中小企业数量分别达到 9198 家和 9196 家,"雏鹰""瞪羚"科技领军(培育)企业分别达到 4974、378、230 家。

（二）天津市相对区域内其他城市优势明显

天津市所在的京津冀地区是我国经济的重要一极,将范围扩展至环渤海地区则是我国北方地区的经济重心所在,也是我国科技创新发展的主要支撑区域。除已经确定建设国际科技创新中心的北京市外,在京津冀乃至环渤海地区,天津市相较于其他城市,在建设区域科技创新中心方面具备较大优势。

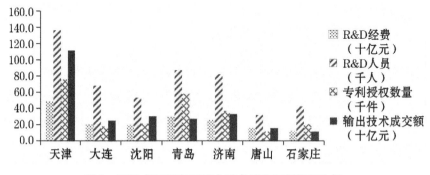

图1　2020年天津与区域内重点城市创新指标比较

数据来源:各地科技统计年鉴、统计公报、科技部火炬中心 2020 年全国技术流向情况表。

从研发经费、研发人员、专利授权情况和输出技术成交额等一般科技创新指标来看,天津较区域内的石家庄、唐山、大连、沈阳、青岛、济南均有明显优势。一是研发经费高,2020 年天津市研发经费为 485 亿元,是青岛市的 1.6 倍,济南市的 1.8 倍、大连市的 2.4 倍、沈阳市的 2.5 倍、唐山市的 3.0 倍、石家庄市的 4.1 倍。二是研发人员多,2020 年天津市研发人员为 13.63 万人,是青岛市的 1.6 倍、济南市的 1.7 倍、大连市的 2.0 倍、沈阳市的 2.6 倍、石家庄市的 3.2 倍、唐山市的 4.3 倍。三是专利授权量大,2020 年天津市专利授权 7.54 万件,是青岛的 1.3 倍、济南市的 2.0 倍、沈阳市的 3.6 倍、石家庄市的 3.7 倍、大连市的 4.3 倍、唐山市的 6.6 倍。四是技术合同成交额高,2020 年天津市输出技术成交额为 1113 亿元,是济南市的 3.4 倍、沈阳市的 3.7 倍、青岛市的 4.1 倍、大连市的 4.5 倍、唐山市的 7.1 倍、石家庄市的 9.8 倍。

三、天津市建设区域科技创新中心存在的问题

(一)科技创新能力仍然存在短板

天津市的科技创新能力虽然在区域内占据优势,但是在全国范围内,与先进城市相比仍有不足。

1. 与国际科技创新中心差距显著

北京市、上海市、广州市和深圳市是我国建设国际科技创新中心的核心城市,科技创新投入和成果在全国具有典型意义。与之进行对比分析,寻找自身短板所在,对天津市建设区域科技创新中心有重要意义。

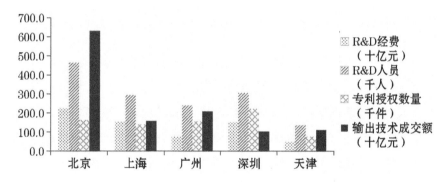

图 2　2020 年天津与国际科技创新中心城市创新指标比较

数据来源:各地科技统计年鉴、统计公报、科技部火炬中心 2020 年全国技术流向情况表。

从科技创新投入和成果的典型指标来看,天津市与国际科技创新中心城市相比,均有较大差距。从研发经费来看,2020 年天津市仅为北京市的 21.7%、上海市的 31.8%、深圳市的 32.1%、广州市的 62.6%;从研发人员数量来看,2020 年天津市研发人员数量仅为北京市的 29.4%、深圳市的 44.5%、上海市的 46.5%、广州市的 57.0%;从专利授权数量来看,2020 年天津市仅为深圳市的 33.9%、北京市的 46.3%、广州市的 48.4%、上海市的 53.9%;从输出技术成交额来看,天津市仅为北京市的 17.3%、广州市的 53.3%、上海市的 70.3%,稍高于深圳市。

2.较区域科技创新中心仍有不足

成都市、重庆市、武汉市和西安市是我国已确定建设区域科技创新中心的核心城市,与之进行关键创新指标的对比分析,对天津市建设区域科技创新中心有重要借鉴价值。

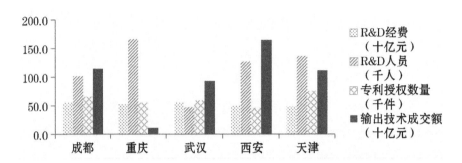

图 3 2020 年天津与区域科技创新中心城市创新指标比较

数据来源:各地科技统计年鉴、统计公报、科技部火炬中心 2020 年全国技术流向情况表。

从布局来看,目前已有的区域科技创新中心城市成都市、重庆市、武汉市、西安市均位于我国中西部地区,经济科技发展总体上落后于东部沿海地区。总体上看天津市科技创新能力不弱于这些城市,如专利授权数量天津市全面占优,但天津市仍有部分科技创新指标较部分城市落后。从研发经费来看,2020年天津市约占成都市的 88.0%,武汉市的 88.5%,重庆市的 92.1%,西安市的95.8%;从研发人员数量来看,2020 年天津市约占重庆市的 82.0%;从输出技术成交额来看,2020 年天津市约占西安市的 67.5%,成都市的 97.2%。鉴于天津市所在区域经济科技发展水平相对较高,建设区域科技创新中心需要更强的科技创新投入和产出成果支撑。

(二)科技创新企业发展有待加强

1.科技创新企业实力不强

当前科技创新与经济发展的联系愈加密切,高科技企业在创新中所起的作用日渐增长,科技创新中心城市必然众多创新能力强大的高科技企业。下面从高新技术企业和"独角兽"企业数量两项典型指标进行分析。

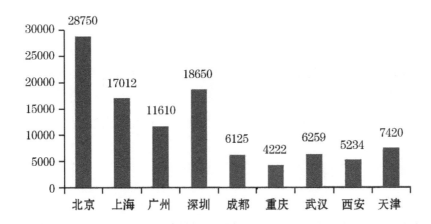

图4 2020年天津与各科技创新中心城市高新技术企业数量比较

数据来源:第一财经。

高新技术企业数量是衡量一座城市科技创新实力的重要体现。从高新技术企业数量上看,天津市较中西部各区域科技创新中心城市有着相对优势,但与北京市、深圳市、上海市、广州市仍有较大差距。考虑天津要在较发达的东部京津冀乃至环渤海地区建设区域科技创新中心,仍需加大高新技术企业建设力度。

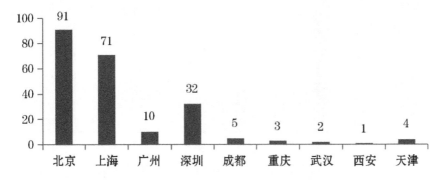

图5 2020年天津与各科技创新中心城市"独角兽"企业数量比较

数据来源:21世纪经济报道。

"独角兽"企业一般指成立不超过 10 年,估值超过 10 亿美元的科技创新企业。当今世界科技巨头往往多是由"独角兽"企业发展而来,如特斯拉等,国内的字节跳动、蚂蚁金服也是由"独角兽"成长为行业巨头。"独角兽"企业数量的多寡,意味着城市创新创业生态的优劣,也在相当程度上衡量着该城市科技创新的实力。从国内"独角兽"企业数量上看,北京市、上海市和粤港澳大湾区城市遥遥领先,天津市与中西部地区的区域科技创新中心城市暂时落后。如天津市要在区域科技创新中心建设中脱颖而出,有必要加大"独角兽"企业引育力度。

2. 创投资源不充足

科技创新成果的产业转化往往具有产品更新节奏快、收益不确定性高、资金需求大、没有抵押物或抵押物不足的特征,政府财政和银行信贷等传统融资方式很难满足其需要。当今世界,科技初创企业的发展往往需要创投资金的支持。创投资金追求高风险、高回报,并且形成了完善的创投资金轮动进出模式,在科创企业的初创期、成长期都可以提供长期稳定的资金,直到企业成为成熟的上市公司。不言而喻,创投实力的强弱,对于城市科技创新的实力有着巨大的影响。

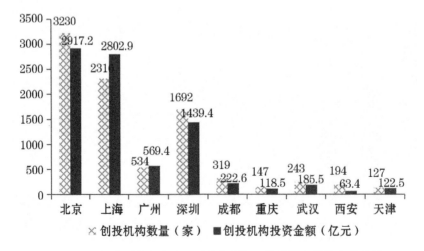

图 6　天津与各科技创新中心城市的创投机构数量和投资金额比较

数据来源:中国基金业协会网站、清科研究中心网站。

　　从创投机构数量来看,天津市仅为北京市的 3.9%、上海市的 5.5%、深圳市的 7.5%、广州市的 23.8%;从创投机构投资金额来看,天津市仅为北京市的 4.2%、上海市的 4.4%、深圳市的 8.5%、广州市的 21.5%。由此可见,天津市在创投资源方面较国际科技创新中心城市差距巨大。

　　即使与中西部的区域科技创新中心城市比较,天津市也颇有不及。从创投机构数量来看,天津市为成都市的 39.8%、武汉市的 52.3%、西安市的 65.5%、重庆市的 86.4%;从创投机构投资金额来看,天津市虽然高于重庆市和西安市,但低于成都市和武汉市,为成都市的 55.0%、武汉市的 66.0%。鉴于创投在当代科技企业发展所起的巨大作用,天津市要在建设区域科技创新中心竞争中抢占优势,必须高度重视创投发展。

四、天津市建设区域科技创新中心的实施路径

(一)以"承上启下"为原则构建创新布局

　　天津市建设区域科技创新中心,要向上承接北京国际科技创新中心各项创新资源,向下辐射河北乃至环渤海地区各城市创新需求,完善内部创新布局。

　　一是积极吸收北京创新资源。围绕先进制造研发基地定位,吸引北京科技创新要素来津聚集。与北京共建一批产业技术创新平台,承接北京原始创新成果在津的应用转化。推动京津两地高校院所和科技龙头整合创新资源,促进科技产品转型升级。加强与北京的创新体系协同,促进京津创新支持政策协同互动和科技信息共享,强化企业和人才互动交流。

　　二是"点—线—面"结合辐射整个区域。加强与河北省、辽宁省和山东省科技创新开放合作,统筹区域内科创资源和产业基础,联合重点城市推动创新功能集聚重组,打造联通天津与唐山、石家庄、大连、沈阳、青岛、济南等城市的科创走廊,进而辐射区域内的广大城镇。

　　三是布局天津科技创新聚集区。依托国家自主创新示范区建设,围绕各区创新资源和产业基础,打造一批特色鲜明的科技创新聚集区。加快建设滨海高

新区中国信创谷、天津港保税区生物制造谷、天津港保税区北方声谷、天津港保税区海洋科技创新集聚区、滨海新区临港片区氢能小镇、静海区中医药谷、开发区东区先进计算大数据创新集聚区等基础较好、前景广阔的创新标志区。

（二）以产业升级为动力激发创新活力

市场经济下需求创造供给，产业转型升级的需求是科技创新的主要推动力。要聚焦天津市重点和优势特色产业，加快关键核心技术研究，力争占据产业发展的技术高地。

1. 加快信创产业升级

一是加快信创产业链发展，加强产业链顶层设计，重点培育链内关键应用领域的本土企业，力争引入链内技术龙头企业。加快信创海河实验室等各类技术创新和技术转移平台建设，培育专业化服务主体。推进以标准引导重点行业领域信创应用，促进信创市场生态发展。

二是优化产业创新生态，发挥"双自联动"先行优势，优化保税研发、离岸研发模式开放创新生态，吸引全球信创创新要素流入，增强信创技术研发实力，推动本土信创产业开拓"一带一路"市场。

三是聚焦关键技术研发突破。针对大数据智能、虚拟现实、操作系统、工业软件、先进计算等产业关键共性技术，集中资源进行研发突破。

2. 加快集成电路产业升级

一是壮大集成电路产业链，培育集成电路产业集群，吸引产业链上下游企业集聚发展，实施供应链标准管理，增强集群配套协作能力。

二是突破关键核心技术。聚焦智能硬件、智能传感、汽车电子等特色方向，形成一批原创性、突破性的重大创新成果，集中力量研发高端通用芯片、智能高端传感器等重点领域的关键核心技术产品，优化制造和封测工艺技术。

3. 加快生物医药产业升级

一是聚焦科研创新，谋划组分中药和转化医学等科技基础设施；协助建设协和医学国家实验室，加快建设海河实验室、高等级生物安全实验室；以"血液、呼吸、中医"等为核心建设国家医学中心,打造生命科学人才高地。

二是推动产业创新,推动领军企业布局形成实验室集群,建设京津冀生命科学中试转化基地,开发一批原创产品和重磅产品,大力发展智慧医疗、药妆、功能食品等新赛道;构建创业孵化全链条,加速培育一批高成长企业和"独角兽"企业。

三是加快中医药产业发展。完善中医新药创制关键技术体系,加快处方筛选优化工作,加速推动经典方药、院制剂和组分筛选等中药新药发现途径,加强组分中药创制平台建设和技术创新。

4. 加快海洋产业升级

一是加快海洋科学发展。加强高等教育和职业教育涉海专业建设,推动科创资源的聚集,与知名高校、科研院所共建海洋科技研发基地;加快建设天津海洋产业技术研究院等新型研发机构、天津智慧海洋大数据中心和海洋高端装备质量标准与计量检测平台

二是加速海洋产业发展。发挥自贸试验区政策优势,推动海洋产业开放发展,打造海洋科技产业园区;加强对中海油等龙头企业及上下游配套企业的招商力度,壮大海洋石油产业集群;实施创新创业联动,支持科技成果转化、技术创新孵化、产业发展综合服务等平台建设。

5. 加快升级智能制造

一是聚焦重点行业实施主攻研发。加快推动工业机器人核心零部件和工艺软件、智能终端、智能轨道交通设备、高端数控机床、智能传感器等产业研发进程。

二是加强智能制造关键技术攻关。重点研发5G、人工智能、大数据、边缘计算等新技术在典型行业工艺设计、产品设计、生产作业、质量管控、设备管理、供应链管理等方面的共性通用技术。

6. 加速新能源产业发展

一是加快建设低碳技术体系。重点研发氢能"制—储—运—加"规模化集成技术,新型光伏材料与器件、大功率风电机组、大规模储能系统集成技术。

二是抓住新能源汽车发展风口。重点研发新型动力电池与管理系统、驱动电机与电力电子、智能座舱、高阶辅助驾驶等核心技术,推动汽车芯片生态建设,支持传统零部件企业转型。加速推进车联网先导区建设,提供高水平测试数据服务,吸引高水平智能汽车企业集聚,快速增加智能网联测试应用场景。

(三)以高效机制为保障打造创新体系

建设区域科技创新中心必须以有力的创新机制作为保障,要改革科技管理和支持机制,打造全方位高效创新体系。

1.强化科技创新主体职能

一是大力支持企业创新。支持龙头科技企业统筹上下游创新资源,组建创新联合体。加大企业研发支持力度,落实提高研发费用加计扣除比例政策。着力提升高新技术企业数量和质量,加大"雏鹰"企业、"瞪羚"企业、领军企业培育力度,致力于培育本土科技"独角兽"企业,打造一批创新型领军企业。鼓励科技企业创新创业,持续推进众创空间、科技企业孵化器等创业载体建设,办好"双创周"、创新创业大赛、"创客中国"等创业赛事。

二是提升高校创新水平。优化高校科研体系,大力支持南开大学、天津大学建设高水平研究型大学,支持市属9所市属本科高校建设高水平特色大学。实施顶尖学科培育计划,分赛道发展基础科学研究类、产业应用研究类学科,扶植一批冲击国内顶尖、世界一流的学科。支持高校建设科研基础设施、重点实验室,开展跨学科协同攻关,鼓励高校与科技企业建设联合创新平台,校企联动增强创新动能。

三是增强科研院所创新实力。鼓励在津科研院所承接国家和本市重大科技任务,建设科技创新平台。引入国家级大院大所来津开设分支机构,推进中国科学院大学、中国中医科学院、中国医学科学院在津机构建设进程。深化科研院所管理体制改革,扩大科研院所自主权,促进科研院所规模化、品牌化发展。引导科研院所更多参与企业产品研发,鼓励科研院所与企业合作建设多种形式的研发机构。

2. 优化科技创新生态环境

一是提升科技创新硬环境,加快科技基础设施和平台建设。对标国家实验室建设海河实验室,优化整合市级实验室,高水平建设省部共建组分中药国家重点实验室、国家应用数学中心、国家合成生物技术创新中心、国家先进计算产业创新中心、国家先进操作系统制造业创新中心、大型地震工程模拟研究设施、国家海水淡化与综合利用示范基地,积极共建京津冀国家技术创新中心。

二是优化科技创新软环境,深化科技创新体制改革。推动科技管理职能从研发管理向创新服务转变,完善科技情报、科技统计、项目协调等服务机制。深化科研项目评审、人才评价、机构评估改革,完善科技成果评价机制和科技奖励制度。健全科技创新法规政策体系,确保科技创新主体的合法权益。加强知识产权保护,推进知识产权民事、刑事、行政案件"三合一"审判机制改革。加强科研领域学风作风建设,增强科研诚信体系建设,营造风清气正的良好科研环境。大力弘扬创新精神,营造尊重创新、宽容失败的良好创新氛围。

3. 汇聚科技创新核心要素

一是增强资本要素支持力度。优化创投生态,大力引育创投机构,面向国内外创投机构开展专项招商,鼓励本地金融机构开展创投业务。加强创投业务对接服务,搭建常态化创投项目路演对接平台,鼓励天津和外地企业参加路演。积极发挥政府引导基金作用,围绕天津重点发展产业设立细分子基金,加大对种子期、初创期科技企业投资力度。与深交所、上交所、新三板等联合设立天津基地,支持有实力的科技企业登陆资本市场。鼓励银行等金融机构加强产品创新,打造面向科技企业的专属信贷产品。加大科技担保支持力度,发展科技保险、科技租赁、知识产权、应收债款质押融资等新兴业务。

二是加强技术要素变现力度。加强科技成果转化载体建设,加速推进天津市大学科技园建设,市、区联动推进产业技术研究院建设,推动国家级、市级科技成果转移转化示范区建设。深化高校院所科技成果转化机制创新,鼓励高校院所全面落实科技成果使用权、处置权和收益权改革,试点赋予科技成果完成人职务科技成果所有权或长期使用权。提升科技成果转化产业化服务能力,以市级科技成果交易平台为核心,发展区域、高校院所、行业、服务四类技术转移机构,构建与国内外技术市场互联互通的技术转移网络。

三是打造科技创新人才高地。对人才全面开放,大力吸引海内外创新人才,打造"海河英才"行动计划升级版,动态调整高端紧缺人才目录和科技创新人才图谱,畅通人才引进通道。推动建立外事审核审批直通车制度,深入推进海外人才离岸创新创业基地建设,支持和鼓励外籍高端人才申请在中国永久居留。加强创新人才培育力度,深入实施"杰出人才"培养计划,选拔培养优秀青年科技人才;推动高校、科研院所和企业共建博士后工作站,吸引更多博士来津集聚;加强产业领军人才培养和"海河工匠"等高技能人才培养。支持人才团队携带项目来津创业,推行"项目+团队"服务模式,为人才团队提供个性化服务。完善人才配套服务保障措施,解决人才的住房、教育、医疗等后顾之忧。

打造新时代职业教育创新发展标杆研究

鹿英姿　天津市经济发展研究院高级经济师

周　苗　天津市经济发展研究院经济师

习近平总书记指出,"我国经济要靠实体经济作支撑,这就需要大量专业技术人才,需要大批大国工匠"。培养技术技能人才是职业教育的基本职能。党中央、国务院高度重视职业教育改革,天津市委、市政府也将职业教育改革创新发展放在前所未有的突出位置,将"打造新时代职业教育创新发展标杆"列入贯彻落实党的二十大精神"十项行动"中。天津作为国家现代职业教育改革创新示范区,要大胆尝试、奋力开拓,继续为全国职业教育改革创新发挥先行示范作用。

一、新时代职业教育的定位和创新发展的重要意义

(一)新型定位

职业教育与普通教育同等重要。近年来,职业教育的地位不断提升。2019年2月,国务院印发《国家职业教育改革实施方案》,提出要坚持以习近平新时代中国特色社会主义思想为指导,把职业教育摆在教育改革创新和经济社会发展中更加突出的位置,明确职业教育与普通教育是两种不同教育类型,具有同等重要地位。

职业教育新型定位实现从"层次"到"类型"的全面优化。2021年4月,习近平总书记再次肯定职业教育的重要地位:"在全面建设社会主义现代化国家新征程中,职业教育前途广阔、大有可为。"2022年5月1日新修订的《中华

人民共和国职业教育法》明确了"职业教育是与普通教育具有同等重要地位的教育类型"。职业教育"类型"地位在法理上得到保障。职业教育不再比普通教育低一个"层次",而是和普通教育同等重要。职业教育涵盖职业启蒙教育、中等职业教育、高等职业教育等。

(二)重要意义

新时代职业教育承担了服务经济发展和国家战略的重要作用。我国进入经济高质量发展阶段,技术技能人才是支撑中国制造、中国创造的重要力量。在现代制造业、战略性新兴产业和现代服务业等领域,新增从业人员 70% 以上来自职业院校毕业生。然而,我国技能应用型人才与学科研究型人才比例为 3∶7,与欧洲(8∶2)、美国(4.6∶3.5)的数据相比,我国技术技能人才比重偏小,远远不及欧美国家,无法满足我国当前经济高质量发展、建设现代产业体系的需要,技能应用型人才的培养亟须跟进。

新时代职业教育关乎民生和共同富裕的实现。高校毕业生就业问题一直是社会关注的焦点,2022 年我国应届高校毕业生规模达到 1076 万人,普通本科毕业生就业难问题愈加凸显,而职业教育院校毕业生就业率连续保持高位,中职、高职毕业生就业率分别超过 95% 和 90%。"职教一人,就业一人,脱贫一家"成为阻断贫困代际传递最有效的方式。职业教育是服务国家乡村振兴战略、推动区域协同发展等国家重大战略的中坚力量。职业院校毕业生已经成为推进乡村振兴和扩大中等收入群体的重要来源。

天津具备职业教育创新发展的优势条件。天津是国家首个现代职业教育改革创新示范区,具有发展职业教育的历史基因。天津是我国近代工业的发源地之一,具有得天独厚的职教发展优势。根据 2022—2023 学年初天津市教育事业统计信息快报,天津现有普通本科教育学校 30 所,在校生 37.56 万人,高等职业学校(含专科)26 所,在校生 21.89 万人。中等职业教育(不含技工学校)58 所,在校生 8.29 万人。围绕"1+3+4"现代产业体系,天津培育了一批批技术技能人才,为社会主义现代化建设提供有力的人才支撑。

二、天津新时代职业教育取得的成绩

(一)政策体系不断完善,职教改革顶层设计初步构建

天津职业教育政策创新取得成效,科学制定《天津市职业教育改革与发展"十四五"规划》,印发出台《关于加快发展现代职业教育的意见》《关于深化产教城融合 打造新时代职业教育创新发展标杆的意见》等政策文件,天津在全国职教改革中叫响。今年5月教育部和天津市人民政府联合发布的《关于探索现代职业教育体系建设改革新模式的实施方案》提出,用2~3年时间,建成产教深度融合、职普相互融通,促进全民终身学习,更好服务人的全面发展和经济社会高质量发展的现代职业教育体系的目标和详细实施路径。天津不断探索中国现代职业教育体系改革新模式,扶持政策的陆续出台将为天津在全国发挥领先示范作用打下坚实的基础。

(二)职普融通取得实效,人才培养实现贯通新进展

积极推动职业教育纵向衔接人才培养模式改革。2015 年,教育部批准设立国内第一所应用技术大学——天津中德应用技术大学。天津率先构建了从中职、高职到本科乃至研究生层次的职业教育人才培养体系,为更多学生提供"人生出彩的机会"。启动了"中高职五年系统化培养""3+4 中本系统培养"等多种形式的衔接培养模式,为加快推进本科层次职业教育试点奠定基础。

创新职普、职继横向协同模式。学分银行在天津落地运行,创立了京津冀跨区域资历框架,建立职业教育与普通教育课程互认、学生学习成果等值互换制度。以"职业教育活动周"和"全民终身学习活动周"为引领,突出职业学校终身学习服务功能,落实职业学校学历教育和职业培训并举并重。2019 年全面启动"1+X"(学历证书+若干职业技能等级证书)证书制度试点工作,成立了市"1+X"项目办公室,组建了 14 个试点工作院校联盟,天津有 47 所院校近3 万名学生参与"1+X"试点工作。

(三)产教融合持续加强,师资建设迈出新步伐

天津成功入选国家首批产教融合型试点城市。"海鸥现代学徒制"改革模式叫响全国。2019 年以来,天津 21 所职业学校 113 个专业、10111 名学生参加"学徒制"试点培养,试点专业毕业就业对口率高达 93.96%。截至 2023 年 7 月,累计成立 31 个职教集团,高职专业对接全市主导产业占比大幅提升,年社会培训 30 万人次。全国示范性职教集团培育单位达到 6 个,培育产教融合型企业 193 家。鼓励高职院校联合行业龙头企业共同办学,新建华录现代数字技术产业学院、携程文旅产业学院等一批产业学院。

高素质"双师型"教师队伍建设不断加强。天津职业技术师范大学"双师型"职教师资博士人才培养项目持续实施。今年天津现代职业技术学院药品生产技术专业等 6 个团队入选首批国家级职业教育教师教学创新团队,为培养更多高素质技术技能人才提供强有力的师资支撑。

(四)科创融汇加速聚集,载体建设实现新突破

完善产业、行业、企业、职业、专业"五业联动"机制,发挥政行企校研合力共促机制,共建产品工艺开发中心、应用技术转移中心、紧缺人才实训基地,打造兼具技术升级与推广和大国工匠培育等功能的职业教育技术创新平台。"产学研金服用"要素加速聚集,以阿里巴巴国际站数字贸易人才中心为代表的众多"企业人才中心""协同科技创新中心"落户院校,海洋工程装备工程创新中心和智能焊接应用技术转移中心建设不断加快。

天开园创新创业氛围日益浓厚。探索"学科 + 人才 + 产业"的创新发展模式,发挥高校创新优势,建立职业院校与产业园区科教融汇通道,推进创新链资金链人才链深度融合,不断提高科技成果转化和产业化水平,培育更多具有自主知识产权和核心竞争力的创新型企业。

(五)国际化成绩显著,以赛促学模式巩固完善

在全国率先创建"鲁班工坊"职业教育国际品牌,形成具有中国特色、世界

影响的职业教育话语体系。天津院校在亚欧非三大洲 19 个国家建设了 20 个"鲁班工坊"。"鲁班工坊"以国家职教试验区的优质教学资源为主导,致力于培养当地国家熟悉中国装备、技术、产品和标准的本土化技术技能人才。"鲁班工坊"是服务中国企业走出去,促进国际产能合作,助力人类命运共同体建设的重要支撑。

连续 13 年举办以天津为主赛场的全国职业院校技能大赛,形成了以赛促学、以赛促教、以赛促改、以赛促建的良好氛围。根据赛项内容新增和调整专业(点)113 个,结合技术标准开发课程 1500 多门、教材 800 余种,形成了"大赛—职教改革示范区—人才培养"的互动模式。2022 年 8 月,天津成功举办我国首次世界职业技术教育发展大会,发布筹建世界职业技术教育发展联盟的倡议和《中国职业教育发展白皮书》,形成了"会、盟、赛、展"的职业教育国际交流合作崭新平台和范式。

三、天津新时代职业教育发展存在的问题

(一)职普融通衔接不够顺畅

中职毕业生面临较多就业壁垒、"同工不同酬"的窘境,实现职普教育融合发展势在必行。但由于劳动制度与教育制度,职业资格证书与学历证书不能做到等值等效,职普融通依然存在障碍。纵向看,职教学生升学通道还不够宽,职业教育向普通教育转变困难,尤其是中职学生升入本科渠道受限,大多数学生只能选择升入高职院校,不能满足多数学生接受高层次学历教育和多元化成长的需求。横向看,中职学校与普通高中学生学籍未能实现互转,双向流动的人才培养机制亟须探索。

(二)产教存在"合而不融"

"产教合而不融""校企合作不深不实""校热企冷"等问题依然存在。一是产教融合模式单一,缺少与企业的全方位深度合作,以学生去企业实习、企业

工程师给学生做培训、联合开发课程等模式为主,存在"流于表面"问题。二是产教融合供需矛盾依然存在。学科专业设置跟不上产业转型升级步伐,从天津机电职业技术学院、天津商务职业学院、天津职业大学发布的 2022 年就业质量报告来看,毕业生的工作与专业相关度分别为 58.63%、67.38%、62%,专业对口度仍需提升。

(三)科教融汇水平有待加强

职业教育的科教融汇缺乏基础平台的有效支撑,天津高职院校存在强教学弱科研、重技能轻技术、教学和科研"两张皮"现象。根据 2022 年《高等职业教育质量年报》,四大直辖市中天津的科研社会服务经费处于较低水平,其中,天津横向技术服务到款额分别为北京、上海、重庆的 95%、42%、23%,纵向科研经费到款额分别为三地的 53%、19%、13%,职业教育成果转化能力较弱,技术产权交易收入仅为三地的 36%、40%、7%。

表1 2022 年四大直辖市高等职业教育科研社会服务经费比较　　单位:万元

省市名称	横向技术服务到款额	横向技术服务产生的经济效益	纵向科研经费到款额	技术产权交易收入
天津市	2549.58	23189.1	628.83	84.92
北京市	2693.93	11207.44	1188.17	235.70
上海市	6076.50	7008.82	3314.93	211.59
重庆市	11143.2	68044.3	4718.36	1253.16

资料来源:北京、天津、上海、重庆四市公布的《高等职业教育质量年报(2023)》。

(四)职业教育的社会地位仍需提升

工资待遇方面,职业教育与普通教育相比具有明显弱势,根据麦可思研究院统计,我国 2022 届普通本科与高职院校毕业生月收入分别为 5990 元与 4595 元,毕业半年后平均月收入在 6000 元以下的比例分别为 57.7%、82.1%,高职与本科毕业生每月薪资待遇相差达 1395 元,高职毕业生月收入普遍低于 6000

元。长期以来,职业教育社会认可度不高,一部分人仍然存在职业教育是"低层次教育"的偏见。2021 年《教育家》杂志发布的《中国职业教育发展大型问卷调查报告》显示,68.62% 的受访学生和家长选择"职业教育发展面临的最大困难"是"社会认可度"。

四、外地职业教育先进经验对天津的启示

(一)注重依托产业平台,推动产教城融合发展

广东番禺职业技术学院位于珠宝产业园,其下设的珠宝学院借助靠近产业园的优势,与钻汇集团成立产业学院,其突出的特色是与企业需求的对接具体到单门课程的教学内容,而非局限于课程体系设计和师资培训,该学院毕业生在珠宝产业园就业的比例年年攀升,并超过八成。湖南铁道职业技术学院周边布局了中车集团旗下造车子公司、广铁集团下属子公司,毗邻产业平台,贴近职业场景,开设现代学徒制班级,实行共同培养。

(二)注重教师专业水平,打造"名师 + 名匠"

20 世纪 90 年代,由中车集团办学的湖南铁道职业技术学院新招聘老师入职需进入企业实习半年,深入工厂生产一线观察、学习、操作,再回学校任教,学院拥有更多自主权,直接聘任中车集团工程人员任教。如今寒暑假期间,学校教师也需要到工厂一线学习。广东番禺职业技术学院珠宝学院以打造"名师 + 名匠"为目标,安排教师与学生一同到珠宝产业园区顶岗实习并参与考核,使"双师型"教育落到实处。

(三)注重科教融汇,培养学生"研究"意识

广东番禺职业技术学院高度重视科教融汇,充分考虑学生未通过普通高中教育建立系统知识体系的局限性,开发"探索式教学"方式,以企业需求为起点,聚焦关系企业产品质量和生产成本的应用型研究课题,引导学生掌握思考

方法和研究程序,推动科研成果转化效率更高。科研可以反哺教学,基于科研成果开发新课程丰富教学内容,辅助培养技能型人才。

(四)注重"育人"理念,提升心理素养

深圳市第一职业技术学校重视外来家庭、中考分流给学生带来的抑郁症等心理问题,对学生进行入学心理测试,关注学生心理健康。南京金陵职高等职业院校基于对毕业生的追踪调研,开设职业生存课和职业发展课,帮助学生确立职业目标和规划,获得对未来相对清晰的认知,该校毕业生就业忠诚度明显提高。

五、天津打造全国新时代职业教育
创新发展标杆的对策建议

党的二十大报告指出,统筹职业教育、高等教育、继续教育协同创新,推进职普融通、产教融合、科教融汇,优化职业教育类型定位。高质量的职业教育将为全面建成社会主义现代化强国、实现第二个百年奋斗目标提供源源不断的技术人才和技能支撑。天津要继续保持职业教育创新改革的领先地位,以产教融合为根本,实现人才培养供给侧与产业需求侧更加匹配,打造全国新时代职业教育创新发展标杆,为全国职业教育创新改革提供可复制、可推广的新范式。

(一)树立标杆意识,加大职教改革创新力度

树立大职业教育观,随时跟踪国家职业教育改革创新政策要求,提出天津改革创新方案和落实举措,继续领跑全国职业教育创新发展。

一是创新组织协调机制。成立新时代职业教育创新发展工作小组。由天津市发展和改革委员会、教委、人力资源社会保障局会同有关部门牵头推进,健全协调机制,将各项任务分解到位、责任到人。成立专门社会组织,集聚教育、科技、产业、经济和社会领域的著名专家学者和经营管理者等,承担政策咨询、标准研制、项目论证等工作。

二是强化党建引领,深入推进习近平新时代中国特色社会主义思想进教材、进课堂、进学生头脑,牢牢把握学校意识形态工作领导权,把思想政治工作贯穿学校教育管理全过程,大力培育和践行社会主义核心价值观,健全德技并修的育人机制。

三是开展职业教育考核评价,各级党委和政府将发展职业教育纳入国民经济和社会发展规划,整体部署、统筹实施,并将职业教育工作纳入地方经济社会发展考核,作为对各级政府履行教育职责评价的重要内容。

(二)强化职普融通,拓宽多元化成长成才渠道

统筹推进职业教育与普通教育协调发展,建立健全多形式衔接、多通道成长、可持续发展的梯度职业教育体系。

一是深化纵向贯通机制。加快完善"职教高考"制度,高质量发展本科层次职业教育。出台符合职业教育办学和技能人才成长规律的"文化素质 + 职业技能"考试招生办法,完善"中职—专科高职—本科—专业硕士"纵向贯通人才培养体系。制定职业教育贯通培养指导意见,扩大应用型本科高校和职业本科院校在"职教高考"中的招生规模,开展中职与高职(3 + 2)五年贯通、中职与职业本科或应用型本科(3 + 4)七年贯通、高职专科与职业本科或应用型本科(3 + 2)五年贯通培养。支持应用型本科高校招收国家和市级技能大赛优秀选手,扩大职业院校招收一线劳动者的比例。

二是深化职普横向融通。支持中等职业学校与普通高中课程互选、学分互认,探索普通高中与中等职业学校的学籍双向互转。推动初中学生开展职业体验日活动,列入综合素质评价要求的职业体验课时,打造一批职业体验日品牌项目。

(三)做实产教融合,促进职教人才供需深度耦合

产教融合、校企合作是职业教育办学的基本模式,做深做实产教融合是职业教育高质量发展的关键所在。

一是建设产教融合新载体。打造天津经济技术开发区生物医药、天津港保

税区高端装备制造、天津滨海高新技术产业开发区信创产教联合体、天津东疆综合保税区数字经济 4 个市域产教联合体,建立政行企校密切配合、协调联动的工作机制。在重点行业和领域打造行业产教融合共同体,鼓励龙头企业和职业学校牵头,联合行业协会、科研院所、上下游企业等共同参与,在高端装备制造、新能源、智能供应链领域组建一批产教深度融合的跨区域行业产教融合共同体,逐步推广到天津市 12 条重点产业链。

二是形成产教融合新标杆。打造一批产教融合型"头雁"行业,聚焦天津市"1＋3＋4"现代产业体系,建立产业需求数据库,在新一代信息技术、集成电路、人工智能、高端装备制造、生物医药、新材料等战略性新兴产业,以及养老、托育、家政等生活服务业等行业,培养服务国家和地方产业迫切需求的技能技术人才。从央企、市级国企、实力突出的民企中,遴选一批产教融合示范引领龙头企业开展试点,探索建立教师和企业工程技术人员互聘制度,进一步完善教师定期到企业实践、企业工程技术人员到校专职或兼职任教制度,提升"双师型"教育质量。

三是建设高水平实训基地,鼓励联合体和共同体内企业广泛开展特色学徒制培养。拓展产教融合培养内容,引导企业深度参与职业院校的专业规划、课程设置、实习实训、教材开发等,实行校企联合招生,开展订单培养和学徒制培养。建设一批开放型集实践教学、社会培训、真实生产和技术服务功能于一体的公共实践中心、企业实践中心、学校实践中心。

(四)做强科教融汇,提升职业教育以研育人质量

科教融汇是产教融合的深化与升华,是职业教育创新发展的新方向。

一是构建以职业院校为主导的科技创新平台。高职院校应紧紧围绕区域产业需求,以服务企业技术升级为方向,结合自身专业设置和人才培养规划,着力开展具有职业院校特色的应用型科研工作,联合企业、科研院所共建技术创新平台,实现以研育人、以研促产、以研助教。

二是推进企业主导的协同创新和成果转化。以产教融合型标杆行业和龙头企业为依托,支持企业、职业院校、科研院所围绕产业关键技术、核心工艺和

共性问题开展协同创新,鼓励企业和职业院校共建中试和工程化基地,加快基础研究成果向产业技术转化。合作开展"卡脖子"关键核心技术、战略性前沿技术和颠覆性技术攻关,共同研发重点新产品和"专精特新"产品,形成战略性新兴产业产教融合创新体系。

(五)实施激励举措,优化职教发展的生态

提高职业教育认可度和吸引力,让职业教育真正成为就业有能力、升学有优势、发展有通道的教育类型。

一是提升职业教育投资比重。根据联合国教科文组织的统计数据,职业教育办学成本约为普通教育的 3 倍。优化职业教育经费支出结构,鼓励通过多种渠道依法筹集发展职业教育的资金。政府部门要确保职业学校生均经费标准按时、足额拨付经费,不断改善办学条件。多渠道筹措办学经费,调动企业参与职业教育的积极性,推进企业、园区兴办职业教育,组建职业教育集团,允许企业以资本、技术、管理等要素参与办学。

二是为职业教育学生营造公平就业的环境。修订后的职教法明确提出,用人单位不得设置妨碍职业学校毕业生平等就业、公平竞争的报考、录用、聘用条件。机关、事业单位、国有企业在招录技术技能岗位人员时,可以适当降低学历要求。可为获得世界技能大赛、全国技能大赛或国家级一类技能大赛奖牌的应届毕业生及获得全国职业院校技能大赛一等奖的应届毕业生,在就业、落户时开辟绿色通道。

三是完善"金融+财政+土地+信用"扶持政策。探索将职业教育纳入地方政府专项债券、政策性金融等政策性资金支持范围,鼓励金融机构发放中长期贷款,企业举办的非营利性职业学校,可参照公办学校生均经费标准给予适当补助。对参与联合体、共同体建设的普通高校,在平台建设、招生计划等方面给予专门扶持。

天津加快创新型城市建设对策研究

涂峰达　天津市经济发展研究院经济师

　　新时代新征程,科技创新进入空前密集活跃时期,新一轮科技革命和产业变革正在重构全球创新版图、重塑全球经济结构,科学技术和经济社会发展加速渗透融合。党的二十大对"加快实施创新驱动发展战略"作出重要部署,习近平总书记指出,"要加快科技自立自强步伐,解决外国卡脖子问题","加强基础研究,是实现高水平科技自立自强的迫切要求,是建设世界科技强国的必由之路。"近年来,天津市积极推进产业结构转型升级,大力实施创新驱动发展,加大科技投入,优化科技成果转化机制,已具备一定的科技基础和产业优势。

一、建设区域科技创新中心
是推动天津高质量发展的必由之路

　　从国际来看,我国科技自立自强积极推进,高质量发展取得新成效,但是也引起欧美等发达国家的高度警惕,只有"自主创新"才能解决我国相关领域"卡脖子"难题,只有坚决贯彻创新驱动发展战略,才能实现更高质量发展、实现中华民族伟大复兴。

　　从国内来看,在"十四五"规划纲要中,首次指出"支持有条件的地方建设区域科技创新中心"。2021 年 5 月,习近平总书记在"两院院士"大会再次提出,"要支持有条件的地方建设综合性国家科学中心或区域科技创新中心"。随后,山东、湖北和江苏等多地在地方"十四五"规划中,把建设区域科技创新中心作为重点任务。城市间竞争将逐渐成为创新策源能力和创新驱动发展水平之争,创新水平决定了城市未来发展潜力,直接影响对人才、产业、资金的吸引力,对城市长远发展将产生重大影响。

天津市的工业制造业在产业体系中一直处于主导地位,而工业中的重工业又占较大比重,相比之下新兴产业培育发展相对缓慢,占比不高,产业结构偏"重"、偏"旧"特征较明显,对城市经济、社会发展的制约越来越突出。加快构建新型产业矩阵,打造更具活力和竞争力的新型产业体系,就成为天津加快推进新旧动能转换、实现经济高质量发展的必然之举。通过数年来全面升级城市产业体系,天津市加快了新旧动能转换,长期坚持创新驱动发展战略,将为天津高质量发展提供坚实的产业支撑和强大的动力来源。

二、区域科技创新中心建设条件

自"十四五"规划纲要发布以来,诸多城市甚至二三线城市纷纷布局区域科创中心建设,但是这也容易造成决策的盲目性。目前区域科创中心概念并未统一,综合相关研究资料,总结如下建设条件。

创新基础优良。在产业结构上,处于以服务业为主导的"三二一"产业结构,或至少呈现"二一三"结构或"二三一"结构的工业化后期阶段特征,以及服务业、工业特别是制造业内部主要结构的阶段性特征。人口规模居省域(或地区)前列,三次产业就业比例与其生产总值相匹配,就业总人口中高素质劳动年龄人口和流动人口占比较高,高等教育本专科毕业生实现本地充分就业,人均生产总值区域领先,多元文化交汇和平衡特征明显。

创新要素丰富。高质量、多层次的技术型人才队伍活跃;全社会研发投入量处于省域(或地区)领先水平,外部资金来源广泛,对外投资影响力初步显现;优势产业链培育成效显著。聚集高校、科技企业、科研院所以及相关中介机构,通过资源共享、信息交流、知识扩散、经验互动等方式形成主体间多元互动局面。

创新系统流畅。企业以应用研究为主要导向,转化型结构特色明显,技术创新的支撑体系突出,以中小型、互动性、高协同、低成本为特质,基础研究和应用研究各环节基本贯通。核心地带对周边城市或地区的"虹吸效应"显著,创新创业孵化氛围良好。在政策支撑性上,目标一致、搭配合理、相互协调的多领域科技创新政策体系成形。

创新绩效显著。在创新链条上以中后期为重心,能够有效承接国内外特别是国内一级创新网络节点的科研成果,可形成创新创业和科技成果转化应用的区域性高地。在创新活动中积极开展开放性的创新协作:供应链中,去本地化的信息流、物流、资金流网络基本形成;在销售链上,面向省(市)内、省(市)外和国外的"三个市场"初步构建;在技术链上,外部合作与研发比例过半,技术源头获取半径和技术成果扩散范围至少拓展至省域。

三、天津市科技创新基础和不足

天津市在持续的产业升级转型过程中积累了较为深厚的科技创新资源,同时也存在诸多不足。

(一)科技创新基础

载体空间充足。经过近些年大规模的土地开发整理和园区治理,在全市范围内形成了规模庞大且体系完备的产业园区,其中不乏大量的创意产业园区和科创企业孵化园区。在创新平台方面,"十四五"以来已完成首批 20 个市级产业技术基础公共服务平台认定,6 个服务平台成功获批国家级,位居全国第四;"芯火"双创基地(平台)获得国家工信部批复,信创海河实验室建设全面展开。

各区创新载体的服务功能日益完善,招商引资能力持续提升。例如海棠众创大街位于津南区咸水沽镇雅润路东侧,总建筑面积达 7.7 万平方米,分为 7 个区域分期投入使用。累计引进包括阿里云创新中心、智创工坊、海棠空间等孵化平台,注册企业 600 家,创造近 2000 个就业岗位。认定"雏鹰"企业 35 家、国家科技型中小企业 29 家、高新技术企业 9 家。建立了覆盖人力资源、工商财税、法律咨询、知识产权等 9 个领域的海棠服务体系,引进包括盈科律所、科创天使基金、北洋专利在内的专业创业服务机构 140 余家。

产业基础较为雄厚。天津市已初步构建以智能科技产业为引领,以装备制造、汽车、石油化工等优势产业为支撑,以生物医药、新能源、新材料、航空航天等新兴产业为重点的"1＋3＋4"现代化产业体系,冶金、轻工等传统产业持续转型升级。新兴产业活力不断释放,2022年,高技术产业(制造业)增加值比上年增长3.2%,快于全市规模以上工业平均水平,医药制造业增长8.8%,电气机械和器材制造业增长8.3%,专用设备制造业增长7.3%。产业结构不断优化,集成电路产业位居全国第二梯队前列,中芯国际已成为亚洲最大的8英寸芯片生产基地;太阳能硅片和电池片年生产能力达到40GW,环智新能源成为全球最大的光伏单晶硅片出货商;大飞机产业聚集效应明显,2022年交付空客A320飞机51架,生产和维修各类直升机35架,交付无人机5000架。

科创资源丰富。天津市本科院校达到31所,其中包括南开大学、天津大学、天津工业大学和天津医科大学等科研水平显著高校,专业设置各具特色。血液研究所、天津药物研究院、铁道第三勘察院等各类科研院所扎根天津,吸引各类科研人才在津发展。对标国家实验室高标准筹建六大"海河实验室",为成果转化和项目落地提供强大的物质保障。"十四五"以来,累计建立博士后流动站88个、工作站310个、创新实践基地102个,年均招收博士后突破500人。深入实施"海河工匠"建设工程,全市技能人才达到271万人,高技能人才83万人。国家级重大创新平台总数达到151家。评价入库国家科技型中小企业超过1万家,"雏鹰"企业、"瞪羚"企业、科技领军(培育)企业数量分别达到5600家、440家和300家。华海清科、美腾科技、曙光信息等企业相继上市,天津科技型上市企业已达到51家。

科技服务体系持续完善。在全国率先完成全部27个系列职称制度改革任务,实现职称评审"一网通办""免跑即办"。围绕天津12条重点产业链,构建"一链一策"职称专业体系,增设人工智能、网信等13个职称新专业。实施《市人社局市财政局关于印发完善事业单位高层次人才工资分配激励机制实施意见的通知》等政策,加大对高层次人才和科研人才的激励力度,充分调动人才的积极性、主动性和创造性,推动科技成果加快向现实生产力转化,打通科技到经济"最后一公里"。

创新创业氛围不断提升。科技创新资源呈现聚集趋势,已引入设立中国(天津)知识产权保护中心、海棠基金公司等科技创新服务机构或平台。引入国内一流加速器平台海尔"海创汇",建立"中关百知创业空间"等。累计组织举办天津市创业孵化大讲堂系列活动 100 余场,参与人数近万人次。支持企业参与国家和天津市创新创业大赛、创客中国、大学生创业大赛、留学人员创新创业大赛等各类"双创"大赛,举办创业沙龙、论坛、讲座等形式多样的创业孵化活动。"十四五"以来,天津累计 2300 余个企业和团队参加大赛,120 余个项目获得天津奖项。天开高教园自今年开园以来,已入驻项目 140 多个,50 余家基金完成合作签约。

综合配套完善。出行顺畅便捷,5 条地铁线路建成运营,轨道交通通车里程达到 286 公里,建成一批城市主干路网工程。社会保障网进一步织密筑牢,养老、医疗、失业、工伤等保险待遇水平。各级各类教育优质发展,完成第三轮义务教育学校现代化标准建设,高校"双一流"建设加快推进。新建北京协和医学院天津医院、市第一中心医院新院区等一批优质医疗资源,异地就医直接结算深入开展。市民文化生活丰富多彩,全民健身和竞技体育全面发展。公共安全保障体系更加健全,食品药品安全更有保障。

(二)存在不足

功能定位与发展目标不相适应。在新一轮国家战略布局中地位不够突出,国家发展改革委、科技部联合下发了关于"十四五"期间创新高地布局的文件,明确支持建设一批国际科技创新中心、综合性国家科学中心和区域性科技创新中心,其中未着重对天津的功能定位进行布局,这与天津直辖市的地位不相匹配,与天津"打造自主创新重要源头和原始创新主要策源地"的发展目标不相适应。

科技创新投入不足。全社会研发投入规模与先进地区比有较大差距,据 2021 年全国科技经费投入统计公报数据,北京全社会 R&D 经费支出为 2629.35 亿元,上海为 819.84 亿元,而天津仅为 574.33 亿元。

创新主体数量较少。全市评价入库国家科技型中小企业刚过 1 万家,"雏鹰"企业、"瞪羚"企业、科技领军(培育)企业数量分别为 5600 家、440 家和 300

家,数量规模与发达地区相比仍有较大差距,缺少引领创新发展的领军型企业。龙头企业带动效应较弱,部分产业链较短。创新主体数量较少,成果转化承接主体数量相对不足。

科研人才队伍规模不足。近年来,随着经济发展增速放缓和产业转型等多种因素影响,天津城市吸引力持续下降,人才流失情况较为严重,2016 年开始,研发人员总量和每万名劳动力中研发人员数量开始下降,天津研发人员总量从 2015 年的 12.43 万人年下降到 2019 年的 9.25 万人年,与京沪粤等发达省市存在较大差距。同时,天津科技领军人才数量偏少。截至 2019 年,全国两院院士共有 1738 名,其中在津两院院士 38 名,占全国比重仅为 2.19%。

四、经验借鉴

科技园区是承载科技发展的重要载体,通过深度研究相关园区发展案例,从发展演进、建设运营模式、管理体制机制、政策支持、空间布局等方面总结启示及经验如下。

(一)因地制宜确定发展模式

国内科技园区有四种典型模式,即政府主导、市场主导、高校主导以及政府—高校共建模式,不同模式各有优劣。

中关村示范区建立部际协调小组、市级领导小组、管委会、分园管委会四层领导机制,实行"管委会 + 平台公司"运营机制,由中关村管委会负责规划、调研、统筹、协调、督办、服务;下设 17 个分园,实行"双重领导、以区为主"的领导体制,强化市、区两级支持,由分园属地负责空间保障。但这一模式管理协调难度大,造成各分园联动不足,郊区分园不能较好承接中心城区分园外溢的高精尖创新成果,对留住企业缺乏有力的措施。

清华大学科技园由启迪控股股份有限公司负责开发运营建设,不受高校约束,采用全球布局、市场机制、专业运营的模式,完全市场化。"孵化 + 创投"是主要盈利模式,启迪以市场价一半的价格将办公场地出租给初创中小企业,通过发展金融服务,专注于投早投小,把租金让利变成投资收益。但这种模式缺乏两个自主权:一是清华大学对科技园没有自主权,大学科技园的"大学属性"没有充分体现。二是运营公司没有绝对的自主权,科技园早期将部分楼宇出售给世界 500 强企业,很难协调这部分楼宇资源。

北航大学科技园完全由大学主导建设开发运营。土地和房产由学校自持,租金收益上缴学校。北航国家大学科技园充分实现了大学科技园的初心使命,高校资源优势得到充分发挥,科技园的成功也反哺大学"双一流"建设。北航国家大学科技园的成功主要得益于高校有充分的自主权,但建设初期,学校自主开发建设面临较大资金压力。

同济大学科技园是典型的区、校合作共建模式,其特点是"三区联动"。三区联动即"城区、校区、园区"联动,采用"空间载体拓展围绕学校校区布局、服务内涵建设围绕学校核心功能、产业形态集聚围绕学校优势学科、园区运营管理依托校地联动合作"的融合发展模式。"三个舍得"要"舍得腾出最好的土地支持大学就近就地拓展","舍得把商业和地产项目让出来建设大学科技园","舍得投入人力、物力、财力,整治和美化大学周边环境"。杨浦区政府持续推进环同济周边载体建设,变更周边原有建设使用性质,将大批衰败厂房改造为商务楼、创意园区,推动老工业区"凤凰涅槃",优势再造,打造了赤峰路、国康路、阜新路、彰武路等特色创意街区,为企业发展提供了良好的空间。但目前该科技园面临空间载体不足的问题,核心区 2.6 平方公里,拓展区 10 平方公里,仍不能满足发展需要。

(二)运行架构合理流畅

在建设伊始,园区多建立"决策部署—协调执行—管理运行"的多层管理架构,强化统筹协调推进。决策部署层面,中关村成立了北京市级层面的中关村国家自主创新示范区领导小组,由市长担任组长;环同济仅涉及杨浦区,成立了区级层面的发展推进领导小组,由区委书记担任组长,研究园区发展战略、产业及空间规划等重大事项。协调执行层面,中关村设立科技园管委会,作为市政府派出机构,统筹协调园区建设;杨浦区、同济大学共同组建了"杨浦环同济知识经济圈管理委员会",作为领导机构和工作班子,负责知识经济圈的管理、协调、指导和推进。管理运行层面,中关村成立了发展集团,清华、北航独资设立,同济和杨浦区共同出资设立了科技园公司,负责科技园开发建设与运营,提供创新创业体系化服务。

(三)政策支持力度强

强化创新、金融、人才、成果转化、产业聚集等支持政策,打造优良营商环境,提升政府服务品质。创新方面,支持企业与高校、研究院所等合作开展前沿技术攻关及落地转化,支持新技术全域应用场景建设。金融方面,中关村、北航等均以自有资金参与设立了覆盖"概念验证—种子—天使—创投—股权"等各阶段的投资基金,形成了从投资基金、信贷到上市服务等支持科技创新全链条的金融服务体系。人才方面,中关村按照"不求所在、但求所用"原则广揽人才,通过支持各类人才计划精准引育创业人才、服务人才,为人才提供全方位服务保障。成果转化方面,中关村推动先行先试改革,疏通科技成果转化的堵点,加强概念验证平台和共性技术平台建设,促进科技服务业发展,推动孵化器专业化发展。清华、北航等大学科技园都形成了科研、概念验证、众创空间、孵化器、加速器等全链条的成果转化、创业孵化体系。产业聚集方面,政府、高校紧密围绕园区主导产业,引育并举,着力吸引优质企业,形成产业集群,同济大学科技园在建设初期即以政策吸引了国内设计界的"五大金刚",带动2300余家企业形成首尾相顾、相互衔接的产业链。

(四)空间载体拓展可持续

各园区选址具有如下特征:一是核心区紧邻大学。中关村、同济最初都是在高校周边自发形成的,清华、北航大学科技园也得益于紧邻大学发展,距离大学也都是"3公里以内,步行不超过15分钟"。数据表明,2019年全球48%以上的科学园区位于大学园区内或毗邻大学,国内正在兴起的环高校知识经济圈也都基于此布局。二是载体空间可扩展。中关村、环同济知识经济圈都从核心区开始起步,逐步向外拓展,形成"一区多园"或"一圈、一区、四点"(核心圈、扩展区和辐射点）的发展格局。三是高校院所密集。中关村科学城聚集了清华大学等 39 所高校,科技园可服务、协同多所高校创新创业,承接多方资源溢出。四是配套设施完善。交通出行便捷,可有效缩短大学科技园与各相关方面的距离,清华、北航科技园周边通过公交或地铁可联通北京的四面八方,周边居住、教育、医疗、文娱、商务等配套完善。五是生态环境优良。"科技型 + 宜居型 + 生态型"是大部分大学科技园的典型特征,可由"校区、园区、城区、景区"四区联动发力。

五、建设区域科创中心的路径探索

科技创新是驱动城市未来发展的重要引擎,天津市要深入实施科技创新驱动发展战略,全面贯彻新发展理念,按照市委、市政府"十项行动"统筹安排,积极构建现代化产业体系,加快建设全国先进制造研发基地。

（一）着力推进京津冀科技协同创新

深化京津冀协同合作,实施"完善京津冀合作机制""构建协同创新共同体"等任务,探索与中国科学院战略合作新模式,联合创建京津冀国家技术创新中心,全力推进天津滨海中关村科技园、宝坻京津中关村科技城"一园一城"等科技合作载体建设。利用天津在超级计算机、中医药、海工装备等领域的独特优势,积极推进整合三地相关科技和产业资源,带动相关技术突破,加速相关产业发展。

（二）着力完善科技创新体系

重点推进实施"高标准建设天开高教科创园"等任务。构建"一核两翼"、辐射全市的天开园总体空间发展布局,着重发挥天开园创新创业引擎作用。推进大型地震工程模拟研究设施等一批重大创新平台建设。加快构建全市高水平实验室体系,重点打造六大海河实验室。持续完善科技奖励、股权激励等机制,深化项目评审、人才评价、机构评估等科技领域重点改革。着力突破关键核心技术,集中力量突破高端通用芯片、智能高端传感器等重点领域的关键核心技术产品。

(三)着力促进科技成果转化

聚焦促进科技成果转移转化和产学研结合,加快实施"成果转化'解细绳'2.0版""建立校企握手通道""完善科技成果转化体系"等任务。探索职务科技成果单列管理等创新举措,落实科技创新薪酬分配激励等政策措施,扩大企业和农业科技特派员规模,实施技术转移中介服务机构专项发展计划。培育一批社会化科技服务机构,引育一批技术经理人,每年开展沙龙、路演、对接等活动。

(四)着力强化科技对产业发展的支撑引领作用

聚焦创新链、产业链、资金链、人才链深度融合,实施"加强关键核心技术攻关""加快培育科技型企业""健全完善科技金融服务体系""着力发展科技服务业"等任务。创新项目机制,推行项目、平台、人才、资金一体化配置;实施"雏鹰—瞪羚—领军"企业梯度培育计划、科技型企业上市倍增计划;加大国家高新技术企业培育力度;布局设立天使母基金功能性子基金,推动金融机构设立科创特色机构、丰富科创金融产品和业务;引育并举打造一批小试、中试、概念验证等平台,发展检验检测、科技金融等特色产业。推动领军企业布局形成实验室集群,加速培育一批高成长企业和"独角兽"企业;建设京津冀生命科学中试转化基地;开发一批原创产品和重磅产品,大力发展智慧医疗、药妆、功能食品等新赛道,加快"神农谷""协和园""医学谷"等主题园建设,推动中医药大学科技园建设航母级主题园区。

(五)加快科研人才梯度培养

夯实人才第一资源,发挥"新型举市体制"优势,大力造就一批具有卓越组织领导才能的战略科学家,引领天津科技创新发展。探索设立科技创新领军人才支持计划,持续支持各类高层次人才、行业产业领军人才培养项目。健全完善对中青年人才普惠性支持措施,设立青年人才支持专项,加快培养中青年科技创新人才。鼓励青年人才在重大科技攻关中历练,提高青年科技人才牵头项目的比例,加大对突出贡献科研人员的奖励。支持科研人员创业,设立创投基金,加强经费支持,让领衔科学家自主确定研究课题,选聘科研团队。同时,天津需加强宣传,打造尊重、关怀、宽容、支持人才的社会文化。激发人才活力。打造"海河英才"行动计划升级版,研究实施以企业需求、人才发展需求为导向的定制化政策。

(六)优化全链条科创金融体系

分期分批实施优惠政策,吸引、集聚金融资源。发挥市、区两级引导基金的协同作用,打造"高校科技园子基金"。加强市、区、科技园引导基金联动和产融结合,针对主导产业按照"一产业、一基金"设立对应的产业子基金。充分发挥知名校友基金作用,推动高校校友会基金在园区投资孵化。创新国有资本参与创业投资的管理制度,推动发展混合所有制创业投资基金,鼓励符合条件的国有创业投资企业建立跟投机制。

营商环境篇

优化发展环境
助推民营企业高质量发展研究

——以医疗器械类民营企业为例

朱　鹏　天津市经济发展研究院正高级经济师

王泽敏　天津市经济发展研究院高级经济师

我国民营经济在稳定增长、激发创新、促进就业、改善民生、增加财政税收等方面发挥了重要作用,是推动经济社会发展的重要力量。在经济发展新时代,营造市场化、法治化、国际化的发展环境对民营企业实现高质量发展至关重要,良好的发展环境有助于推动民营企业改革创新、转型升级、健康发展。以习近平同志为核心的党中央高度重视民营企业发展环境问题,习近平总书记曾多次强调,要优化民营企业的发展环境和营商环境。党的二十大报告也提出要优化民营企业发展环境,促进民营经济发展壮大。今年中共中央、国务院为促进民营经济发展壮大出台《中共中央　国务院关于促进民营经济发展壮大的意见》。随后为深入贯彻党中央、国务院关于促进民营经济发展壮大的决策部署,全面落实促进民营经济发展壮大的意见,国家发展改革委会同市场监管总局、税务总局等部门联合印发了《关于实施促进民营经济发展近期若干举措的通知》。天津也高度重视民营经济发展环境问题。今年天津召开推动民营经济高质量发展大会,提出要持续优化民营经济发展环境,充分激发市场主体活力。与此同时,天津民营企业整体发展环境有待提升改善,根据全国工商联发布的2022年度"万家民营企业评营商环境"调查结果,天津在营商环境省份排名和城市排名中,均未进入前十名。通过对企业、行业协会以及政府部门调研,以医疗器械类民营企业为例,深入了解和掌握天津民营企业发展环境面临的主要问题,从而有针对性地提出应对举措,优化天津发展环境,促进相关民营企业高质量发展。

一、天津医疗器械行业发展现状及发展环境

医疗器械是指直接或者间接用于人体的仪器、设备、器具、体外诊断试剂及校准物、材料以及其他类似或者相关的物品。医疗器械产业,涉及医药、机械、电子等多个技术领域,是多学科交叉、资金密集型的高技术产业,是衡量一个国家和地区综合实力与科学技术发展水平的重要标志。同时,医疗器械产业也是医疗服务体系、公共卫生体系建设的重要基础,是保障国民健康的战略支撑力量。医疗的需求本质上是由人口老龄化、人民群众追求更多更优质医疗资源带来的,这种需求会稳定增长,随着居民医疗保健意识的增强和基层医疗服务能力的提升,医疗器械行业正进入高速发展期。医疗器械产业是天津的传统优势产业,全市医疗器械生产企业中民营企业占98%以上。天津在"十四五"规划中提出:着力构建"1+3+4"现代工业产业体系,医疗器械产业是其中生物医药产业的重要支撑和组成部分。

(一)行业发展现状

医疗器械产业是天津的传统优势产业,2022年,行业销售收入600亿元左右,从业人员4万多人,其中专业技术人员占20%以上。共有医疗器械生产企业600余家,民营企业占98%以上;以生产二类产品的企业为主,其次是生产一类产品的企业,三类产品生产企业较少。从企业规模来看,以中小微企业为主,规模以上企业仅占企业总数的20%,其中25家企业销售收入过亿元。从生产产品类型来看,可分为12大门类:骨科器械、眼科设备、医院设备、急救设备、影像内窥镜设备、植入介入治疗产品、体外诊断试剂、手术器械、远程医疗和民用设备、康复医疗器材、一次性医用耗材、医教设备等。从生产企业区域分布来看,滨海新区企业最多,占企业总数的30%以上,包括全市绝大多数产值过亿以及中等规模以上的生产企业;东丽区、北辰区、武清区、西青区、南开区等区的企业数量紧随其后。从重点企业来看,天堰科技、九安医疗等企业在医学教学产品研发生产、家用医疗电子产品领域形成了一定优势。赛诺医疗研发的冠

脉支架填补了我国生物医药领域空白。

(二)天津已出台优化发展环境举措

1. 优化民营经济发展举措

天津市委、市政府始终高度重视民营经济发展,持续出台民营经济支持政策。先后陆续出台了《关于营造企业家创业发展良好环境的规定》("津八条")、《关于进一步促进民营经济发展的若干意见》("民营经济 19 条")、《关于营造更好发展环境支持民营企业改革发展的措施》("支持民营企业改革发展 26 条")和《关于进一步优化民营企业发展环境加大力度支持民营经济发展的若干措施》("支持民营经济发展 17 条措施")等系列政策措施。

2. 优化医疗器械相关行业发展举措

近年来,为促进天津医疗器械行业发展,相关行业主管部门先后出台了一系列政策措施,主要涉及高质量发展、审评审批、产品注册、综合服务政策等方面。

在促进行业高质量发展方面,2019 年,天津市市场监督管理委员会发布了《关于进一步支持我市生物医药产业高质量发展的若干意见》,提出了扩大医疗器械注册人制度试点范围和优先审批适用范围、大力支持医疗器械融资租赁发展等十方面政策措施。

在审评审批改革方面,2018 年,天津市市场监管委会同天津市发展改革委等 11 部门联合出台《天津市关于深化审评审批制度改革鼓励药品医疗器械创新的实施方案》,提出了改革临床试验管理、推动京津冀区域药品医疗器械监管联动等六方面改革举措。2019 年,天津市药品监督管理局出台《天津市医疗器械注册人制度试点工作实施方案》,在北京、天津、河北、上海、江苏、广东等 21 个省区市范围内开展注册人制度试点工作。

在优化审评审评程序方面,2019 年以来,先后发布《天津市药品监督管理局关于印发天津市第二类医疗器械优先审批程序的通知》《天津市药品监督管理局关于简化外省市医疗器械企业产品迁入我市相关审批工作的通知》《天津市药品监督管理局关于优化境外医疗器械产品迁入天津市有审批事项的通知

（试行）》。

综合支持政策方面,2022 年,天津市药品监督管理局制定鼓励医疗器械中小微企业发展的若干措施,出台支持本市医疗器械中小微企业发展"服务包"。

二、外省市医疗器械优化发展环境举措

近年来,各省市基于本地发展特色优势,进行系统规划和设计,积极通过开展产业政策创新优化医疗器械行业发展环境,从研发支持、优化审评服务、加强市场推广等方面进行积极探索。

(一)支持研发创新

广东省鼓励医疗器械上下游企业进行协同创新,以支持上下游企业协同技术攻关为重点,对于关键材料、核心零部件(元器件)等领域的上游企业可享受同等政策待遇。苏州市、上海市青浦区等地支持开展"医工结合"创新,鼓励医疗机构与生物医药、医疗器械企业开展共同申报、联合攻关。四川省鼓励"AI + 医疗器械"的融合创新,支持利用大数据、云计算、人工智能、3D 打印等新技术进行智能成套装备研发。北京市探索推动生物医药数字设施建设,积极筹建首都临床医学成果转化平台、特定疾病领域协同创新平台,承接在京各大医院成果转化溢出。

(二)优化审评审批服务

北京主要针对第二、三类医疗器械,提出优化医疗器械主持质量管理体系核查工作,减轻企业负担,提高医疗器械审评审批效率。上海提出,优化医疗器械注册人制度相关政策,放宽产品注册和生产必须都在上海市内的条件限制,对进入国家和上海市创新医疗器械特别审查程序的企业给予一定资金支持。浙江提出,持续优化审评审批流程,大力提高审评审批效能,多渠道提升检验检测效率,争取到 2024 年,医疗器械类行业行政审批时限缩减到 5 个工作日。广东聚焦优化升级医疗器械产业链,对相关的医疗器械注册事项,纳入优先审评

审批服务范围。

（三）资金补贴政策

深圳市对国内率先实现量产的重大装备,或成功应用于医疗器械产品的关键零部件或原材料企业进行资助,按照项目总投资 40% 分阶段给予资助,最高不超过 3 亿元。上海市对进入国家和本市创新医疗器械特别审查程序的医疗器械产品,给予不超过 200 万元资金支持;对创新医疗器械注册证并在本市生产的产品,再给予不超过研发投入 40%,最高 500 万元资金支持。杭州市对首次获得医疗器械注册证书并在本市生产的,经评审给予最高 600 万元的资金支持;对获得医疗器械注册证书并在本市生产的创新型二类医疗器械、三类医疗器械,经评审给予单个品种最高分别为 200 万元、400 万元的资金支持。宁波市对新建投资规模 1 亿元及 1 亿元以上的医疗器械产业化项目,给予最高不超过 5000 万元的资金补贴。

（四）市场推广

多地提出支持创新产品进入医保、医院、挂网等,加快产品推广使用。江苏、浙江、四川等区域提出优化药械招采平台挂网审核流程,完善采购流程等举措;苏州、上海、四川、杭州、宁波等区域提出将创新产品优先纳入医保目录;北京市加快形成人工智能医疗器械产品收费模式,开展针对创新产品医保支付的商业保险试点;浙江省、上海市等区域积极探索人工智能辅助诊断系统购买服务试点。市场开拓方面,多地注重提升产品国际竞争力,上海、重庆、杭州、温州等对于企业取得美国（FDA）、欧洲（EMA）、日本（PMDA）等机构批准,并在相关国外市场实现销售的医疗器械企业给予 50 万元到 1000 万元不等的资金资助。

三、调研情况及发现问题

（一）调研整体情况

我们选取了医疗器械类市场主体、行业协会和政府部门三个层面开展调研，采取了实地座谈访谈、资料调研和问卷调查的方法，通过调研主要了解三个方面的情况：一是了解天津民营企业整体发展状况以及存在问题；二是天津出台的针对医疗器械类民营企业一些政策措施；三是在融资环境、政府服务监管环境、科研环境等发展环境方面，医疗器械类民营企业目前面临的主要问题以及相关诉求。

（二）调研反馈问题

1. 企业和协会反馈问题

我们先后去了两家公司和相关行业协会开展调研，通过与相关企业和协会负责人开展座谈，主要反馈以下几个方面问题。

一是产业未来发展顶层设计不够，缺少对全市医疗器械产业发展总体规划设计，对企业未来发展不能起到指导作用。二是政策针对性不强，目前生物医药总体支持政策较多，而医疗器械行业专门支持政策相对比较缺乏。三是科技成果转化方面存在短板，从研发成果到产业化过程不通畅，政府部门在促进科技成果产业化转化方面还需要多做工作，等等。四是科技中介服务体系不完善，综合配套服务需要增强，对初创期企业和中小微企业从产品研发到注册、生产上市方面的综合服务配套不足。五是政务服务、监管还需要加强创新，原有一些相关规定和制度跟不上产业发展需要，个别区域存在政府部门各种优惠政策不能及时充分兑现的问题，影响政府形象。六是消防、环保以及行业主管部门等各个监管部门有时存在管理不太协调的情况，各个政府部门之间的规定有时出现相互冲突的问题，导致企业无所适从，给企业生产经营活动带来不利影响。七是集中带量采购政策对一些企业影响较大，政府部门应该采取一些措施,缓解对冲一下集采的影响。八是政府部门对企业政策辅导和宣传不够,导致企业不能及时了解和准确把握相关政策,希望多加强政策宣传和辅导。九是人才对产业发展的支撑能力不足,缺乏企业管理人才、产品注册方面的人才和高水平技术研发人才。

2. 部门反馈问题

我们去了天津民营经济牵头管理部门开展调研,通过与相关领导座谈,主要反馈天津民营经济发展存在一些问题和短板。

一是民营经济规模实力仍需提升,民营经济整体实力偏弱、经济总量占比不高。二是民营企业发展环境仍需要优化,政策落实方面存在短板和弱项,市场环境和政务环境仍需优化和提升。三是民营经济融资难问题依然存在,目前民营企业融资仍以银行贷款的间接融资为主,通过资本市场、发债等进行直接融资的比重较低。四是民营经济创新能力有待加强,高质量科技企业相对偏少。五是人才对民营经济发展支撑不足。

(三)开展问卷调查及反映问题

1. 参与问卷调查企业基本情况

前期设计"天津市医疗器械产业发展环境调查问卷",通过问卷星网上问卷调查平台进行问卷发放,截至目前,共回收企业有效问卷 32 份,样本量基本占到天津医疗器械生产企业的 5%,全部为民营企业。

从样本企业的营业收入来看,以营业收入在300 万~2000 万元的小型企业为主,占到样本数的62.5%,其次是营业收入在2000 万~40000 万元的中型企业,占到样本数的 28.13%,营业收入小于 300 万元的微型企业,占到样本数的9.37%。

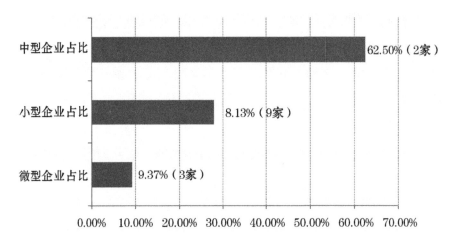

图 1 按规模分类企业样本分布图示

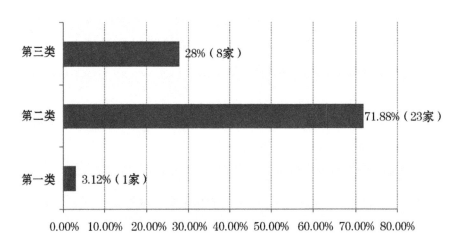

图 2 按照监管类型分企业样本分布图示

从产品监管程度来看,以二类产品企业为主,占到总样本的 71.88%;其次是三类产品企业,占到总样本的 28%;一类产品企业占到总样本的 3.12%。从生产产品类型来看,生产高值医用耗材的企业最多,占到总样本的 46.88%;其次是生产医疗设备的企业,占到总样本的 43.75%;排在第三位是生产低值医用耗材企业,占到总样本的 25%;排在第四位是生产体外诊断产品企业,占到总样本的 18.75%。

2. 通过问卷反映主要问题

通过对参与问卷调查的企业进行分析,主要反映以下几个方面问题。

一是公司融资渠道比较狭窄,目前以银行贷款和股权融资为主,其中采用银行贷款的企业占到 59.38%。二是相关政府部门在促进产学研合作方面还需要加强。问卷调查显示,企业主要通过自己建立与合作单位的产学研合作关系,这部分企业占到总样本数的 81.25%,而通过政府牵引仅占到总样本数的 15.63%。三是与医疗器械产业发展较好的省区市相比,天津主要差距集中表现在政策支持力度不够、产业链配套不全、销售渠道落后、人才缺乏等方面。四是在科技成果转化方面存在一些问题,集中表现在产学研交流合作渠道不通畅、科技中介服务体系不完善、政府鼓励政策力度不够等。五是企业对环境总体评价方面,对政策环境、市场环境和政务服务环境评价结果不是特别理想。六是目前阻碍公司发展的主要因素为产品技术创新能力不足、产品注册周期长、企业人才缺乏、发展资金短缺融资渠道不畅通、产业发展配套服务不完善、要素成本上升等。七是集中带量采购政策对公司存在较大的影响。从问卷统计数据来看,选择有较大影响的企业占到 53.13%,另外,9.38% 的企业选择关系企业生死存亡,选择没有影响的仅占到 6.25%。

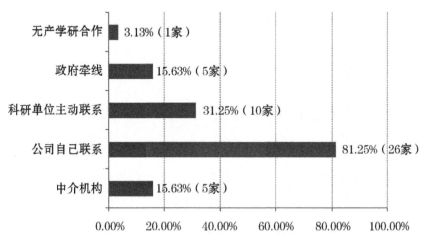

图 3 企业通过各种方式开展产学研情况图示

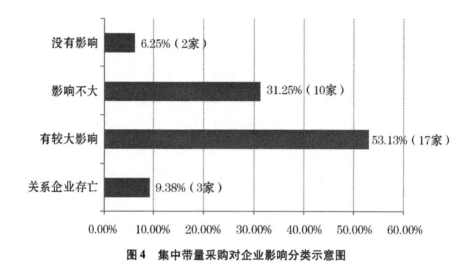

图 4　集中带量采购对企业影响分类示意图

四、对策建议

从实地调研和问卷访谈的情况来看,反映的问题主要集中在以下几个方面:一是对医疗器械产业重视程度不够,缺乏整体谋划;二是政务服务环境仍需提升;三是企业在融资、人才方面等要素支撑不足;四是政策支持力度仍需加大,政策宣传、落实需要加强;五是科技综合服务配套不健全,科技成果转化存在短板;六是集中带量采购对企业影响较大。针对上述突出问题,建议采取以下对策。

(一)加强医疗器械行业发展顶层设计

从政府层面加强对医疗器械行业发展重视程度,积极改变在生物医药内部"重药轻械"现象。坚持对标一流,立足前瞻性、先进性,由相关政府部门牵头编制天津医疗器械行业发展报告和医疗器械产业中长期发展规划,系统分析天津医疗器械产业发展基础,同时对比周边京津冀地区发展现状,制定天津医疗器械行业发展方向,中期、长期发展目标,行业发展重点领域和规划布局,并提出促进医疗器械行业健康发展的政策建议,为行业参与者提供有价值的决策参考。

（二）持续提升政务服务水平

制定出台医疗器械产业专项配套政策,重点在资金、税收、人才、产品研发注册等方面,同时保持已有政策的延续性和稳定性。加强天津各区、功能区、产业聚集区间的联动,将促进医疗器械行业发展的各项优惠政策落到实处,提升各项优惠政策兑现力度。加强政策宣传推介力度,利用天津行业协会、商会、龙头企业以及媒体等途径向行业宣传天津优惠政策,打响天津医疗器械行业品牌。加强政务服务和管理创新,在对企业开展监管过程中,注重药监、环保、消防等多个部门之间的协调配合,避免出现各个部门监管规定相冲突的局面,保障企业正常生产经营活动。积极协调解决集采对企业带来的严重影响,建立和完善优秀本地医疗器械产品应用政策和机制,加大招标采购、税收优惠等政策倾斜力度,鼓励市内各级医疗机构在同等条件下优先使用本地产品,完善支持本地产品纳入医保的服务举措。同时,积极帮助企业完善产品线布局、开展产品创新、研发创新医疗器械。

（三）大力促进科技成果研发转化

鼓励加大医疗器械科技创新力度。推行科研项目资金"直通车"制度,将科研经费直接拨付至相关企业。积极落实企业研发投入后补助政策,按照企业研发投入情况及综合经济贡献等分类排序择优给予资金补助。支持民营企业联合普通高校、职业院校、科研院所及上下游企业通过"揭榜挂帅"等方式,开展关键核心技术攻关,协同开展科研合作项目。积极与首都医疗器械类研发机构进行合作,促进相关研究成果在天津注册转化。依托行业龙头企业和相关政府部门,积极引进和培育医疗器械类公共服务平台,为初创企业提供资金、医疗器械研发、产品注册、生产经营等全周期服务,增强其行业服务功能。建立医疗器械创新产品服务供需信息发布平台,邀请相关医疗器械生产企业和风投公司对接医院、高校和科研机构最新的科研成果,方便产学研合作。

（四）进一步优化审评审批服务

加强各产业园区与市药品监督管理局、市医疗器械审评中心、医疗器械质量监督检验中心之间协作配合,协同设立医疗器械检验、审评"绿色通道",优化审批服务流程,通过提前介入、优先审批等政策,大幅提升项目审批服务质效,优化审评审批流程,加速创新产品上市。加强服务专员工作机制,继续实施在研发阶段、检验阶段、临床阶段、注册阶段、体系阶段五大阶段提前介入,有效降低企业注册申报时限。建议市药监局加强与国家药品监督管理局沟通和协调,促进天津三类产品注册,优化注册流程,缩短注册周期,加快产品上市进程,降低企业注册成本。

(五)强化医疗器械企业发展的要素保障

加大融资支持力度,拓宽融资渠道。支持金融机构拓展产业金融服务渠道,加大对医疗器械企业信贷融资。鼓励金融机构继续加大医疗器械小微企业首贷、续贷、信用贷款投放力度,提高金融服务精准度,助力解决医疗器械中小微企业融资难融资贵问题。依法支持企业创新融资模式,推行知识产权证券化等融资新模式,支持符合条件的医疗器械类民营企业在债券市场融资,鼓励符合条件的医疗器械类民营企业发行科技创新公司债券。加大"信易贷"宣传推广力度,引导商业银行接入"津心融"等地方征信平台,强化跨部门信用信息联通,扩大企业信用贷款规模。积极开展企业上市梯度培育,支持符合条件的企业开展上市融资或发行企业债,谋划设立医疗器械产业投资基金。加大人才引进和培养。引进医疗器械人才,弥补天津人才资源短缺的短板。开通从业人员落户的绿色通道,支持医疗器械行业提高专业人才待遇,通过退税形式返还专业人才薪资增额部分;改善医疗器械企业从业人员的工作环境,为医疗器械行业园区或综合性园区提供包括教育、医疗等成熟的配套设施。赋予企业职称评审权,允许技术实力较强的规模以上医疗器械类民营企业单独或联合组建职称评审委员会,开展自主评审。加强天津本地人才培养,大力发展包括天津大学、天津理工大学等学校开设医疗器械相关专业建设,支持相关高校联合企业共建一批公共实训基地,推进校企协同的"订单式"人才合作,为天津企业提供应用型和技术型人才。

加快数字技术赋能
推动天津营商环境持续优化

韩　璐　天津市经济发展研究院经济师

一、以数字技术赋能营商环境的现实意义

当今世界百年未有之大变局正加速演进,以数据为基础要素的数字经济正在成为重组全球要素资源、重塑全球经济结构、推动全球经济发展、改变全球竞争格局的关键力量,营商环境作为国家经济软实力和综合竞争力的重要评价指标,与数字技术相融伴生已经成为新阶段的显著特征。

以数字技术赋能营商环境是通过数字技术改造和高效利用传统营商数据信息,为满足数字经济背景下市场主体创新发展需求打造的新型营商环境,旨在实现营商全流程重塑,具有基础设施智能化、政府服务在线化、数据运营无界化、平台信息交互化等特点,具有信息沟通的即时互动、政务服务的精准供给、行政负担的显著降低、市场风险的有效识别等优势。优化数字营商环境对于天津及时满足市场主体多元化需求、推动经济实现高质量发展具有重要意义。

1. 优化数字营商环境是顺应国际形势新变化的必然要求

当前国际政治经济格局加速调整,全球经济波动振荡趋势不断加剧,云计算、物联网、大数据、人工智能、区块链、5G 等数字化技术已被应用于营商环境优化建设中,主要国际组织相继提出数字营商环境优化倡议,2017 年世界银行推出"数字营商指标",2022 年推出宜商环境(BEE)指标,将"数字化技术"指标融入每项一级指标中。今年 5 月,世界银行发布营商环境全新评估体系(B-READY 项目),强调数字赋能营商环境的价值导向,全方位加强对政府数字化转型及数字技术应用的评价,对包括我国在内的 190 个经济体进行营商环境排

名,构建适应数字时代的高质量营商环境已经迫在眉睫。

2. 优化数字营商环境是适应经济高质量发展的必然趋势

2020 年亚太经合组织第二十七次领导人非正式会议上,习近平主席首次提出了"数字营商环境"的概念,并倡导优化数字营商环境,激发市场主体活力,释放数字经济潜力。《"十四五"数字经济发展规划》提出,到 2025 年实现"数字营商环境更加优化,电子政务服务水平进一步提升,网络化、数字化、智慧化的利企便民服务体系不断完善,数字鸿沟加速弥合"的发展目标。为加速推动经济高质量发展,国家相继出台一系列相关部署和要求,这为数字技术赋能高质量营商环境提供了根本遵循。

3. 优化数字营商环境是数字经济持续健康发展的迫切要求

发展数字经济是把握新一轮科技革命和产业变革新机遇的战略选择,也是推动生活方式和治理方式变革的关键力量,已逐渐成为国民经济的"稳定器"和"加速器"。据《全球数字经济白皮书》和《中国数字经济发展研究报告(2023)》,我国数字经济发展规模全球领先,产业规模从 2016 年的 22.6 万亿元增加到 2022 年的 50.2 万亿元,占 GDP 比重达到 41.5%(同年第二产业占比为 39.9%),年均复合增长率达 14.2%,是同期美、德、日、韩等国家数字经济总体年均复合增速的 1.6 倍。数字经济的快速发展,倒逼数字技术赋能高质量营商环境与之相匹配、相适应。

4. 优化数字营商环境是推进数字政府建设的重要内容

"数字政府"建设是政府持续深化推进行政体制改革、重构政府与市场关系的重要举措,通过利用网络平台和移动终端,将数字化和智慧化技术运用到行政审批、市场政务服务场景中,从而打破跨区域、跨部门间信息壁垒,实现政府部门间数据开放、信息共享。基于数字技术赋能的营商环境背景下,政府能够通过提供在线服务、及时发布政务信息、主动回应市场主体,有效弥补传统市场监管模式不足,降低制度性交易成本,压缩"权力寻租"空间,更加适应复杂多变的市场活动,营造"亲清便民"的政务环境。

二、天津营商环境发展现状

1. 大力发展数字经济,推动数据资源整合和共享开放

近年来,天津以数字经济引领经济结构、产业结构优化升级,大力发展数字经济,数字经济与实体经济深度融合,数字基础设施不断完善,涌现出一批新业态、新模式。2022 年天津数字经济规模超 8700 亿元,其中核心产业增加值1125.65 亿元,占地区生产总值的 6.9%;中小微企业营业收入保持平稳增长,超过 80% 的餐饮企业开通网络售卖业务,网上零售交易水平排名全国第十;工业企业上云突破 9000 家,重点企业收入合计占天津数字经济核心产业的53.5%,拉动全市增长 2.5 个百分点。天津围绕以信息化驱动引领现代化,加快全市数据资源整合布局,资源供给能力持续增强。根据《天津市互联网发展报告(2022)》,全市数据资源得分全国排名第九位、人均数据产量位居全国第三位,市信息资源统一共享交换平台为 230 余个场景提供数据共享,数据开放水平位列全国第一梯队。

2. 政务环境协同高效,数字政府服务效能显著增强

"跨省通办"取得积极成效。依托经济开发区协同北京经济开发区成功打造首个国家级经开区"跨省通办"模式,将办件量较大、业务基础较好且符合企业居民异地办事需求相关事项,纳入天津、北京经开区"跨省通办"事项清单;随后与北京经开区、广州经开区携手建立全国首个国家级经开区之间的"政务服务改革创新合作联盟"。政府数字化服务形成"一张网"。根据国家网信办组织开展 2022 年数字中国发展水平评估结果,天津数字化综合发展水平位居全国第八位;"津心办"数字社会综合应用平台实现市级事项 1086 项、便民服务事项 479 项;"掌上办""津治通"数字治理综合应用平台联通全市 252 个街道(乡镇)的全科网格;在线政务服务实名用户情况位列全国第三;市级行政许可事项网上审批和"零跑动"事项比例提升到 87%,即办件占比提升到 38%;2022 年,全市政务新媒体影响力位列全国第十。

3. 市场环境公平有序,贸易投资便利化水平提升

推动首笔跨境人民币电子缴税业务落地,跨境缴税方式多元化便利化。针对非居民纳税人境外自主申报缴税问题,以东疆港税务局为试点,开发专用业务模块,开通非居民纳税人跨境人民币电子缴税业务,实现纳税服务、征管方式转变与风险管理有机结合。一方面,为纳税人规避汇率波动风险、节省委托代理机构办税成本提供极大便利;另一方面,提升税务部门征管工作效率,税款入库时间由以往一周缩短至一至两天。同时,国库部门通过 TIPS 实现跨境人民币税款电子缴库,进一步提升库款的安全性。提升智慧金融服务效能,推动个体工商户融资便利化、精准化、高效化。开展普惠小微金融智慧服务提升专项行动,推动天津银行进一步优化"天津普惠小微·智慧小二金融服务平台",提升平台快速响应和数据处理能力,新增接入普惠小微市场主体 2.3 万余家,新增信贷投放金额 9.96 亿元。

4. 多措并举引才聚才,创新创业环境持续优化

深入实施"海河英才"行动计划,累计引进各类人才 44.3 万人,新一代信息技术、人工智能等新兴产业从业人员占比达 26%。为向海河实验室集聚青年人才提供有力保障,打破按年度申报方式,创新建立"一室一策、即时申报、专家评估、定向审批"的快速审批工作机制,助力海河实验室创新发展,实现设立博士后工作平台从申报、评估、公示到获批最短只需要 2 周时间。目前天津博士后科研工作站累计达到 310 家,已覆盖十大产业人才创新创业联盟、12 条重点产业链和海河实验室。高水平建设天开高教科创园,设立创业种子基金,给予初创企业 50 万至 300 万元的天使投资支持;设立高成长初创科技型企业专项投资,给予最高 1000 万元的直接投资;建立数字化融资服务平台和园区企业常态化对接服务机制,实现政金企信息互通共享。根据《天津市互联网发展报告(2022)》,全市数字技术创新水平位列全国第五。

5. 法治环境公平正义,司法服务与科技金融深度融合

为适应数字时代变革,天津市高级法院推动指导河北区法院率先在全市揭牌成立数智金融审判巡回法庭,探索完善互联网审判机制,通过应用数字金融

一体化办案平台,实现与市高级法院内网数据对接,采用"诉前调解+类案集中审+专项执行"工作模式,实现金融案件集约化、智能化、高效化办理。智慧法庭成立以来,累计调解案件 7 万余件,正式立案 8989 件,审结 8914 件,涉案金额 9 亿元,一审息诉服判率 99.29%,诉前调解成功率达 45%。截至 2022 年底,金融借款合同案件平均审理周期压缩至 9.5 天,审理效率提升 80% 以上。

除此之外,在建立健全顶层设计方面,天津积极营造良好的政策环境,相继出台《天津市优化营商环境三年行动计划》《天津市进一步复制推广营商环境创新试点改革举措的若干措施》《天津市进一步优化营商环境降低市场主体制度性交易成本若干措施》等政策文件,持续优化营商环境意见建议受理反馈、监测评价、典型案例通报等协调推动机制。

三、天津营商环境发展过程中存在的问题

1. 数字经济发展水平有待提升

天津数字经济核心产业规模还不够大,与先进省区市相比,天津数字经济核心产业规模是北京的九分之一、浙江的八分之一,不足成都、重庆的二分之一。数据要素市场不够健全,数据流通的上下游产业链条未完全贯通,市场运作模式不成熟,数据交易相关制度及产业生态不完善等问题仍然存在。制度建设滞后于数字产业发展需求,现有政策重在规范整体要求,事前准入制度、公平竞争规则以及信息保护制度等具体要求有待完善,数据资源潜力尚未有效激活。根据《数字中国发展报告(2022)》,天津数字经济发展指标得分位列全国第 14 位,位处第二梯队。

2. 数字政府建设创新能力和协调能力不足

数字政府需求侧建设无法充分满足用户需求,政务云、政务大数据等应用范围有限,应用场景碎片化现象明显。由于"条块分离"的行政体制及政务服务专业化程度不同,横向部门间数据共享意愿较弱、公共数据融合难度大,"信息孤岛""数据烟囱"的情况仍然存在,制约了政府效能的提升。根据《数字中国发展报告(2022)》,天津数字政务在全国排名第 17 位,其中党政机关数字化

建设感知情况、省级行政许可事项网上办理率位列全国第 20、22 位,政府网站发展水平排名位于全国第三梯队。

3. 市场公平竞争和法治化建设仍存在短板

天津仍处于加快推进法治政府建设的关键阶段,各领域制度体系尚不完善,不同部门和层级的法律法规、制度规范、标准流程之间存在一定的矛盾冲突,造成市场主体行动方向不明确,难以为市场主体提供稳定可靠、优质高效的服务。除此之外,事前、事中、事后全链条全领域监管也存在薄弱环节,部分部门在履行监管责任方面"重审批、轻监管",甚至只审批不监管,部门之间职责交叉、相互推诿现象仍有发生,造成市场监管缺位。

四、国内优化营商环境典型案例分析

近年来,全国各地积极为营商环境插上"数字化"翅膀,运用前沿数字化思维和数字化手段,从平台搭建、市场环境、制度建设、部门协同、营商监管等多维度打造数字营商环境,跑出经济高质量发展"加速度",形成一批值得借鉴的典型案例。

1. 打破数据孤岛,推动平台建设资源共享

中国信息协会营商环境专委会在全国首创推出集数据治理与营商管理于一体的可视化全景分析平台,即"中国营商环境综合服务平台",集合城市运行、政府服务、产业发展、经济运行、企业诉求、GIS 定位等各类数据,设置八大营商环境子系统,覆盖营商总览、产业营商、数字营商、惠企服务与园区分析五大场景,全方位展示国内各地营商指数、不同产业营商要素及数字经济发展潜能等情况。

河北省保定市搭建"产业数字化综合服务平台",从"政府看得清""企业用上""帮扶落得实"三个维度优化产业集群营商环境助推工业老城转型升级,打造"三维双驱"的全链化助企服务。该平台自 2022 年 9 月投入使用以来,实现实时监测 27 个县域产业集群及龙头企业相关数据,通过平台管理县域数字化转型的基础设施建设周期从一年以上缩短至 1~2 个月,节省 80% 以上基础投

入。目前该平台总用户数达到 11 万人,已成为全国规模最大的地级市线上助企服务平台。

2. 面向市场主体,打造公平高效市场环境

北京市海淀区依托海淀政务服务联盟链,借助海淀区政务区块链技术实现数据对接和智能校验,采用"标准化地址智能填报 + 住所承诺制"模式,打造了标准化地址在登记中运用的新模式,进一步降低企业制度性交易成本,实现企业办事从"多次跑"变为"一次跑"。河北省雄安新区创新搭建了全流程电子化交易系统,开展工程建设全行业全领域的全流程电子化招投标和常态化远程不见面开标,目前电子交易系统已实现京冀两地 CA 数字证书兼容互认,累计注册市场主体 13900 余家,工程建设和政府采购项目累计节约资金 839 亿元,切实降低企业资金占用成本。浙江省按照"136N"的总体架构建设运行一体化工程建设数字化管理系统"浙里建",将政府需求和企业需求统筹考虑,突出建设、勘察、设计、施工、监理单位等各方参建单位和有关政府部门对工程建设的协同管理,其中工程图纸在线场景改革做法被全国推广,治理水平全面提升。目前"浙里建"已覆盖全省 7340 个工程项目的日常管理,初步建成工程建设数字化协同治理体系。

3. 优化制度建设,加速汇聚优质资源要素

海南省在创新航运制度方面,实施高度自由便利开放的运输政策,以"两级审查"简化国际船舶登记流程,率先突破国际船舶"三级审查"登记程序,办结时限由 7 日压缩至 1 日;率先制定实施《外国籍人员参加海南自由贸易港船员培训、考试和申请船员证书管理办法》,首创外国管理级船员适任证书承诺机制,实现了外国籍人员在船员领域准入零的突破。引进外籍人才方面,搭建外国人工作、居留许可联审联检一体化政府服务平台,实现了外国人工作许可、居留许可信息共享和联审联检;探索境外人才职称评审机制,创设职称评价标准。2022 年海南省受理审核外国人在华永久居留申请同比增长 57%。促进就业方面,海南省依托"人口 +"大数据,上线"智慧就业"全口径信息动态监测系统,建立了省、市、县(区)、乡镇四级就业信息实施共享联动机制,对全省范围内重点就业人群、灵活就业人群的就业规模、就业结构、就业质量、流动迁徙等

要素持续动态监测,实现全省就业的动态化、全景化分析和预测预警。

4. 强化部门协同,政府服务效能持续提升

北京市东城区推动全流程"紫金服务"3.0 升级版,建立"服务管家吹哨、总管家统筹、责任部门报到"机制,分级分类建立重点服务企业台账,包含 450 家服务包企业、1100 家紫金服务企业、3000 家行业管理企业,为解决企业难题就地成立专班,提供"7×24"小时线上线下管家式服务,各部门通过多种方式兼顾程序完整和办理效率,探索最佳解决方案,创新线上远程审批方式,实现"线上及时接诉求、线下联动解难题"高效的政府服务模式。海南省打造融合政策"梳理发布、精准推送、解读解答、申报兑现、评价跟踪"于一体的一站式全省惠企政策兑现服务系统(简称"海易兑"),通过数据中台累计对接市场监管、信用、税务等 22 个部门近 3600 类涉企信息,构建了全省企业画像库,为政策匹配、申报、审核、跟踪分析等工作环节提供了精准的数据支撑。同时,利用政务中台的电子证照、电子印章等基础能力,推进"减材料、减环节、减时限"工作落地,实现企业营业执照可直接在线获取、线上表单在线盖章,政策服务程序更加简便高效。

5. 创新监督方式,加强政策实施督察考核

湖南省长沙市将营商环境特约监督员和监测点机制作为重要抓手和有效载体,通过常态化调查、座谈、走访、监督等多种形式,及时反映损害营商环境的"中梗阻"问题。近三年,监督员和监测点累计反馈问题线索和意见建议 400 余条,相关部门通过建立快速处理机制,即时受理、限时办理、全天服务,推动解决了一批制约营商环境发展的难题。甘肃省兰州市搭建集政策汇聚、满意度调查、营商监督、营商环境落实进行时、营商动态五大模块于一体的"金城营商"应用软件(App),社会监督员能够及时将发现的问题上传,后台通过问题分类反馈至相关部门,同时能够将影响营商环境的典型问题传送至媒体监督板块,实现问题"上传—跟进—解决—反馈"全流程在线可查、立体化监督。浙江省衢州市依托省"互联网+监管"、信用信息等平台,基于"一码四端四色"架构体系开发"企业管家"应用,探索企业自知、自检、自查、自治、自律的"五自"监管服务新模式,实现为企业提供一站集成监管任务自查、信用承诺及修复、电子印

章管理与在线签章服务、法律文书送达等 30 余项"管家式"服务。

五、优化我市营商环境的对策建议

持续优化营商环境是一项系统化、长期性任务,天津在推进数字赋能优化营商环境中应以人民为中心、以市场主体诉求为导向、以数字基础设施为支撑,做深做精营商环境每一个环节,以数字技术全面赋能经济社会发展。

1. 积极培育壮大数字经济

加快数字经济相关法律政策和标准体系建设,健全市场准入制度、公平竞争审查制度、公平竞争监管制度,营造规范有序的政策环境。支持和鼓励数字经济核心产业发展,加快推进高端装备、电子信息等行业数字化转型。支持数字企业发展壮大,推动平台企业规范健康发展。发挥科技型骨干企业引领支撑作用,强化本市高校、科研院所、企业等集聚优势,加强产学研合作,推进数字领域关键核心技术突破,不断增加数字经济产业创新效能。搭建高质量数字领域国际交流合作平台,高水平链接和汇聚数字领域国际创新资源、产业资源。

2. 持续推动数字政府建设

完善与数字政务服务建设相适应的规章制度,鼓励隐私计算、云计算、区块链等关键技术落地应用,持续推进信息系统网络互联互通、数据按需共享、部门间业务高效协同,推动数字化服务线上线下深度融合,全面提升政府在线服务能力。利用工业互联网、大数据、云计算等数字技术完善政务基础平台,提升行政审批服务效率,畅通准入准营和退出通道。推进数字化公共服务,促进数字化服务普惠应用。加强对关键信息基础设施、重要数据的安全保护,提升全社会网络安全水平。

3. 提升数字基础设施建设

持续拓展网络基础设施覆盖广度和深度,加快提升应用基础设施水平,打造万物互联、智能高效的网络基础设施。推进全国一体化大数据中心体系京津冀枢纽节点建设,完善新型算力网络。推动公共数据汇聚利用,围绕重点场景推进数据归集共享和融合应用创新。加快交通、能源、水利、广电、环保监测等基础设施数字化改造,发挥区域数据应用平台作用,汇聚产业链供应链、创新链数据等多类型数据资源,释放数据价值潜能。

4.建立健全营商环境评价监督机制

参照世界银行发布的最新规则,对标国际和国家标准,及时调整天津营商环境考核指标体系。完善营商环境考核评价和动态监测机制,围绕营商环境指标考核、监测预警、问题整改等方面建立健全工作机制,加强对营商环境建设过程中存在问题、解决措施、创新项目、典型案例进行清单化台账管理。探索符合数字经济特征的营商环境监管模式,强化事中事后监管,建立公平竞争的市场秩序。建立重要量化指标提升责任制,主动对标先进地区开展常态化交流学习。

持续优化天津民营社区餐饮企业
营商环境的研究

冯　攀　天津市经济发展研究院高级经济师
闫晨曦　天津市经济发展研究院经济师

持续优化天津民营社区餐饮企业营商环境,为民营餐饮企业提供优质服务,使其发展壮大,以点带面拉动天津餐饮业上下游产业发展,促使民营社区餐饮企业更好发挥社会服务属性,更积极承担与时俱进的社会责任。尤其当前天津已跨入中度老龄社会,人均期望寿命达到82.03岁,保障民营社区餐饮业在内的生活性服务业顺应发展变化,对满足群众差异化的生活需求具有深远意义。

一、当前天津民营企业营商环境发展成效

一是天津自2022年3月贯彻《国务院办公厅关于复制推广营商环境创新试点改革举措的通知》,实施破除区域分割和地方保护的不合理限制等10个方面109条政策,为民营企业进一步拓宽了发展空间。二是全市持续开展"双万双服"活动,落实国务院"稳经济6方面33条"和天津"稳经济35条",解决了民营企业大量的现实诉求。三是实施营商环境三年行动计划,围绕政务、市场、法治、人文四个维度设定工作目标和25项重点任务,为民营企业创造了发展机遇。四是实施"十项行动"和召开民营经济大会,使民营企业坚定了信心走稳高质量发展道路。2022年天津全年民营经济增加值6045.40亿元,占全市地区生产总值的37.1%。2023年第一季度,市场活跃度提升,新登记民营经营主体7.35万户,同比增长21.2%,占全部新登记主体的99.5%。

二、调研民营餐饮企业营商环境存在问题

2021 年天津限额以上餐饮业单位数量为 607 家,从企业控股情况看,民营及民营控股企业 566 家,占 93.2%;营业收入 92.43 亿元,占 63.5%;民营及民营控股企业数量和营业收入占绝对大比重。从业态看,正餐 423 家,占 69.1%;快餐 43 家,占 7.1%;其他餐饮 141 家,占 23.2%。课题组走访的这两家民营企,其主营业年收入在 200 万元以上,均为限上民营餐饮企业,属于快餐类别。

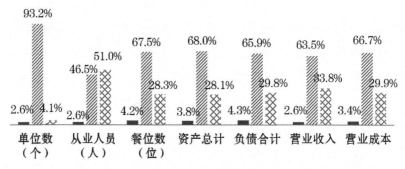

图 1 按企业控股情况分 2021 年天津市限额以上餐饮业基本情况

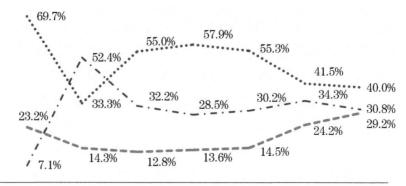

图 2 按业态分 2021 年天津限额以上餐饮业基本情况

1. 两家调研企业情况

企业 A 自 1999 年起开始品牌化经营天津传统早中餐。6 家店面分布在中心城区人口密集的居民区和商业区。本次调研店面面积 300 平方米,雇佣员工 24 人。用餐环境经济适用,高峰时段食客流量大。食材均由总店议价采购,各品种餐食均由本店员工生产制作。近年来应用市场上成熟的外卖软件,线上销量逐渐增多。公司信息化程度低,但不影响其服务相对固定的大量周边居民。

企业 B 的总部于 2004 年在北京成立。在津经营南北特色的三餐。目前 8 家店面均在交通便利、相对繁华的商务区。本次调研门店面积 200 平方米,员工 9 人。用餐环境雅致。半预制成品食物由总店分拨、配送。除店面经营,企业 B 还采用外卖平台软件及自家手机端软件,后台的餐饮管理软件、ERP、MRP 信息化基础扎实,为加盟投资创造了条件。

2. 所调研民营社区餐饮企业营商环境供给侧存在的问题

第一,对企业战略发展引导不够。相关部门与行业协会不直接干预企业战略发展决策,未指导企业重视战略发展、未提示企业经营者提升战略认识,也未帮助企业厘清制约内外部发展的因素。在调研中发现,为顺应天津老龄社会发展趋势,辖区街道办希望促成在该区有一定影响力的企业 A,参与社区养老餐饮服务,在增大经营规模的同时满足社区老龄人口的饮食需求。从企业角度看,参与社区养老餐饮服务既可扩充、丰富自家经营项目,也可按现有支持政策获得政府补贴,既可以增加企业的美誉度和知名度,也可以服务社会,一举多得。而企业 A 基于目前认识,担忧所获利润无法覆盖所付成本,不接受当下这个可扩大营业的战略机遇。而相关部门也未对企业 A 有进一步的解释和引导。

第二,对企业新的综合社会责任支撑不足。认为餐饮业伴随社会进步增加的如保障食品健康与安全、消除设备噪音扰民、管控油烟排空污染、保障燃气消防安全、常年灭蚊蝇蟑鼠的卫生治理等社会责任和协助宣传节约粮食及治理二手吸烟环境等义务,是当前企业应积极承担或积极配合的事项。而企业因此增加了必要设备、物资耗材,增加了规章制度,配备相应人力维护以落实这些责任和义务,对企业运营日益构成负担。

第三,对企业的创新及柔性化服务力度不足。对企业差异化需求较难通过有效服务给予满足。客观上存在政策适用条件固化,遇事跨组织机构协调难,实施部门人手少、无人落实的现状,使对企业的服务难以达成。例如,企业 A 反映其餐馆门前为交通繁忙路段、临时停车就餐极其不便,长期不能纳入协调解决的台账。

第四,对企业依法善治的支撑不足。疏于对政策及法条书面或口头解释或说明,短、平、快地给出行政执法结果,只指出企业违反的法律条款,没有讲明今后究竟如何做才合法合规。而另一走访实例中,为尽快平息与食客的纠纷,本着餐饮企业应更多包容消费者、作好服务,而让餐饮企业 A 付出更高补偿。

三、营商环境建设服务欠缺的原因与借鉴

1. 缺乏战略服务意识及甘肃张家川县对餐饮企业给予战略引导的借鉴

当前行政中仍存在对企服务边界固化的状况,长期从事经济宏观管理、审核、服务万千家企业的相关部门没有从行业整体发展的角度及时对企业面临的发展战略、发展方向等问题以及给予建议、指导和提示,引导企业"未病先治",护航企业长远健康发展。

甘肃张家川县政府对餐饮企业开展战略引导和扶持,打造百亿元级产业集群。通过免费开展"伊香拉面师"技能培训、鉴定、发证,助力全县餐饮服务业发展走上产业化、规模化、数字化战略升级的快车道。县政府采取集中培训与流动培训相结合的方式,让参训企业接受全程培训。同时建设县餐饮服务业信息化平台,出台特色餐饮业转型发展奖励补贴实施方案、金融支持特色餐饮业发展实施方案,大幅降低企业融资成本。因此,天津相关部门应在新趋势、新环境下重视对餐饮企业给予战略指导与支持的意义,辅助其认识并把握社会化养老配餐这个新赛道的战略价值,创造更大的社会与经济效益。

2. 对服务民营企业认识上的局限性及上海支持企业改善社会责任的借鉴

对民营企业因不断增加的综合社会责任所形成的经营成本关注不够,没有

因势利导提供有效的、创新的服务,协助民营企业消减维护社会责任而增长的运营成本。只有用心用情帮助企业减小经营压力、提升发展活力,才能使企业积极主动承担综合社会责任,满足民众高质量的生活需要。

2018年上海市政府要求餐饮企业实施油烟排放治理和餐厨垃圾分类等环保措施,以推动生态环保和社会可持续发展。然而,这项政策对一些小型餐饮企业来说增加成本较重。为了帮助这些小型餐饮企业履行社会责任并克服经济困难,上海市政府向餐饮企业提供环保技术和设备的补贴、减免环保设施的购置税和运行费用等。此外,政府还提供了一些贷款和融资支持,以帮助餐饮企业改善设施和技术,实现可持续发展。这些改进不仅有助于保护环境,也提高了企业的竞争力。因此,天津管理部门应积极参考上海的做法,为企业减税降费,提供融资支持,降低天津广大餐饮企业因提升上述综合社会责任而增加的经营成本,保障企业轻装上阵,搞好主业经营。

3. 缺乏对餐饮业规律的把握及天津对某餐饮企业支持创新的借鉴

在老龄化社会加深、数字经济发展背景下,协会及相关部门对传统餐饮服务行业可焕发生机认识不足,缺乏进一步挖掘服务的主观能动性。对行业涉及的发展环境和发展趋势变化缺乏系统性的认知,不能准确把握餐饮领域一代、二代民营企业经营者不同经营特点和抱负,对品牌文化底蕴、产品差异化营销、供应链效率、消费者关系维护等专业与创新规律了解与掌握不够,无法在新机遇下支持企业经营服务创新。

天津某民营餐饮企业早期只有一处门店,经过近20年积累并不断扩大发展,在中心城区繁华社区经营了6家门店,企业规模扩大和管理优化急需引进信息化管理系统,实现进销存、订餐信息化管理,使辅助决策和日常管理更快捷、更精准、更高效。在这一过程中,行业协会主动靠前提供帮助,联络相关公司介绍管理软件的特点,组织与有使用经验的企业交流信息化管理的体会,有关部门积极创造条件,帮助企业享受技术创新企业可使用的政策及财政资金支持,企业也为推广新技术应用作出积极示范。因此,天津管理部门应参考之前勇于创新、突破政策条框的做法,从专业领域掌握企业运营规律,直面企业诉求,统筹调配资源主动作为服务企业,拓宽企业发展空间,最终达到服务创新的效果。

4.执法文明素养不高与湖南洪江法院执法调解的借鉴

未体现相关执法彻底性和有效性,没有体现处罚与教育相结合。在企业 B 被动履行城管的执法要求后,仍不明具体该如何操作才能真正符合规定。在企业 A 与食客纠纷的案例中,由于执法上存在一定偏颇,间接影响到其对未来经营发展环境的信心。

2023 年 6 月,湖南怀化洪江市法院在租赁合同纠纷一案中了解到,双方为中小企业经营主体,近三年因疫情冲击度日艰难。被告自租赁原告厂房后,因各种原因,未生产营收。原告亦因被告欠租行为陷入经营困境。为纾解企业的经营困难与压力,法官立足工作职能,充分考查原、被告实际发展状况,庭前多次电话沟通并走访。针对被告存在相关资质不全导致生产困境,积极联系协调环保部门,为被告实现正常生产经营扫除障碍,同时耐心释法理、解矛盾,讲明其中利害关系,劝说被告诚信履约。最终被告依约支付租金,双方继续履行租赁合同,迅速复工复产。这个耐心释法,充分表达良法需要善治给予支撑的案例值得天津基层各类执法部门借鉴,有效改善涉及企业的司法与执法工作。因此,天津管理部门应主动加强在涉企执法中对法规法条的解释与说明,让企业方清楚如何守法,并努力成为法律法规的积极履行者、宣传者。

四、优化民营社区餐饮企业营商环境的对策建议

"一分部署,九分落实。"按照党的二十大报告中所强调的"营造市场化、法治化、国际化一流营商环境"要求,围绕进一步完善组织建设、提升执行力、强化内部管理、消除体制机制弊端、创新行政服务等,提出以下建议。

1.加强管理部门的组织建设

第一,增强组织战略服务意识。增强各级营商管理部门的战略意识,同时发挥好行业协会、统战部门等在专业行政部门与企业间穿针引线的重要作用。把握民企发展方向,特别是在市场竞争、产品营销、创新发展、品牌文化、投融资、技术升级、人才开发、资源拓展、信息化建设等层面,关系企业全局性、长远

性、根本性的战略问题,要主动过问,积极指导企业更好把握发展趋势,制定综合经营战略。

第二,主动到一线调研了解基层实际诉求。加强对基层工作的调研与领导,及时掌握基层工作中出现的新变化、新事物、新诉求,给予及时关注、研判、决策和行动指导。充分借鉴天津抗击新冠肺炎疫情工作中体现的团结一心、有力组织、高效协调与执行政策的成功经验,实现一管到底,真正发挥上级的领导力、协调力、影响力。

第三,基层部门要全力保障政策落实与成效。严格贯彻落实工作职责范围内的政策,遇到超出本部门及岗位职责、权限的新情况、新问题时,要及时向综合部门、专业委办局、领导小组等机构汇报请示,上下结合搭建起高效行政办事机制与制度,争取有效协调力量,化解基层问题。

2. 加强系统横向管理

第一,完善部门间协调沟通机制,形成服务企业合力。主动落实首问、首办负责制,用好部门联席会议制度,变部门间冲突为组织内部协调,消除部门间的行政藩篱,主动响应其他部门的协同配合要求,提升综合对企业的服务能力,形成强大的执行力。

第二,利用好数字化技术赋能效应,提高部门综合工作效率。借鉴天津公安系统试点的"一窗通办",将服务企业纳入"基层治理一张网",提升部门数字化政务服务能力,建设好应对企业综合诉求的工作队伍并发挥出应有的工作能力,把对企服务中的高频服务项目逐步放到线上和手机端,提升数字化行政环境下应有的高效率。

第三,充实基层人手,精深细实响应企业差异化诉求。切实壮大基层一线岗位工作人员质量和数量,高效响应企业提出的维护综合社会责任负担重的差异化诉求,提供补贴、减免购置税、运行费用以及贷款和融资支持,以降低企业细化的经营成本,要让企业和社会感受到为解决问题付出的诚意和专业功夫。

3. 加强对企业的创新服务

第一,持续提升思想水平,增强对民营经济的重视。全面准确完整地落实好《中共中央　国务院关于促进民营经济发展壮大的意见》("民营经济31

条"),把民营企业和民营企业家当作自己人,开动脑筋,用心用情解决涉及民营经济与企业的发展诉求。

第二,掌握餐饮行业运营规律,保障创新有的放矢。学习落实好国家《关于恢复和扩大消费的措施》("恢复和扩大消费 20 条措施")有关扩大餐饮服务消费的要求。经常走访并多下功夫熟知辖区内相关企业所在行业的共性特点、企业所具规模的共性特点以及产业链、供应链特点,了解其中民营餐饮业经营者的发展历程,把握商业繁华区、居民社区餐饮业的差异化服务特点、服务对象而形成的不同需求,真正跟上并响应企业的需求步调。

第三,努力创新服务,满足企业发展需求。以解决问题为根本,将服务创新案例多向企业深入持续宣传,让更多企业知晓政策并得到政策实惠。向基层下沉力量,提升基层工作柔性,提升部门协同,帮企业解决借用邻近单位场院临时停车诉求,提高营业额创造条件。

第四,严格规范执法,让良法得到善治的支撑。提升执法队伍综合素养,在执法中做到出具书面简易程序认定书,体现执法依据与结果说明。不断强化执法人员应有的专业及综合培训,确保基层行政执法既有力度更有暖意。做好天津户外广告管理办法等专业法规的普法。做好行政案例在行政单位内的学习交流,更要向企业和社会方作好宣传,让企业和社会变得更聪明更成熟,使天津加快建设好社会主义现代化大都市应有的市场化、法治化、国际化的营商环境。

绿色低碳篇

天津市钢铁产业高质量发展研究

郑　宇　天津市经济发展研究院正高级经济师

周　勇　天津市经济发展研究院高级经济师

　　钢铁是用途广泛的基础性材料,具有不可替代性。二十届中央财经委员会第一次会议强调,加快建设以实体经济为支撑的现代化产业体系,对传统产业要坚持推动转型升级,不能当成"低端产业"简单退出。中央深改委第二次会议明确提出,要推动能耗双控逐步转向碳排放双控,统筹好发展和减排关系。钢铁产业是天津经济的重要支柱和天津建设社会主义现代化大都市不可或缺的物质基础,随着制造业转型升级、"双碳"战略实施和钢铁产业市场竞争加剧,走高质量发展之路是钢铁产业的必然选择,高端化、绿色化、智能化成为决定钢铁企业生存力、竞争力、盈利能力的关键。本项研究在把握天津钢铁产业基本特点和主要矛盾的基础上,提出促进钢铁产业高质量发展的建议。

一、天津钢铁产业的基本特点

(一)天津经济的重要支柱

　　随着区内外经济发展阶段转换、产业结构和市场需求变化,天津钢铁产业在新的发展阶段上失去了主导地位,但是天津先进制造研发基地的功能定位、钢铁作为最重要的原材料地位的不可替代性、天津发展钢铁产业的综合优势(良好的资源禀赋和港口区位优势、雄厚的产业技术基础、稳定且不断升级的市场需求),决定了钢铁产业在天津制造业体系中将长期居于基础性地位。2021年,天津规模以上钢铁企业总资产为1519.23亿元,提供就业机会6.06万个,创造税收 23.21 亿元,在所有制造业行业中分居第六位、第五位、第六位;2022 年,天津钢铁产业实现工业产值 2841 亿元,占全市工业总产值的 13.3%;新天钢集团、荣程集团分别以营收 1382.75 亿元、923.19 亿元,在天津百强企业中位居第二位和第三位。钢铁产业是津南、宁河、东丽、静海等区的主要经济支柱,津南一半的财政收入、宁河 85% 的财政收入都来自钢铁产业。

(二)服务于制造业的小规模生产体系

天津钢铁产业规模与钢铁大省相比,差距悬殊,属小规模的生产体系。2021 年天津粗钢产量 1825.25 万吨,位居全国第 17 位,占全国的比重为 1.76%。而周边的河北、山东分别为 22496.45 万吨、7649.31 万吨,江苏、辽宁分别为 11924.95 万吨、7502.41 万吨。在我国 10 亿吨级、普钢为主的钢铁市场需求格局中,天津钢铁产业不具备量的优势。天津钢铁产品中,直接用于建筑业的钢筋占全部产品的比重较低,中厚宽钢带、冷轧薄宽钢带、热轧窄钢带、镀层板(带)、涂层板(带)等用于机械制造业的钢材品种,是钢铁产品的主体。

(三)区域性多样化的市场需求

钢铁产业是内需型产业,2022 年中国出口钢材 6732 万吨,仅占粗钢产量的 6.65%。由于各地区的发展水平、资源禀赋、产业条件、基本建设差异显著,加之钢铁作为大宗产品的运输成本因素(一些内陆钢厂,物流成本高达 400 元/吨,沿海领先企业,如江苏沙钢在 110 元/吨左右,相差近 3 倍),钢铁产业市场的区域性突出,各大区域除部分产品跨区域销售,主要是在本地及邻近市场销售。就天津而言,钢铁产品的 2/3 以上在区域内销售,其余的 1/3 大部分在华北地区销售。

天津工业规模远低于长三角和珠三角地区,不具备支撑大规模钢铁生产体系的制造业基础。2022 年天津工业增加值 5402.74 亿元,相当于上海的 50.05%、苏州的 49.12%、宁波的 80.86%、深圳的 47.57%、广州的 76.35%。但天津工业门类齐全,目前拥有全部 41 个工业大类,207 个中类里的 191 个,666 个小类里的 606 个,是全国工业产业体系最完备的城市之一。制造业升级过程中,钢铁生产的高性能、多品种、小批量、定制化的特征明显,优特钢有更多的发展空间和应用领域。

(四)国内外市场竞争力较强

天津主要钢铁企业在行业中具有较强实力,新天钢集团、荣程集团、天津钢管均获评今年度中国卓越钢铁企业品牌。荣程集团连续多年获评中国冶金行业综合竞争力 A 级企业,产品中优钢特钢比重达 60% ,战略性新兴材料占比36% ,30% 的产品拥有京津冀地区市场定价权。天津钢管是国家首批创新型企业、国家知识产权优势企业,在我国乃至全球无缝钢管行业中居于领军地位,2022 年前 10 个月,天津无缝钢管出口量达到 57.6 万吨,占全国出口量的14.7% ,出口量保持国内第一。深层页岩气开发用高性能套管获评 2022 中国冶金行业最具竞争力产品。新天钢德材科技集团是国内目前仅有的能够生产"手撕钢"的 4 家企业之一,生产的精品板材出口到国外几十个国家和地区,2021 年出口 130 余万吨,超过全年产量的 50% 。

(五)绿色化智能化走在全国前列

新天钢、荣程集团、天津钢管制造公司已全部完成超低排放,2022 年新天钢、荣程集团获评钢铁绿色发展标杆企业,天津钢管制造公司获评钢铁绿色发展优秀企业。改制以来,新天钢集团改造、提升、新建环保项目 220 余个,总投入 80 亿元,与 2018 年相比,2021 年主要污染物排放下降 50% 以上;吨钢碳排放量为 1.44 吨,显著低于行业均值1.8~2.0 吨,并在 2021 年实现了碳配额结余。

新天钢德材科技集团和荣程钢铁集团均获评"2022 智慧钢城建设优秀企业"。新天钢德材科技集团冷轧薄板公司建成"5G + 智慧工厂"一期项目,登上"福布斯中国 2021 年度中国十大工业数字化转型企业"榜单,为钢企数字化转型提供了示范性标杆。荣程集团推进"5G + "数字化工厂建设,"智慧大脑"一期工程成功运营,基于大数据的铁区多目标协同优化应用示范项目入选国家大数据产业发展试点示范项目,智慧物流项目入选国家智能制造优秀场景。

二、钢铁产业高质量发展面临的主要矛盾

（一）减量化：钢铁产能压缩与市场需求的矛盾

天津钢铁产能经过几轮压减，目前为 1500 万吨左右。据不完全统计，天津市钢材年需求量在 5500 万～6500 万吨，粗钢产能远不能满足本市下游产业对钢材的需求，仅以友发钢管集团为代表的静海等地的金属制品产业对钢材的需求量就在 2500 万～3500 万吨，以蓟州区马神桥、出头岭为代表的液压设备生产厂家每年用钢量在 100 万吨以上。钢铁是大宗产品，运输成本高，市场具有较强的区域性，大量输入区外钢铁产品，不仅抬高了企业经营成本，对上下游产业的平衡发展和供应链的稳定也有不利影响。

（二）高端化：大宗普钢与小批量特钢的矛盾

产品的高端化是钢铁产业高端化发展的核心。从钢铁市场的供求形势看，2022 年我国粗钢产量为 10.18 亿吨，连续三年产量下降，钢铁产品需求从总量平衡进入结构优化阶段。从钢铁产品的市场需求格局看，普钢占到 90.08%，特钢占比 9.92%。其中需要进口、存在"卡脖子"风险的高端产品约 200 万吨，只占到我国钢铁市场需求的 0.2%。在新的供求形势下，普钢量大而价低，特钢价高而量小且市场竞争激烈。例如，无取向硅钢被誉为钢铁产品中的工艺品，主要应用于家电、电机及新能源汽车等领域。据上海金属网统计，9 家钢铁企业，2022 年新增无取向硅钢产能 100 万吨，规划中产能 203 万吨。新增产能已显著大于需求增量。"手撕钢"（宽幅超薄精密不锈带钢）是中国近年突破的有代表性的高端不锈钢种，主要用于航空航天、医疗器械、精密仪器、新能源、5G 通信等用钢量较少的高精尖端设备制造行业。据报道，一吨常规"手撕钢"价格为 2 万元/吨，国产 0.015 毫米手撕钢售价高达 200 万元/吨。国内最先开发成功"手撕钢"的太钢精带公司，2021 年产量为 2.7 万吨，营收 7.2 亿元。新天钢德材科技集团 2022 年 0.03 毫米规格的"手撕钢"的月销量是 5 吨左右。

在产品升级中需要处理好巩固普钢基本盘与拓展特钢和高端产品的关系。

(三)绿色化:长期与短期的矛盾

钢铁产业的绿色化发展(污染物减排和低碳化)涉及设备改造、冶炼工艺流程调整、能源结构调整和相关新技术的研发,是一个系统、长期的过程,将至少持续30~40年,需要持续、巨额的资金投入。目前全国已完成超低排放任务的2.41亿吨钢铁产能,吨钢超低排放改造投资为381元,总计投入918亿元,若全部10亿吨产能完成改造,约需要3800亿元,是2022年重点统计钢铁企业利润总额的3.88倍。如果钢铁行业实现最终目标碳中和,据测算,需连续30年每年投资5500亿元左右,相当于吨钢每年需投资550元。

2022年开始,钢铁行业进入新一轮下行周期,中国钢协重点统计钢铁企业销售利润率1.49%。今年一季度,中国钢协重点统计钢铁企业销售利润率1.03%,全行业亏损48.4亿元。钢铁行业在未来相当长的一段时期内,将进入"行业整体微利、个别企业亏损"的新常态。钢铁企业连续亏损和长期微利,将传导到员工收入、企业税收和经济发展,加大钢铁产业绿色发展长期目标与短期运行和生存的矛盾。以荣程集团为例,超低排放改造投资12亿元,吨钢环保运营成本约200元,今年一季度,荣程集团处于亏损状态,6月份吨钢毛利润仅百元左右,企业绿色升级改造的成本负担较重。

从技术看,钢铁产业实现绿色发展的两项关键技术是氢冶金和短流程电炉炼钢。短流程电炉炼钢面临废钢资源不足、电价高、电极成本等制约,目前情况下,电炉炼钢比转炉炼钢,每吨成本约高200~300元,氢冶金技术的产业化应用仍处于技术探索和示范阶段,绿色冶金技术配套能力和成熟度还需要提升,在技术适用性和经济可承受性上还有较长的路要走。

(四)智能化:系统化与碎片化的矛盾

钢铁产业设备多、技术体系复杂、工艺环节繁多、产品规格多样、产业链供应链绵长,是典型的流程型制造行业,生产的规模性、复杂性、自动化、连续性突出,整体性、系统性、联动性是钢铁产业数字化、智能化的本质要求,只有在体系性的数字化、智能化改造中才能获取最大的价值。

由于冶炼机理和工艺经验提取滞后,数据的数量和质量不足,软硬件供给质量不高,智能化改造不均衡,系统之间关联性不够,相关标准和规范性欠缺等问题,目前钢铁产业数字化智能化的进展更多地表现为各个环节和点上的进步,相对于钢铁产业的规模性、复杂性和体系性特征,数字化智能化改造的碎片化问题和协同化不足仍然普遍存在,数字化和智能化的价值和效益发挥受限。

三、天津钢铁产业高质量发展的路径和建议

(一)合理调控钢铁产能,保障市域经济发展

在天津钢铁产业绿色化发展达到京津冀地区环保要求的条件下,兼顾市域经济发展需求和钢铁产品的经济运输半径,按钢铁生产企业的实际产能适度增加其年产量,对于国家鼓励的绿色低碳技改升级项目——电炉钢,对其钢产量进行单独核算,不再列入每年钢铁控产量、限产量、压产量的指标,而作为区域保存量、提增量的手段。如某钢铁企业,政府给定的钢产能为 385 万吨,而其实际产能为 500 万吨,每年可增加 100 万吨粗钢供应量。

天津钢铁产能显著小于市场需求,但在全国层面上钢铁产业全面过剩的局面正在形成。今年粗钢产量调控政策定调为平控,即在 2022 年 10.18 亿吨基础上不增不减。下半年再根据情况进行动态调整、总量控制。节能降碳指标将是调控钢铁产能最重要的杠杆,天津钢铁产业在继续提高绿色化发展水平的同时,应积极在国家政策层面上争取发展空间。

(二)立足区域优势,以优钢为基础,特钢为引领,拓展钢结构,提升服务水平,加强上下游产业对接,推进高端化发展

面向我国钢铁产业超大内需型市场从总量平衡走向结构调整的阶段性变化,把握材料总体升级和局部替换的辩证关系,立足天津制造业体系完备、小规模钢铁生产体系、区域性多样性市场需求、竞争力强、区位优越的基本特点,适

应制造业转型升级对材料的高质量需求,着力推进创新,优化产品结构,提升普钢性能等级,开发小批量、多品种、高性能特钢产品,拓展钢结构,延伸产品服务,走高质量、多品种、小批量、定制化之路,打造具有国际竞争力、区域号召力和专业影响力的钢铁产品和服务体系。

一是优化产品结构。减少钢筋、建筑用线材、普通结构管、中低档板材的生产比例。提升线材、棒材、中厚板、冷、热轧卷板、无缝钢管等优势普钢产品的性能等级,增强同质化产品竞争力,巩固市场基本盘。聚焦制造业转型升级需求,拓展高性能特种钢、高端装备用特种合金钢、核心基础零部件用钢等增量新市场。开展钢结构建筑推广应用试点,扩大高强度、耐候钢等钢材在建筑领域的应用。加强重点领域标准研制,形成跨产业链的标准体系,促进高性能钢铁产品和钢结构广泛使用。二是提升服务水平,加快从钢铁向材料、由制造向服务转变,鼓励支持钢铁企业开展剪切、预处理、深加工、配送、新材料、新产品研发等业务,为钢铁材料的使用提供深层次服务。三是加强上下游产业对接,推动钢铁企业与建筑、装备、汽车、家电、轨道交通、船舶、海工、电力、石油、化工、航空航天等行业企业建立产业联盟。组织跨行业产品洽谈和产销对接,提高钢铁产品的本地市场占有率。

(三)远近结合,兼顾成本和技术经济性,以极致能效工程为重点推进绿色低碳发展

在符合国家战略和政策规制的前提下,兼顾技术可用性和经济承受力,把握绿色发展的阶段性和中心任务,在今后一个时期,巩固超低排放成果,深入推进极致能效工程,积极稳妥推进绿色冶金技术的研发和应用,深化碳市场建设,加强政府调控,形成技术与经济协调、市场与规制协调、企业行业政府协调的绿色低碳发展机制,稳步落实"双碳"战略目标。

一是巩固超低排放改造成果。加强超低排放事中、事后监管,建立多方参与的监管模式,督促企业建立长效保持机制,不搞超越发展阶段的"超超低排放"。二是深入推进极致能效工程。进一步提升二次能源回收利用水平,缓解绿色发展成本压力,重点推动各类低温烟气、冲渣水和循环冷却水等低品位余

热回收；提供供热运维投资补贴，鼓励钢铁企业与供热站合作开发低温余热，促进钢铁产业与城市建设实现融合发展。全面提升设备能源利用效率，加大节能专项资金政策支持力度，提高高效节能电机、空压机、水泵、风机、变压器、水轮机等高效节能产品的使用比例。优化工艺流程结构，合理适度推动电炉短流程炼钢发展，完善废钢资源回收利用体系，提升废钢使用比例。强化精细化系统节能管理，从资源能源使用的合理性、平衡性着手，优化各工序间的对接，推进企业流程协同（集成）运行，提高信息化管控水平，加强能源计量、统计等基础能力建设。三是积极稳妥推进绿色冶金技术的应用。近中期以短流程电炉炼钢为重点，完善相关配套条件。发挥天津大宗物料集散的平台优势，构建行业性废钢资源回收加工体系，提高天津钢铁产业废钢资源保障能力；加大对工信部已公告废钢铁加工企业的增值税退税比例，降低废钢资源回收成本；继续加大绿电支持力度，稳定落实大用户直供电政策，降低电力价格或适当给予价格补贴，推进天然气价格采取阶梯气价，降低电炉钢成本。鼓励钢铁企业根据自身技术、经济条件，探索研发富氢碳循环高炉、氢基竖炉、氢基熔融还原炼铁等低碳冶金工艺。发挥天津优势，促进钢铁产业与石化工业的合作，合理利用氢能资源。四是推进"双碳"战略目标的制度和机制建设。运用碳市场机制促进低成本绿色转型，对行业的碳排放现状、减排潜力、企业数据基础等方面进行深入评估，摸清摸准钢铁企业在各个重点工序环节的排放情况。加快完善碳排放数据核算、报告、核查等统计监测评价技术体系和配额分配方案，完善绿色金融标准体系框架，加强绿色金融服务。

（四）贴近行业特点，以生产环节为重点，业务驱动、技术支撑，体系性推进智能化改造

从钢铁产业生产环节众多、工艺复杂、生产流程长的特点出发，以高炉、转炉、电炉、轧制等核心生产环节为重点，以提质、降本、增效、绿色、低碳、安全等业务需求为导向，聚焦节能、减排、物流、大规模定制、服务、管理、决策等场景，价值驱动和适度超前有机融合，综合运用5G、大数据、区块链、工业互联网、传感器、机器人、标准化等软硬件技术手段，系统、深入、逐步推进数字化智能化

转型。

一是推进大数据应用。强化前期数据基础建设,对企业内的全域数据进行全生命周期管理,构建符合企业生产经营实际的指标体系,制定和完善数据标准体系,应用智能传感器和先进测量等手段获取真实、有效、完整的数据,建立针对生产过程的大数据平台。充分挖掘数据价值,推进行业机理模型、工艺经验和大数据分析模型融合,持续迭代优化算法模型,提高模型的实用价值和使用率。二是以生产环节为重点推进数字化智能化改造。深化高炉等生产设备节能减排的数字化管理,建立客观的能源系统技术指标评价体系,采集高炉能源消耗数据,利用数据建模技术和模拟仿真技术,构建可用可靠的高炉能效优化模型,实现能源统一计划调度和能源平衡动态优化。建立企业生产全过程的碳排放监测、统计、对标体系,构建以碳效率为核心的生产工艺及管理优化模型,实现生产工序碳排放过程目标管控、生产工序碳排放预警管控及减碳降污协同管控。持续提升冶炼生产工艺的数字化智能化水平,开发高炉数字模型,优化炼铁工艺,减少异常工况情况,实现高炉的高效稳定生产。利用机器视觉等技术,结合质量检测、质量管理等模型,实现全流程产品质量跟踪及自动控制。推进大规模定制的数字化智能化,建立具有企业特点的产销模型、钢轧模型、生产实时调度模型、订单共享模型、产能平衡模型、智能排产模型,基于智能优化算法模型,动态匹配产品性能要求与钢厂的生产工艺水平,实现从销售接单到生产执行的智能化管控。三是推进各系统融合。在工业互联网框架下,促进原料、烧结、球团、炼铁、铁水转运、炼钢、连铸、轧制、销售、采购、物流、库存、研发、财务等各个领域和环节的数据集成共享,推动钢铁企业、上下游用户、现代物流商、科研机构等实现业务协同、信息共享,实现全产业链优化。

"双碳"目标下
天津氢能产业发展路径研究

辛　宇　天津市经济发展研究院经济师

氢能作为清洁能源领域新势力,是国家能源体系的重要组成部分,也是在"双碳"目标指引下实现绿色低碳转型的重要载体。我国氢能产业发展正处于关键机遇期,到 2025 年预计将形成万亿级市场规模。天津氢能产业在全国起步早,在产业基础、协同创新、市场应用等方面具有领先优势。加快发展氢能创新链和产业链,对于深入贯彻党的二十大精神、落实天津市委市政府"十项行动"要求,强化制造业立市基础、支撑京津冀能源结构转型、助力实现"双碳"战略目标,打造国内领先、具有国际影响力的氢能产业高地,具有重要意义。

一、天津能源发展和碳排放现状

1.能源消费增速放缓

从能源消费总量和增长状况来看(如图 1),2002—2012 年,能源的第一要务是为经济增长提供动力,天津能源消费总量持续快速增长;2012—2021 年,天津能源消费增速放缓,多个年份增速甚至为负,各年能源消费总量变化相差不大,保持在每年 8098 万吨标准煤上下,年均增速为 0.83%。

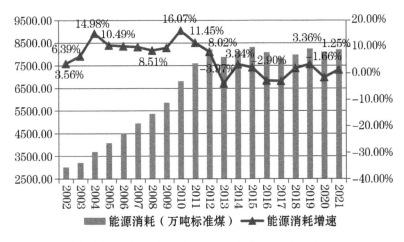

图1 2002—2021 年天津一次能源消费总量及增长情况

数据来源:历年《天津市统计年鉴》。

2. 低碳能源占比持续增加

从能源结构上看(如图2),天津一次能源消费中煤炭占比逐渐减小,石油天然气占比经历了缓慢增加又小幅下降的过程,除煤炭、油气等外的低碳能源近年来占比明显增加。

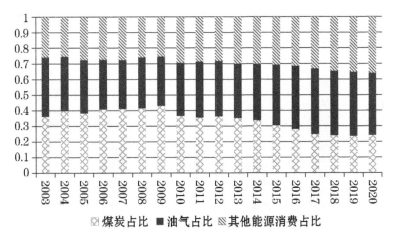

图2 2003—2020 年天津一次能源消费结构

数据来源:根据历年《天津市统计年鉴》原始数据计算。各能源品种消费量均已折合为等价值计算的吨标准煤。

3.能源效率相对较低

2021 年,天津单位地区生产总值能耗强度为 0.52 吨标准煤/万元(如图3),高于全国平均水平(0.46 吨标准煤/万元),与北京、上海、重庆等城市相比差距较大,能源利用率较低。

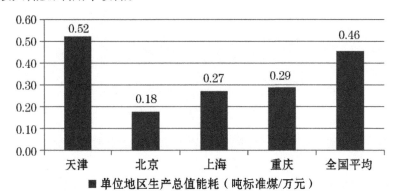

图3 **2021 年津京沪渝及全国能源效率对比**

数据来源:根据《中国统计年鉴 2022》及 2022 年各地统计年鉴原始数据计算。

4.碳排放强度相对较高

根据公众环境研究中心(IPE)的测算,2020 年,天津单位 GDP 二氧化碳排放量为 1.53 吨当量/万元(如图4),远高于北京、上海、重庆的碳排放强度,也高于全国平均水平(1.18 吨当量/万元)。

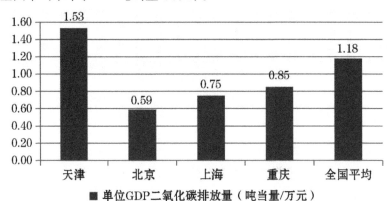

图4 **2020 年津京沪渝及全国碳排放强度对比**

数据来源:公众环境研究中心(IPE)。

综合来看,近年来,随着经济结构调整、经济增速放缓和环境保护要求,天津用能需求下降,能源消费增速减缓,"双碳"背景下天津能源消费结构有低碳化趋势,但现阶段能源效率较低、碳排放强度较高等问题仍然存在。

二、加快氢能产业发展的背景和意义

党的二十大报告指出,中国式现代化是人与自然和谐共生的现代化,推动绿色发展要深入推进能源革命,加快规划建设新型能源体系。

1. 加快氢能产业发展是"双碳"目标的内在要求

"碳排放权"的背后,实际是在应对全球气候变化的政策一致性基础上,世界各国发展权的博弈。为更好实现我国"双碳"目标,一方面,我们现阶段仍要把煤炭等传统能源的清洁化与高效利用做好,在未来较长的一段时间内做好传统能源的逐步退出工作,另一方面,要加快发展新能源,提升新能源消纳能力。氢能是一种零碳技术能源,其最终产物只有水,可以实现能量转化的物质闭环,且它作为二次能源,具有显著的能源载体优势。例如,可再生能源电解水制氢可以实现能源消纳与储存。因此,氢能产业是构建清洁低碳、安全高效的能源体系的重要支撑,适合大规模开发利用。

2. 加快氢能产业发展是保障能源安全的必要途径

能源安全对国家繁荣发展、人民生活改善、社会长治久安至关重要。习近平总书记指出,面对能源供需格局新变化、国际能源发展新趋势,保障国家能源安全,必须推动能源生产和消费革命。我国原油、天然气等能源进口依赖程度较高(如图5),而氢能来源丰富,燃烧热值高(约为汽油的3倍),应用场景丰富,且可以作为电、热、气之间转化的媒介,可参与解决可再生能源的消纳与波动问题,是在可预见的未来实现跨能源网络协同优化的唯一途径。在此背景下,氢能成为打破我国对外能源依赖、建设新型能源体系的关键环节和重要抓手,是未来国家能源体系的重要组成部分。

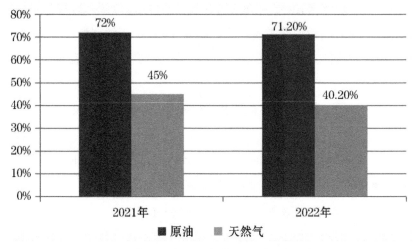

图5 我国原油、天然气等能源对外依存度

数据来源:中国石油和化学工业联合会。

3. 加快氢能产业发展是寻求经济转型的必然选择

一方面,氢能在各行业脱碳路径中将扮演多重重要角色,包括实现可再生能源大规模集成和发电,跨地域和跨季节能源分配,为能源系统的弹性提供缓冲以及助力工业、交通、建筑、电力等多个行业实现脱碳等。在"双碳"目标背景下,氢能产业有助于发展能源效率更高、碳排放强度更低的产业结构,有助于提升我国在全球产业链上的位置,实现高质量发展。另一方面,氢能产业链的"制储运加用"各环节对技术、材料、装备、成本等方面要求较高,产业本身即是战略性新兴产业发展的重要组成部分,发展氢能产业,将带动相关工业经济质量效益的进一步提升。

三、氢能产业发展趋势

(一)国内外氢能产业发展规划

1. 从国际看,各国加快能源转型步伐

发达国家和地区将氢能作为未来能源转型、保障能源安全的重要元素,美国、欧盟、日本等国家和地区纷纷抢夺全球能源和技术创新高地。截至 2021 年底,全球共有 685 座加氢站投入运营,5 年内增长 109%。其中,日本有 159 座,数量居全球第一,中国有 105 座,德国 101 座,美国 60 座。据国际氢能委员会预计,到 2030 年,氢能领域投资将激增至 5000 亿美元。

2. 从全国看,国家层面政策利好不断

2022 年 3 月,国家印发《氢能产业发展中长期规划(2021—2035 年)》,系统谋划了我国氢能产业发展路线。各部委陆续发布 30 余项氢能政策,一是从能源转型角度,强调氢能是未来国家能源体系的重要组成部分,是用能终端实现绿色低碳转型的重要载体,在国家能源战略中的定位提上新高度;二是从科技创新角度,将氢能列入国家重点研发计划,支持基础研究、关键技术和颠覆性技术创新,以创新链推动产业链发展;三是从产业发展角度,指出氢能是战略性新兴产业和未来产业重点发展方向,支持可再生能源制氢,统筹上下游产业链发展,推进氢能基础设施建设,开启多领域规模应用示范。

3. 从各地看,多地争相布局全产业链

北京、上海、河北、河南、陕西等省市,以及广州、深圳、大连、青岛等多个城市已出台氢能产业发展中长期专项规划,重点聚焦氢能技术突破、产业布局以及推动示范应用场景多样化等方面。京津冀、长三角、珠三角、郑州城市群加快推动燃料电池车国家示范城市群建设,以期形成自下而上、以点带面的发展动能。

(二)氢能技术及产业发展方向

1. 产业链发展以脱碳、降成本为导向

上游制氢环节,短期看灰氢、蓝氢仍是主流,中长期看绿氢占比将大幅提升。制氢技术上,产业发展将重点围绕风电、光伏等绿氢及 PEM(质子交换膜电解水)电解槽等技术,据《中国 2030 年"可再生氢 100"发展路线》报告预计,2030 年,绿氢占比将提升至 15%,PEM 在电解水中的占比将达 10%。中游储运环节,目前国内仍以高压气态长管拖车、管道运输为主,但未来液氢民用化、储氢材料研发、加快布局加氢站等将是发展重点。下游应用环节,工业领域和交通运输领域需氢量多,发展空间大。据中国氢能联盟预计,2060 年碳中和情景下,我国工业领域用氢量为 7794 万吨,占比约 60%,合成氨、炼油、烧碱、焦化等化工行业,钢铁、水泥等高耗能行业,合成燃料、氢冶金等新工业将是重要消费端;交通运输领域将贡献氢能需求的最大增量(4051 万吨,占 31%),未来氢燃料电池、氢能源汽车、长距离航空燃料、燃料电池船等发展空间广阔。

2.氢能产业市场巨大,资本关注持续升温

据国际氢能委员会预计,从全球范围看,到 2050 年,氢能产业将创造 3000万个工作岗位和 2.5 万亿美元的市场规模,并在全球能源消费占比达到 18%。在我国,氢能将与电力协同互补,带动形成十万亿级的新兴产业,成为引领经济发展的新增长极。据中国氢能联盟预计,到 2025 年,我国氢能产业链产值将达到 1 万亿元,2030 年达到 5 万亿元,2050 年达到 12 万亿元,届时氢能在终端能源体系中占比将超过 10%,氢能源汽车可能达到百万辆。企业层面,国际上,2021 年世界 500 强企业中,前 10 名中有 3 家、前 135 名中有 27 家企业涉及氢能业务;在国内,目前已有超过 1/3 的央企布局氢能全产业链并取得了一批技术研发和示范应用的成果。资本领域对氢能产业链的关注持续升温,目前我国针对氢能产业的投资基金累计超过 800 亿元人民币,2020—2021 年公开可查询的基金规模已超越 2015—2019 年基金规模的总和,国家开发投资公司、中金公司和省级投资基金等参与了众多 2000 万美元以上的投资。制氢装备、燃料电池是目前获得资本市场融资的主要领域,融资案例持续增加。

四、天津氢能产业发展要素分析

(一)优势和基础

1.产业基础雄厚

天津拥有传统的石化、冶金、装备制造等产业优势,工业副产氢来源丰富,制氢装备制造实力强,具备大力发展"蓝氢"的优势。经过近几年发展,天津氢能产业链雏形已基本形成,氢气制储、氢燃料电池生产制造、科技研发等相关企业、机构数量超过 100 家,天津大陆、渤海重塑、新氢动力等公司技术水平和产业化能力在国内具有优势地位。

2. 应用场景丰富

天津港海陆物流密集,集装箱吞吐量大,车辆数量多且密集使用,氢的潜在消耗量巨大,具备集中布局大型加氢站、建立"柴改氢"示范区的场景优势。推广应用氢能重卡,开展氢燃料电池物流车、叉车、港口机械等示范运营,既可有效降低运输成本,又可大大减少雾霾带的形成,有利于港口地区从雾霾重灾区变为清洁示范区。目前天津已建成首家加氢母站,氢能重卡示范线运营里程超 20 万公里。

3. 科研力量富集

天津大学等科研机构在质子交换膜、燃料电池催化剂等技术领域产业化攻关已接近国际先进水平。产业链核心企业技术水平和产业化能力在国内具有优势地位,如中氢新能源、力神集团的氢燃料电池,蓝鲸科技的氢燃料客车、叉车,大陆制氢、比欧西气体、海德利森的制氢和检测设备等。当前天津已建成国际一流、国内领先的氢燃料电池车辆测试基地,形成涵盖氢能整车、系统、零部件、材料的测评体系。

(二)不足和挑战

目前通过氢能源供给端和示范应用端共同拉动,天津已建成并启动天津港至河北定州氢能重卡示范应用场景,拟建设京津冀地区最大氢能供应基地(法国液化空气集团天津氢能供应基地),初步形成多层次的氢能产业布局,处于从试验场到大规模场景应用的过渡阶段,但要实现打造全国氢能产业高地的目标,仍面临较大压力。

1. 政策体系有待完善

目前天津已出台《天津市氢能产业发展行动方案(2020—2022 年)》《天津市氢能示范产业园实施方案》《天津港保税区关于扶持氢能产业发展若干政

策》等相关政策,但与其他省区市相比,氢能产业发展规划仍存在迟滞。在相关扶持政策、管理办法、审批手续、法律法规以及安全保障机制等方面,还有所欠缺。此外,缺乏氢能产业区域协同总体规划,企业间协作联动的有效性较差,难以突破规模化量产的技术屏障。

2. 建设目标相对较低

从氢能产业链建设目标的时间节点来看,当前天津仅提出近期目标,缺乏中期、远期目标。具体来说,制氢产业链规模方面,天津规划为 150 亿元,与山东、河北、浙江等省份近期目标相近,但北京、上海、山东等地 2025 年目标规模均在 1000 亿元左右,与之相比,天津还有很大差距。加氢站方面,天津规划建设 10 座,与重庆一致,约为北京、上海、山东、浙江近期目标的 1/3,而大部分省份中远期规划目标在70～100 座左右。燃料电池车数量上,天津规划推广应用1000 辆,与重庆、浙江相近,约为北京、山东、河北、河南、内蒙古等地近期目标的 1/3,而大部分省份中远期规划目标在 1 万辆左右,国家规划目标为 2025 年约为 5 万辆。头部企业数量上,天津规划引进或培育2～3 家龙头企业,比北京、重庆、内蒙古等地的近期目标少2～5 家,大部分省份中远期规划目标在10～15 家。

表1　天津及各省市氢能建设目标汇总

地区	规划年份	制氢产业链规模	加氢站	推广/应用燃料电池车	企业数量
天津	2022	150 亿元	10 座	1000 辆	2～3 家龙头企业
北京	2023	500 亿元(京津冀)	37 座	3000 辆	5～8 家龙头企业
	2025	1000 亿元(京津冀)	72 座	10000 辆	10～15 家龙头企业
山东	2022	200 亿元	30 座	3000 辆	100 家相关企业
	2025	1000 亿元	100 座	10000 辆	10 家知名企业
	2030	3000 亿元	200 座	50000 辆	一批知名企业

地区	规划年份	制氢产业链规模	加氢站	推广/应用燃料电池车	企业数量
河北	2022	150 亿元	20 座	2500 辆	—
	2025	500 亿元	50 座	10000 辆	10 ~ 15 家领先企业
	2030	2000 亿元	100 座	50000 辆	5 ~ 10 家龙头企业
河南	2025	—	50 座	3000 辆	30 家相关企业
	2030	1000 亿元（燃料电池汽车）	80 座	5000 辆	—
重庆	2022	—	10 座	800 辆	6 家相关企业
	2025	—	30 座	1500 辆	15 家相关企业
四川	2025	初具规模	60 座	6000 辆	25 家领先企业
浙江	2022	100 亿元	30 座	1000 辆	—
上海	2023	—	30 座	10000 辆	—
	2025	1000 亿元	70 座	10000 辆	5 ~ 10 家"独角兽"企业
江苏	2021	500 亿元	20 座	—	1 ~ 2 家龙头企业
	2025	—	50 座	—	—
广东	2022	—	300 座	首批氢燃料电池乘用车示范运行	—
内蒙古	2023	400 亿元	60 座	3830 辆	3 ~ 5 家龙头企业
	2025	1000 亿元	90 座	10000 辆	10 ~ 15 家龙头企业
宁夏	2025	—	10 座	500 辆	10 家龙头企业
武汉	2025	—	35 座	3000 辆	—

续表

地区	规划年份	制氢产业链规模	加氢站	推广/应用燃料电池车	企业数量
深圳	2025	500 亿元	10 座	燃料电池车 1000 辆,氢能船舶 1—3 艘、氢能无人机及共享单车、生命健康等新兴及交叉领域不少于 100 台(套)	100 家优质企业
酒泉	2025	100 亿元	8 座	200 辆	10 家
鄂尔多斯	2023	—	20 座	1500 辆	5~6 家装备企业,3~4 家整车企业,5~6 家电堆企业
	2025	—	90 座	5000 辆	5~7 家整车企业,7~9 家电堆企业
	2030	—	300 座	20000 辆	—
成都	2025	500 亿元	40 座	5000 辆	—
兰州	2025	100 亿元(主营业务收入)	20 座	1000 辆	20 家
唐山	2025	200 亿元(营业收入)	30 座	2500 辆	8~10 家先进企业
吕梁	2025	1000 亿元	50 座	5000 辆	—
	2030	—	100 座	30000 辆	—
	2035	3000 亿元	200 座	50000 辆	—

资料来源:各地"十四五"能源发展规划、氢能产业发展规划或实施方案等。

3. 补贴支持有所欠缺

企业发展方面,缺乏支持已有企业扩能扩建的奖补政策。天津港保税区主要针对新引进的氢能企业,而北京、武汉、嘉兴等市将奖补政策细化到新技术、新产品、新项目,按照不高于项目投资额的30%、单个项目不超过1000万元至3000万元给予补贴。氢气售卖方面,补贴力度较小。如对车辆加注氢气按照10元/公斤标准给予补贴,补贴标准是大连的1/5,约为广州、成都、青岛等地的一半。加氢站建设及运营方面,补贴标准处于中上游。各地的补贴标准主要按照加氢站规模划分,山东济南先行区力度最大,最高给予企业900万元建设补贴。燃料电池方面,补贴标准较高但奖补政策不够丰富。其他城市奖补方式多样化,奖补政策更加细化。如上海对特种设备氢替代燃油项目按被替代燃料每吨标准油5000元给予资助,北京对采购燃料电池汽车零部件产品年累计采购金额1000万元以上的企业,按年采购金额的3%~5%给予补助,武汉对燃料电池核心零部件生产企业按照核心零部件年度销售收入2%~5%的比例给予超额累进制阶梯奖励等。

4. 基础设施仍有差距

氢能基础设施布局不足,投入运营的加氢站数量少,储氢场站规模小,仅建成一座制氢储氢加氢一体化母站。终端氢能产品应用市场的运营基础相对薄弱,储运销等配套设施相对匮乏,氢能技术的应用和推广受到制约。

5. 面临行业共性压力

一是制运成本居高不下。当电价为0.3元/千瓦时,绿氢制备成本为32元/千克左右。从全产业链成本看,运输与加氢成本占比很大,运输距离为100公里时,上述成本占46%。二是关键技术尚需突破。绿氢制取、提高气态存储压力、液氢民用化、储氢材料研发、燃料电池研发等方面,均需要加快技术攻关和商业化推广步伐。三是标准体系不够健全。我国氢能产业刚刚兴起,标准体系建设速度较慢。监管主体缺失、生产利用环节标准不健全、天然气管道掺氢标准缺失等问题突出。

五、天津加快发展氢能产业总体思路

天津发展氢能产业应积极借鉴国内外先进经验,充分考虑资源禀赋、能源结构、产业基础和现实需求,找准发力点,打好组合拳。为此提出如下建议。

1. 注重示范带动

一是加强规划示范引导,做好氢能产业规划与科技、交通、环保等专项规划的有效衔接,建立健全科技攻关支持政策、用地规划办法、安全监管办法、车辆运营及道路运输支持政策等政策体系。二是做强氢能区域示范,以"宜电则电,宜氢则氢"为推广原则,聚焦港口运输、物流配送、市政作业、通勤客运、机场快线等以中远途、中重型为主的应用场景,进一步以港口为核心推动氢燃料电池汽车的示范应用,建成更大规模的具有绿色港口特征的氢能示范区域。三是发挥企业示范引领,充分发挥中石化、渤海化工、荣程钢铁、新氢动力、杭叉集团等重点企业的示范带动作用,充分挖掘天津大学、南开大学等高等院校的专业性,积极与中国能源研究会等科研机构合作,合力推进氢能产业链精准布局和高质量发展。

2. 注重产业驱动

重点推进"三链条、一平台"建设。一是制储链。支持中国石化、渤海化工、荣程钢铁等企业以工业副产氢资源为基础,发展氢气提纯,挖掘高纯氢气产能。培育制储运装备产业,重点发展加氢站成套装备、氢气液化装备、大容积液氢存储罐、液氢运输及加注设备等研发生产制造。二是电池链。聚焦氢燃料电池及核心零部件产业化,重点突破燃料电池关键材料、部件批量制备,车用燃料电池安全等核心技术,加快从中试向产业化的过渡。三是叉车链。依托天津港保税区氢能产业示范区,以氢燃料电池叉车为重点,推动中氢新能源科技公司氢燃料叉车批量生产,通过购置补贴和租赁补贴,鼓励区内企业替换更新现有叉车,并逐步复制推广。四是创新科技服务平台。支持企业与高校、科研院所和行业用户联合建立产业技术联盟,搭建氢能产业发展对接交流平台。

3. 注重场景促动

重点打造"一港、一廊、一小镇,'双城'联动"的氢能终端应用场景。一是"氢港口"。以打造天津港"零碳码头、低碳港口"为引领,加快港口能源结构调整,进一步扩大氢能发展运用,实施港口机械氢能化更新,推动氢能基础设施建设。二是"氢走廊"。扩大以氢燃料电池为新能源的集疏运车辆应用,在天津港与荣程钢铁之间、天津港至河北定州氢能重卡示范应用场景的基础上,进一步向河北、山西腹地延伸,打造氢能货运示范专线,拓宽清洁、绿色公路疏港通道能级。三是"氢小镇"。选择中新生态城、东疆综合保税区等基础条件较好区域,推动电商、物流、港口等物料搬运场景下的叉车替换,开展多种用氢方式的综合验证示范。四是扩大"滨城+津城"应用场景联动,提升氢能使用意愿,探索氢能轨道交通、船舶、无人机以及氢在发电、医疗、农业、食品等领域的应用。

4. 注重区域联动

充分利用京津冀联合开展燃料电池汽车关键核心技术产业化攻关和示范应用城市群建设的机遇,发挥天津在燃料电池、储氢技术上的优势,以天津港为核心,规划加氢站等配套氢能供应基础设施建设,搭建氢能货运示范专线,构建京津冀燃料电池重卡货运走廊。支持在京津冀联合开展氢能物流,以生鲜和医药市场等冷链物流、流通配送和工厂作业仓库为重点,建设覆盖半径较广的液氢供给网络,推动实现氢能替换,形成对区域腹地氢能发展的带动作用。

5. 注重政策撬动

丰富奖补措施,提升相关补贴标准。设立市、区两级支持氢能产业专项资金,整合现有智能制造、科技型企业发展等财政资金,引导相关专项资金向氢能倾斜。充分发挥政府产业基金引导作用,针对氢能产业关键环节,探索设立"海河基金+N"的资本招商模式,推动氢能技术创新和项目孵化。优化氢能高新技术企业税收减免政策,鼓励企业加大前期投入。创新绿色债券政策,吸引社会资本投资,构建财政资金引导、社会资本参与的多元化投入格局。

参考文献

[1]丁曼:《日本氢能战略的特征、动因与国际协调》,《现代日本经济》2021年第4期。

[2]李昌,等:《基于改进 LDA 主题模型的中日美氢能产业链技术布局研究》,《情报杂志》2019 年第 7 期。

[3]刘岢孟,等:《我国港口城市氢能发展潜力与对策研究》,《中国工程科

学》2022 年第 3 期。

　　[4]王赓,等:《天津氢能产业发展路径研究》,《天津经济》2021 年第 3 期。

　　[5]王美、赵静波、于文益:《碳中和目标下广东省氢能角色及利用方式研究》,《科技管理研究》2021 年第 17 期。

　　[6]武义青、姚连宵:《京津冀区域低碳发展现状及转型路径》,《天津社会科学》2022 年第 5 期。

"双碳"背景下
天津新能源产业发展与升级

尹晓丹　天津市经济发展研究院经济师
秦晓璇　天津市经济发展研究院经济师
魏泳博　天津市经济发展研究院高级经济师

"双碳"背景下,全球正在发生一场能源革命,新能源的主导地位越来越明显。党的二十大报告提出,深入推进能源革命,加强煤炭清洁高效利用,加快规划建设新能源体系,完善能源消耗总量和强度控制。新能源产业产业链长、关联度高、带动性强,是天津建设全国先进制造研发基地、"制造业立市"的重要载体。天津市十二次党代会提出,要深入打好新能源产业链的攻坚战。以碳达峰碳中和目标为引领,深入贯彻新发展理念,天津能源低碳转型步伐加快,新能源发展迅速。

一、天津新能源产业发展现状

(一)产业规模不断壮大

新能源产业快速发展。新能源产业是天津的主导产业之一,已初步形成绿色电池、风电、太阳能等优势领域,打造了锂、光、风、氢四大主导产业链条,聚集了一批国内外龙头企业。新能源产业增加值占规模以上工业比重逐年上升,今年1—5月,天津新能源产业链链上企业达114家,工业总产值占全市规模以上工业总产值的4.8%。其中,太阳能子链增长迅速,太阳能子链工业增加值占新能源产业链工业增加值的34.2%,同比增长13.3%。产业布局逐渐完善。锂、光、风、氢四大主导产业链,以滨海新区、北辰区、宝坻区、静海区等为重点,差异化布局发展。新能源工业链利润总额保持快速增长,今年1—5月,新能源产业链企业实现利润总额 25.49 亿元,同比增长 27.6% 。

(二)重点领域发展强劲

绿色电池领域形成了覆盖锂离子电池、六氟磷酸锂、锂离子电池正负极材料等配套材料生的产体系,完成从原材料、技术研发到电池产品检测、应用及回收的全产业链布局,具备 30 吉瓦时年产能力,市场占有率及产业规模居全国前列,成为全国重要锂离子电池生产基地。风电产业坚持陆上风电和海上风电并举,带动风机制造业快速发展,已成为我国最大的风电成套设备生产制造基地。以风能、太阳能为重点,盘活屋顶、盐田、滩涂、坑塘水面等资源,为可再生能源规模化开发创造条件,加快整区(镇)分布式光伏开发试点,积极推进滨海"盐光互补"等百万千瓦级新能源项目。截至2022年底,天津可再生能源电力装机411万千瓦,比2020年增加129万千瓦。提高可再生能源消纳水平,2022年天津可再生能源电力消纳量占全社会用电量的21.1%。加快氢能产业高质量发展。获批燃料电池汽车示范城市,依托天津港保税区打造氢能示范产业园,招引了多家氢能优势企业相继落户,积极培育氢能产业链。加快基础设施建设,广泛拓展应用场景,2座加氢母站、7座自用加氢站建成投运,2座商用加氢站正在加快建设,110辆氢燃料电池重卡投入使用。

(三)创新能力不断增强

创新载体不断完善,搭建了国家锂离子动力电池工程技术研究中心、天津市先进锂离子电池材料企业重点实验室等一批科技创新平台,形成了政府、企业、高校和科研院所多方参与的新能源产业服务体系,推动新能源领域产学研用紧密结合,促进新能源产业创新发展。服务平台不断完善,全方位、多层次促进新能源产业发展。成立了天津新能源产业(人才)联盟、天津市电池行业协会、天津市系能源电池人才创新创业联盟等组织;组织第五届、第六届世界智能大会城市能源革命高峰论坛;建设智慧能源平台,完成"新能源云"平台建设和推广应用,依托平台开展新能源"一站式"接网服务,实现接网流程全过程公开、透明。完善"揭榜挂帅"、科研众包等机制,加强关键核心技术攻关,提升科技成果转化。选取力神电池、巴莫科技、荣盛、盟固利等30家企业作为首批重点龙头企业,推进联合研发攻关,取得重要突破。力神电池公司研发的高镍电池将电芯能量密度提升至330千瓦时/千克,达到国内领先水平。风电领域高强度大型薄壁内齿圈变形控制技术达国际领先水平,抗台风型机组、高原型机组、寒带低温型机组均为国内首创。

(四)应用场景不断丰富

推动智慧能源发展,实施智慧能源示范工程,建设滨海能源互联网综合示范区,聚焦服务能源、居民、港口和产业低碳演进,已建成交直流柔性供能小区、电光热建筑一体化供能系统等工程。推动各类储能技术创新、产业发展和示范应用。加快推动多种储能技术进步和产业发展,形成了以正负极材料、隔膜、电解液、电芯、pack封装、回收利用于一体的储能系统完整产业链。推广"可再生能源＋储能"模式,要求新建可再生能源项目配置一定比例的储能设施,结合电网调峰和可再生能源发展需要,优先在可再生能源相对集中区域发展集中式共享储能,正在以滨海新区为重点,加快推进新型储能多场景示范应用。氢能领域应用更加丰富,国内首批氢燃料电池叉车、国内首套固体储氢燃料电池发动机系统及国内首套燃料电池叉车配套加氢装置,并在国内首次公开SOFC热电联供系统内部构造,以及国内首批投入示范运营的燃料电池环卫车。

(五)政策支持体系不断完善

顶层设计持续优化。出台了《天津市碳达峰实施方案》《天津市制造业高质量发展"十四五"规划》《天津市产业链高质量发展三年行动方案(2021—2023年)》《天津市新能源产业链工作方案》等一系列政策文件,明确了新能源产业未来的发展方向、重点和目标。专项政策文件支持不断优化,滨海新区出台天津首个针对新能源产业的专项政策《天津滨海高新区促进新能源产业高质量发展办法》,针对储能出台《天津市新型储能发展实施方案》。多部门联动形成合力,协同推进新能源产业高质量发展。新能源产业链作为天津市谋定的

12 条重点产业链之一,由市领导挂帅出任"链长",链上抓运行、抓创新、抓项目、抓人才、抓政策。加强金融服务支持,市金融局会同人行天津分行、市工信局等出台金融支持产业链发展政策,引导金融机构加大对重点产业链信贷支持,充分发挥智能制造等专项资金及海河产业基金引导作用,并在全国首创了金融服务重点产业链的"金融便利店"。强化用地保障,出台《天津市推进产业用地高质量规划利用管理规定》《关于支持能源结构调整规范光伏发电产业规划用地管理意见的通知》等支持政策。

二、天津新能源产业发展存在的问题

(一)开发条件受限

一是自然条件限制。天津不具备水电、核电开发条件,且受空间规划和土地资源制约,风能、太阳能开发主要利用零散土地或建筑屋顶,难以形成规模发展。二是政策瓶颈约束。天津近海海域、潮间带、沿海滩涂、海管陆地等无法开发,深海航道、锚地密集,满足国家规定海上风电布局"离岸距离不少于 10 公里、滩涂宽度超过 10 公里时海域水深不得少于 10 米"规定,海域有限。三是能源基础设施不足。由于新能源发电具有间歇性和不稳定性,需要接入稳定的电网。但目前天津市电网的接入能力有限,新能源发电企业的并网申请难度较大,这给新能源产业的发展带来了一定的障碍,能源基础设施建设仍需加快。

(二)整体竞争力有待加强

一是产业体系有待完善。新能源产业规模相对较小,缺少带动力和控制力强的龙头企业,企业关联度有待提升。产业链上下游协同不足,产业链条仍需完善。氢能产业链韧性有待加强,工业副氢优势发挥不足。碳捕捉和封存(CCUS)等产业与智能制造、人工智能等产业协同不足。二是核心技术突破能力有待提升。国家级联合创新平台建设推进缓慢,高级创新人才、领军人才缺乏,企业研发投入不足,核心竞争力有待提高,仍存在锂电池池核心隔膜技术、海上风电大兆瓦齿轮箱等关键技术"卡脖子"问题。三是清洁化、智慧化有待提升。新能源产业与新一代信息技术产业融合不够深入,产品信息化、智能化水平不高。部分新能源项目的建设和运营过程中存在环保问题,如噪声污染、土地资源利用问题等,需要进一步加强环保管理。

(三)政策协同机制不健全

一是各行政区发展新能源产业的积极性有待提高。新能源项目单位面积产出率低,各区对新能源开发的积极性不够高,开发体量较小。二是政策和市场合力不强。企业认可度有待提升,园区低碳建设和企业低碳转型较慢。例如,综合智慧能源作为多能互补、多需联供新模式,可有效提高能源效率、降低用能成本,但用能单位认可度不高,倾向于传统市政供热、制冷等用能方式。

三、经验借鉴

常州是国家发展改革委公示的 2022 年战略性新兴产业集群发展工作成效明显的督查激励推荐城市之一,江苏省制造业"单项冠军"数量第一。常州在国内较早布局新能源产业,形成了"发—储—送—用"产业生态闭环,新能源产业呈领跑态势,投资热度全国第一、产业集聚度居全国前列,产值超过 5000 亿元,致力于打造"新能源之都"。常州市新能源发展经验为促进天津新能源产业高质量发展提供了重要借鉴。

(一)注重强化创新引领

鼓励企业加大创新投入,加大核心竞争力。强化创新载体建设,打造了光伏科学与技术国家重点实验室、中国科学院物理所长三角研究中心、天目湖先进储能技术研究院、东南大学溧阳研究院等高端科创平台。加强协同创新,2022 年,常州高新技术产业产值占规模以上工业总产值的 53.76%,位列江苏省第二。根据江苏省"技联在线"平台统计,2022 年常州产学研合作项目入库1236 项,合同总金额 7.39 亿元,项目入库总数列全省第二。加强资本市场助力,坚持把推动企业上市作为建设"国际化智造名城、长三角中轴枢纽"的关键举措。建设龙城金谷,搭建资本链与产业链耦合平台。中创新航科技股份有限公司,全球唯二拥有磷酸铁锂及三元锂电池,并可为主机厂提供全系车型配套能力的动力电池领先企业,2022 年 10 月在港交所上市,首发募资 92 亿元,成为港股动力电池第一股。

(二)注重产业链协同发展

常州已集聚天合光能、中创新航、蜂巢能源等一大批头部企业、重大创新平台和创新团队,形成完善的创新链产业链,呈现空间高度集聚、上下游紧密协同、供应链集约高效的产业集群的局面。根据《2023 胡润中国新能源产业集聚度城市榜》,2022 年常州位列新能源投资热度最集聚城市榜首。太阳能光伏领域,覆盖除多晶硅料以外的所有生产制造环节。动力电池领域,常州已形成"以溧阳金坛为两大核心、其他区域多点支撑"的产业格局,截至 2022 年末,拥有电池生产及配套企业 130 余家,涵盖电池材料、电池系统技术研发等 31 个关键环节,产业链完整度达 97%,居全国首位,产销量占全省一半、全国五分之一,全球每 10 辆新能源汽车就有 1 辆搭载"常州造"电池。常州的新型电力装备产业链,是全国最大的特高压输变电设备制造基地,变压器产品结构覆盖各式型号,市场占有率达 12%,居国内第一。

(三)注重新能源场景化应用

提升"见车率""见桩率""见板率",实施新能源汽车购置补贴政策,激发新能源汽车消费热情。抓住整县(市、区)屋顶分布式光伏试点工作机遇,以产业园区为载体推动光伏电池开发,发挥示范带动作用,常州市党政机关带头加快屋顶光伏建设,截至今年 4 月,见板率为 47.22%。拓展光伏多元化利用新模式,与农业、渔业、交通、通信融合发展,开展"光伏 +"示范项目建设。举办世界新能源博览会,打造城市名片,扩大新能源产业知名度。加快构建新能源应用生态,重塑生活方式,适度超前布局光伏一体化建筑、光储直柔建筑、智慧微电网创新低碳场景。

（四）注重发挥政府引导作用

出台《关于加快新能源之都建设的实施意见》和《推进新能源之都建设政策措施》，锚定"新能源之都"，发布新能源全产业链生态图谱。正在制定的《常州市新能源产业促进条例》，将以地方性法规的形式固化常州支持促进新能源产业发展的各项政策。前瞻性布局储能、智能网联汽车、氢能等新兴产业，加快编制《常州市氢能源产业发展规划》，倾力打造常州"氢湾"。明确新能源发展目标，研究编制新能源城市评价指标体系，从产业发展、科技创新、人才培育、推广应用、绿色制造、保障措施等维度构建四级指标体系。强化"放管服"改革，提升政务效率，节省企业成本。实行2兆瓦以下低压并网项目免评审，自然人光伏项目无需评审，平均并网时间缩短5个工作日。

四、加快天津新能源产业发展与升级的路径

（一）加大开发利用模式创新

第一，创新新能源开发模式，突破自然条件约束。以工业园区为载体，推动分布式光伏、分散式风电等新能源项目。推动能源与产业的深度融合，大力发展"新能源＋"。推进新能源与建筑、交通等行业融合发展。以中新生态城、滨海高新区、京津中关村科技城等重点区域探索推广建设光伏一体化建筑、光储光储直柔建筑、光储充一体化充电站等。

第二，加强新能源推广与应用，丰富新能源应用场景，推动新能源对人们生产、生活方式的重塑。推进"光伏＋"多样化应用，促进光伏发电与农业、渔业、建筑、交通、储能等融合发展，适度超前布局光伏一体化建筑、光储直柔建筑、智慧微电网创新低碳场景等"光伏＋"绿色能源示范工程，深化、引领能源供给转型。加快推进企业用能绿色化转型，推动既有建筑物光伏改造，推动用户侧储能规模化应用。

第三，加快储能产业发展，强化高端储能项目招引力度，完善配套电网规划

和建设,加快构建适应高比例新能源发展的新型电力系统,切实保障分布式光伏项目接入需求。鼓励新能源发电企业优先通过集中式独立储能共享容量方式满足储能配置要求。全面推广"新能源+储能",提高供电稳定性。积极发展"常规电源+储能",鼓励煤电企业合理配置储能设施。

(二)加快新能源产业集群建设

第一,基于现有的产业空间布局,凸显地域特色、加强资源配置,推动新能源产业积聚发展。以风、光、锂、电为重点,充分发挥链主企业带动作用,加快补链、强链,推动产业链与产业集群协同培育。推动产业链优质企业梯次培育,不断提升链主企业能级,提升链主企业本地化配套率,鼓励龙头企业打造功能性区域性总部,鼓励中小企业发展壮大,促进大中小企业融通发展。

第二,加大"专精特新"企业梯次培育。支持专精特新、"独角兽"、制造业"单项冠军"和"小巨人"等优势企业通过上市、并购重组等方式,加快企业集团化、国际化进程。积极推动专精特新中小企业"卡位入链",与链主企业高效对接。

第三,加强招商引资,打好重大项目建设和招商引资"组合拳",充分发挥产业联盟作用,有效吸引企业来津发展。以滨海高新区新能源产业示范基地、北辰新能源产业高端制造基地、滨海新区氢能示范产业园等重点园区为依托,打造产业载体招商新模式。举办高水平展会、论坛、人才交流活动等,搭建新能源产业合作交流平台,充分利用好世界智能大会这一品牌,扩大天津新能源产业的知名度。

第四,推进跨区域产业集群合作共建。加强京津冀协同发展,优化产业链条,完善产业生态,加快建立产业跨区域协同培育机制。发挥龙头企业、链主企业的发展带动作用,推动跨区域建链、补链、延链、强链。

(三)完善创新体系建设

第一,完善新能源创新载体建设。加快建设产业创新平台,充分整合天津科研院所、高校、企业等创新资源,建设国家级创新平台。支持国际知名企业在天津设立研究中心,鼓励区域内新能源龙头企业与国外领军企业开展技术研究合作。加强产业共性技术创新平台建设,解决行业基础研究关键共性问题,加强关键核心技术共同突破。提升企业自主创新能力,加大对企业设立新型研发机构的支持力度。

第二,健全新能源技术创新服务体系。打造新能源信息技术交流平台,加快推进新能源咨询、金融服务等各类中介服务机构,助力构建新型产学研协同创新机制。建设高水平产业孵化器和众创空间,推动新能源高新技术企业的孵化。

第三,加强产学研用融合。鼓励开展技术和应用场景等分类示范、首台(套)重大技术装备示范,推动企业科技成果转化与扩散。推进新能源企业智能化、数字化转型,提升能源系统全要素生产率。

第四,加大人才引育。发挥"海河英才""海河工匠"等作用,吸引广大青年来津创新创业。支持区域内高校加强新能源关键领域学科建设,支持新能源企业和职业院校共建实训基地。强化靶向引才,聚焦核心技术,强化引进和培养高层次人才和创新团队。

(四)加强政府政策支持与引导

第一,加大金融支持力度。用足用好各类专项资金,积极争取国家相关专项资金支持,统筹利用智能制造等专项资金。积极发展绿色金融,围绕新能源企业生命周期,加大金融产品创新。鼓励企业通过资本市场融资,加快企业股改上市步伐。充分发挥海河产业基金、天津天使创业投资基金等政府引导基金的作用,鼓励金融资源更多流向新能源重点领域。支持龙头企业设立产业链协同创新基金,聚力强链、补链、延链。

第二,研究完善绿电交易机制,优化绿证核发制度,扩大绿证核发范围。深化"放管服"改革,优化新能源接网流程,建立健全集中式光伏发电项目接网"绿色通道",推广优化新能源云线上办理平台应用。创新发展新能源直供电、隔墙售电等模式,健全分布式发电市场化交易机制,鼓励新建项目用能探索开展新能源就近直接交易,由符合条件的电源点就近接入增量配电网或用户侧转变。

第三,加强用地保障。强化新能源产业发展用地、用海保障,充分利用盐碱地、坑塘水面等低效土地,因地制宜发展盐光互补、渔光互补等复合型光伏或探索实施风光互补、可再生能源制氢等综合利用项目。结合海洋功能区划、沿岸经济建设及产业布局等,挖掘潜力开发符合"双十"规定的海域。

参考文献

[1]张雄化:《"双碳"目标下深圳新能源产业发展的路径与对策》,《特区经济》2022 年第 8 期。

[2]天津市发展和改革委员会规划处课题组:《"十四五"时期天津加快新旧动能转换推动高质量发展研究(二)》,《天津经济》2020 年第 12 期。

[3]张颖、任世碧:《新能源产业获政策持续加码 未来有望跑出"加速度"》,《证券日报》2022 年 6 月 25 日。

[4]前瞻经济学人:《2022 年中国及 31 省市新能源行业政策汇总及解读》,https://baijiahao.baidu.com/s? id = 1739942193294671455&wfr = spider&for = pc.

[5]吕建中:《加快构建新能源产业体系》,《瞭望》2022 年第 29 期。

[6]白舒婕:《新能源产业再迎发展窗口期》,《国际商报》2022 年 7 月 7 日第二版。

深化天津市碳市场建设的对策研究

解　威　天津市经济发展研究院经济师

党的十八大以来,以习近平同志为核心的党中央大力推进生态文明建设,碳排放强度显著降低。"十四五"时期,我国生态文明建设进入关键时期,也是碳达峰的关键期、窗口期。碳市场作为碳减排的市场化途径,是实现"双碳"目标的重要抓手、推动绿色低碳发展的重要引擎。

一、我国碳市场发展概况

(一)我国碳市场发展的阶段特征

我国碳排放权交易市场的发展经历了三个阶段:第一阶段为2005—2012年,我国尚未建立碳排放权交易市场,国内企业通过参与CDM(国际清洁发展机制)的方式间接参与国际碳市场交易,为后续建立国内碳排放权交易市场提供了经验,也为我国碳交易制度的设计奠定了基础。第二阶段为2013—2020年,地区碳排放权交易市场建设发展,北京、天津、上海、重庆、湖北、广东、深圳7个试点地区和四川、福建2个非试点地区共计9省市建立各自的碳排放权交易市场,为后续全国碳排放权交易市场的建设积累了宝贵经验。第三阶段为2021年至今,全国碳排放权交易市场建设发展,目标是形成统一的全国碳排放权交易市场,从当前的实践情况来看,地区碳排放权交易市场与全国碳排放权交易市场并行的情况将持续一段时间。

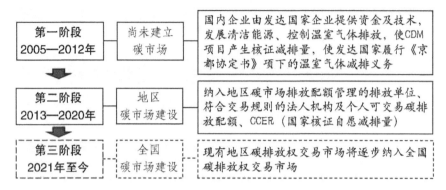

图 1　我国碳市场发展的三个阶段

(二)我国碳市场建设的政策进展

自"十二五"以来,经过十多年的发展,我国碳排放权交易法治建设取得了显著成效,立法内容主要涉及市场交易建立及履约、纳入行业及企业、碳排放配额(CEA)分配、MRV(碳排放数据的监测、报告、核查)以及 CCER(国家核证自愿减排量)交易等方面,制度保障体系日益健全,推动碳交易量和交易额逐年上升。

表 1　我国碳排放权交易市场政策进展

时间	文件名	主要内容
2010 年	《中华人民共和国国民经济和社会发展第十二个五年规划纲要》	降低能源强度和碳排放强度作为约束性指标,逐步建立碳排放交易市场
2011 年	《"十二五"控制温室气体排放工作方案》	开展碳排放权交易试点,探索建立碳排放交易市场,加强碳排放交易支撑体系建设
	《关于开展碳排放权交易试点工作的通知》	批准京、津、沪、渝、粤、鄂、深 7 个省市 2013 年开展碳排放权交易试点(2016 年,四川、福建 2 省建立碳排放权交易市场)

时间	文件名	主要内容
2012 年	《坚定不移沿着中国特色社会主义道路前进　为全面建成小康社会而奋斗》	积极开展碳排放权交易试点
	《温室气体自愿减排交易管理暂行办法》	对 CCER 项目开发、交易与管理进行系统规范
	《温室气体自愿减排项目审定与核证指南》	对 CCER 项目审定与核证机构的备案要求等进行规定
2013 年	十八届三中全会决议	推行碳排放权交易制度
2014 年	《碳排放权交易管理暂行办法》	对全国统一碳排放权交易市场发展方向、组织架构设计等提出规范性要求
2015 年	《生态文明体制改革总体方案》	深化碳排放权交易试点建设,逐步建立全国碳排放权交易市场
	《中美元首气候变化联合声明》	2017 年启动全国碳排放交易体系,覆盖钢铁、电力、化工、建材、造纸和有色六大工业行业
	十八届五中全会决议	建立健全碳排放权初始分配制度
2016 年	《关于切实做好全国碳排放权交易市场启动重点工作的通知》	明确参与全国碳市场的 8 个行业,要求对纳入企业历史碳排放进行核查,提出企业碳排放补充数据核算报告等
2017 年	《全国碳排放权交易市场建设方案(发电行业)》	确保 2017 年顺利启动全国碳排放交易体系
	暂缓受理温室气体自愿减排交易备案申请(国家发改委 2017 年第 2 号公告)	因 CCER 管理施行中存在交易量不足、项目规范性等问题,暂缓受理 CCER 方法学、项目、减排量及备案的申请
2020 年	《碳排放权交易管理办法(试行)》	规范全国碳排放权交易及相关活动,包括碳排放配额分配和清缴,碳排放权登记、交易、结算,温室气体排放报告与核查等活动

时间	文件名	主要内容
2021 年	《碳排放权交易管理暂行条例》	规范碳排放权交易
2023 年	《温室气体自愿减排交易管理办法(试行)》(征求意见稿)	对 2012 年《温室气体自愿减排交易管理暂行办法》进行了修订,计划启动全国统一温室气体自愿减排交易市场

二、天津市碳市场发展现状、存在问题与趋势方向

(一)发展现状

近年来,天津碳市场发展取得一定成效。市场运行总体平稳有序,减排履约扎实推进,碳市场在优化碳排放资源配置、促进企业低成本减排和经济社会高效转型中的积极作用初步显现。

1. 碳交易市场平稳运行

2022 年天津碳市场配额和 CCER 成交量总计 810 万吨,位居全国第三。其中,配额成交量 545 万吨,CCER 成交量 265 万吨,稳居全国第二。截至 2022 年末,天津碳配额累计成交量 3218 万吨,成交额 7.92 亿元;CCER 累计成交量 6628 万吨,成交额 9.02 亿元。截至今年 6 月底,145 家试点纳入企业全部完成 2022 年度碳配额清缴工作,并在全国率先完成履约,履约率连续 8 年达到 100%,有力促进了碳减排。林业碳汇项目稳步推进,开发津南、武清、滨海新区等林业碳汇项目,与甘肃省秦安县政府合作开发林业碳汇项目正式签约。

2. 碳中和工作扎实开展

碳中和"技术 + 模式"不断创新,发布全国首个基于区块链的碳中和存证产品"简碳平台",向新能源汽车用户发放全国首个个人碳中和存证证书。碳中和场景持续丰富,推进大型活动碳中和,为中国石油赞助冬奥会的 20 万吨 CCER 提供交易和注销服务,颁发碳中和证书;推进商场碳中和,为中新天津生

态城智慧低碳商业综合体季景天地颁发碳中和证书;推进社区碳中和,为天津市首个"零碳社区"(中新生态城第四社区中心)和首个公用事业行业领域碳中和营业厅(中新生态城公用事业客服中心智慧营业厅)颁发碳中和证书;推进产品碳中和,认定 6 款白沙绿茶为"零碳茶叶"。推进碳中和金融网点认证,工商银行天津分行、工商银行生态城支行、建设银行天津分行、天津银行等获评。认证山东省首个碳中和工业园区。

3.碳金融创新不断推进

发布全国首个聚焦企业"环境、社会、治理"(ESG)绩效的省级评价指南《天津市企业 ESG 评价指南》以及《天津市企业 ESG 评价报告》《天津市 ESG30指数》,为企业融资提供助力。工商银行天津市分行落地全国首笔基于人民银行征信系统和交易所系统"双质押登记"的碳配额质押贷款,网商银行落地全行首笔碳金融融资业务,建设银行天津市分行、农业银行天津市分行、天津银行和天津滨海农商银行等多家银行开展碳金融创新业务,助力企业盘活碳配额资产。组建天津市碳中和与绿色金融研究中心,打造绿色金融基础设施服务平台。

4.碳普惠机制持续完善

积极构建以商业激励、政策鼓励和核证减排量交易相结合的全民共享低碳权益的可持续发展普惠性工作机制,带动社会广泛参与碳减排。天津排放权交易所获商务部批准设立天津碳普惠创新示范中心。搭建碳普惠平台,开发基于低碳行为的碳积分账户,天津首个碳普惠小程序"津碳行"上线。出台《天津市碳普惠体系建设方案》,从政策体系建设、碳普惠方法学、管理团队创建等方面明确了碳普惠行动。

(二)存在问题

与其他区域的碳市场相比,天津碳市场在成交量和价格、行业容量、交易品种、交易方式等方面仍有较大提升空间。

1.成交量和成交额下降

碳配额交易方面。从成交量来看,2022 年大部分区域碳市场配额交易活跃度下降,仅湖北、上海和福建碳市场成交量有所增加,天津配额成交量下降 316.7 万吨,变动值在 8 个区域碳市场中位居第 7 位,四川无碳配额交易。从成交额来看,2022 年各区域碳市场碳价整体提升,总体成交额由 2021 年的 21.2 亿元增加至 26.5 亿元,上海、深圳、湖北、福建碳市场成交额都呈增加态势,天津碳市场成交额下降 6.7 千万元,变动值在 8 个区域碳市场中位居第 8 位。

CCER 交易方面。受 2022 年度全国碳市场无 CCER 清缴抵消需求和市场中剩余可交易流通 CCER 数量有限等因素影响,各区域碳市场成交量下降幅度较大,天津碳市场 CCER 交易量由 2021 年的 4212 万吨下降到 265 万吨。

（单位：万吨）

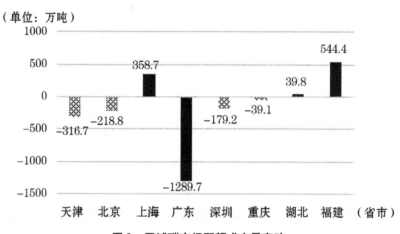

图 2 区域碳市场配额成交量变动

（单位：千万元）

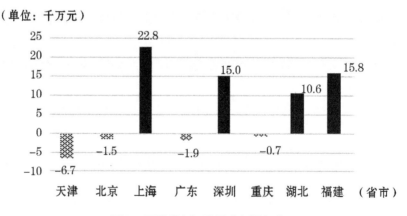

图 3 区域碳市场配额成交额变动

2. 交易价格偏低

2022 年各区域碳市场配额交易均价全部上涨,价格涨幅均高于 15%。其中,深圳碳市场碳价由 2021 年的 11.22 元/吨升至 43.31 元/吨,涨幅最高,同比上涨 286%;北京、广东、福建碳市场的碳价涨幅均超过 50%;上海碳市场成交均价同比上涨 37%;湖北、重庆碳市场的上涨幅度相对较小。天津碳市场配额交易均价由 2021 年的 25.94 元/吨升至 34.36 元/吨,略高于福建(24.75 元/吨),在 8 个区域碳市场中位居第 7 位;涨幅 16%,在 8 个区域碳市场中碳价位居第 8 位。与其他区域碳市场相比,天津碳市场配额成交价格偏低、涨幅较缓,仍有较大提升空间。

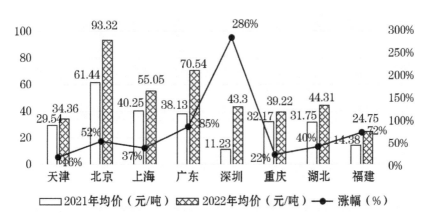

图 4 区域碳市场配额成交价格及涨幅

3. 交易覆盖行业有待扩容

目前地区碳排放权交易市场覆盖的温室气体种类仅为二氧化碳,覆盖行业范围集中在电力、热力、化工、钢铁、建材等高能耗行业以及商业、金融等服务业和建筑业等。从碳市场纳入管控的行业来看,北京对纳入行业没有明确限制,上海纳入范围包括工业、交通、建筑等,天津碳市场纳入管控的行业主要是工业,有待进一步扩容。

表2 区域碳市场交易覆盖行业范围

区域碳市场	覆盖行业范围
天津	钢铁、化工、电力、热力、石化、石油开采、建材、造纸、航空、有色、机械设备制造、农副食品加工、电子设备制造、食品饮食、医药制造、矿山
北京	热力生产和供应、电力生产、水泥制造、石化生产、道路运输、航空运输、其他工业和服务业
上海	电力热力、航空、港口、水运、自来水生产、建筑、其他工业企业
广东	电力、水泥、钢铁、石化、造纸、民航等
深圳	供电、供水、供气、公交、地铁、危险废物处理、污泥处理、污水处理、平板显示、港口码头、计算机、通信及电子设备制造业和其他行业
重庆	工业企业
湖北	玻璃及其他建材、水泥、化工、汽车制造、钢铁、设备制造、造纸、食品饮料、有色金属和其他金属制品、医药、化石、水的生产与供应、纺织业、陶瓷制造、热力生产和供应及其他行业
福建	电力、石化、化工、建材、钢铁、有色、造纸、航空、水泥、陶瓷等

4. 交易品种有待开发

除四川碳排放权交易市场未进行碳排放配额交易,其他区域碳排放权交易市场的交易标的包括相应地区的碳排放配额及CCER。此外,部分地区的碳排放权交易市场还可交易相应地区自行核证的自愿减排量,如北京林业碳汇抵消机制(FCER)、广东碳普惠核证减排量(PHCER)、福建林业碳汇项目(FFCER)、成都碳惠天府机制碳减排量(CDCER)、重庆碳惠通项目自愿减排量(CQCER)等。

表3 区域碳市场交易品种

区域碳市场	覆盖行业范围
天津	TJEA CCER VER
北京	BEA CCER PCER VER BFCER

区域碳市场	覆盖行业范围
上海	SHEA CCER SHEAF
广东	GDEA CCER CQCER
深圳	SZEA CCER
重庆	CQEA CCER CQCER
湖北	HBEA CCER
福建	FJEA CCER FFCER
四川	CCER CDCER

5.交易方式有待丰富

从交易方式上看,在碳现货基础上推出碳远期产品的试点省市有广东、上海和湖北,广东省采用非标准化协议的场外交易形式,湖北和上海采用标准化的碳远期协议,天津碳市场的交易种类为碳现货,在碳金融衍生品尤其是碳期货交易方面尚需探索。此外,天津碳交易平台与广东、北京等相比,已落后三代,亟须迭代升级,提供交易系统支撑。

(三)发展趋势及方向

"十四五"时期,全国碳市场和区域碳市场将互为补充、协同发展,天津碳市场仍大有可为。

1.覆盖行业范围将持续扩大

自 2021 年 7 月全国碳市场开市之后,天津碳配额成交量呈下降趋势,但碳价有所上涨。目前全国碳市场只纳入发电行业,石化、化工、建材、钢铁、有色、造纸等七大行业将在"十四五"时期陆续纳入。短期看,区域碳市场碳配额成交量不断下滑是不可避免的,但长期看,随着碳达峰碳中和行动的推进,未来将有更多行业被纳入区域碳市场先行先试,因此天津碳市场覆盖的行业和企业数量会继续增加,碳价继续看涨。

2. CCER 交易需求有望扩张

全国碳市场在首个履约周期内允许企业使用 CCER 抵消其不超过 5% 的碳配额,推动了 CCER 市场活跃度和价格大幅提升。2021 年,自全国碳市场开市后,天津 CCER 月均成交量由 195 万吨上升到 570 万吨,CCER 成交价格也持续走高,上升到 30 元左右。尽管受一些因素影响,2022 年 CCER 成交量锐减,但考虑国家计划重启 CCER 审定,未来 CCER 交易需求有望扩张。

3. 碳交易参与主体将不断拓宽

在"双碳"目标下,随着碳配额及 CCER 价值及流动性的不断提升,未来国内碳市场的参与主体将不会局限于控排企业,林业碳汇、甲烷利用、清洁能源(如绿电)、垃圾焚烧等多种自愿减排行业将参与到碳市场交易中,同步享受碳市场的发展机遇。同时,更多的金融机构、咨询公司、审定和核证机构等第三方机构也将参与到碳市场交易中,发挥降碳协同效应,为碳市场的健康稳定发展保驾护航。

4. 碳金融创新是必然方向

据国家发改委测算,仅以现货交易,全国碳排放交易市场交易金额每年约 12 亿~80 亿元,若引入碳期货交易,年交易金额或将达到 600 亿~5000 亿元,天津碳市场发展碳金融是必然方向,故应逐步引入期权、期货、远期、互换等碳金融衍生品,不断完善碳交易金融体系。

综合来看,天津碳市场应在市场交易机制设置、碳配额分配方法、CCER 项目开发及抵消机制、碳金融体系建设、碳普惠制度建立、系统运行设置、对外交流合作等方面开展探索与创新,积累天津经验,为全国碳市场提供参考与借鉴。

三、国内外碳市场建设的经验

(一)欧盟碳市场建设的经验

欧盟碳市场(EU-ETS)于 2005 年正式运行,是目前全球建立最早、纳入行业最广、交易量最大、机制最规范成熟、运营经验最丰富的碳市场,是各国建设碳市场的主要借鉴对象。

1. 制定法规制度

欧盟从 2003 年起颁布了一系列条例、决议,建立了较为完善的欧盟碳交易政策法规体系,主要包括基础性法规和技术性法规两方面。基础性法规主要是对目标、原则和基本内容做出的总体性规定,核心是碳排放配额分配方式、监督、市场覆盖范围、交易成本等;技术性法规主要是围绕设立统一登记簿、安全标准、配额拍卖、MRV(监测、报告、核查)、重复计算等技术问题,制定的技术性规则。

2. 优化碳配额分配方式

在配额分配方式方面,欧盟碳市场经历了从免费分配到有偿分配的转变。2013 年之前,欧盟碳市场采取"祖父法"＋免费分配的方式,导致长期以来碳配额供过于求、碳价疲软、交易低迷。2013 年之后,采取"基准线法"＋有偿拍卖的方式,逐步降低免费分配的比例,以有偿分配为主导,强化市场化的价格发现作用,目前超过 60% 的碳配额通过有偿拍卖进行分配。

3. 完善碳价稳定机制

欧盟碳市场不断优化交易机制,以强化市场的碳价发现功能,避免碳价剧烈波动。一是建立市场稳定储备机制(Market Stable Reserve,MSR),允许部分配额转入或转出 MSR,降低或提高流通的配额总量,以应对市场供需不平衡的状况,为市场长效稳定提供保障。二是开放碳配额的存储和借贷,给予履约企业在时间上灵活使用碳配额的可能性。三是积极发展碳金融产品,欧盟碳市场从建立之初就引入了碳期货、碳期权、碳远期等金融衍生交易产品,其中碳期货的交易规模最大,之后陆续推出碳债券、碳基金等碳融资工具以及碳指数、碳保险等碳支持工具,利用杠杆效应,显著提升市场交易的活跃度以及交易主体的风险管理水平。

(二)我国区域碳市场建设的经验

全国碳市场上线前,区域碳市场覆盖了电力、水泥、钢铁等 20 多个行业近

3000 家重点排放单位,CEA 成交量累计达 4.8 亿吨,成交额达 114 亿元。全国碳市场上线后,区域碳市场整体呈量跌价升态势,2022 年 CEA 成交量同比下降 18%,交易价格上行,成交额同比上涨 25%;2021 年 CCER 成交量激增,2022 年成交量同比下降 95.5%,交易价格由 35 元/吨上涨至 60 元/吨。

1. 探索开展配额有偿拍卖

上海环境能源交易所分别于 2022 年 9 月和 12 月组织了碳排放配额有偿竞价发放,成交价格分别为 52.56 元/吨和 60.38 元/吨,两次拍卖合共成交总量 245.97 万吨,同比增长 352.94%,为上海碳市场注入活力。湖北碳排放权交易中心分别于 2022 年 12 月 9 日和 12 日开展了碳排放配额政府预留部分的有偿拍卖,成交量 200 万吨,成交金额 8668 万元。深圳排放权交易所于 2022 年 8 月份首次开展碳排放配额有偿竞价发放,成交量 58 万吨,成交金额 2526 万元,以"小切口"促进碳价"大变化"。有偿分配配额有效平抑碳市场价格风险,控制企业履约成本,确保履约工作顺利推进,并为碳市场后续发展提供流动性。

2. 持续推动市场扩容

2022 年广东碳市场组织拟纳入行业企业开展碳排放信息报告与核查能力建设培训,覆盖陶瓷、纺织、数据中心、交通、建筑行业近 600 家企业,广州碳排放权交易所对拟纳入行业企业的 2019—2021 年碳排放信息报告开展核查评议,为新行业纳入和配额分配政策调整提供数据基础。预计 2023 年重庆碳市场将纳入标准由原定的碳排放量达到 2 万吨调整为 1.3 万吨二氧化碳当量(综合能源消费量约 5000 吨标准煤),截至 7 月,拟纳入工业企业增至 308 家。碳市场扩容促使更多行业和企业加快绿色转型、减少碳排放,同时为低排放企业带来更多经济收益、形成更大激励,促进了环保和节能低碳技术的研发与创新。

3. 积极开发碳金融产品

广州碳排放权交易所在碳金融业务方面走在全国前列,持续开展碳金融标准建设,2022 年牵头编制中国证券监督管理委员会《碳金融产品》行业标准并正式发布;引导协助工商银行等金融机构开展碳金融产品创新,2022 年开展各类碳金融业务 12 笔,涉及碳排放权规模 204.3 万吨,实现融资 5828 万元,其中,办理碳配额抵押融资业务 8 笔,抵押碳配额 58.5 万吨,融资总规模约 3000

万元。深圳排放权交易所持续开展碳配额质押业务,总交易额达 7000 万元。碳金融赋予碳排放经济属性,有利于发挥金融杠杆效应,引导资金向清洁能源、碳减排等方向倾斜,为"双碳"目标的实现提供了重要支撑。

四、深化天津市碳市场建设的对策建议

(一)完善碳配额分配和交易机制

根据碳排放总量控制目标和产业结构布局等情况,动态调整碳配额总量和纳入碳配额管理的行业范围,借鉴北京、上海等地经验,探索将餐饮、港口、建筑甚至更多行业纳入管控,推进市场扩容。天津碳市场配额分配方式是以免费发放为主、以拍卖或固定价格出售等有偿发放为辅,拍卖或固定价格出售仅在交易市场价格出现较大波动需稳定市场价格时使用,应探索建立碳配额有偿取得机制,逐步提升碳配额有偿竞价拍卖比例。探索设立天津市碳排放交易基金,有偿发放产生的收入纳入基金进行科学管理,用于支持天津碳市场建设的碳减排重点项目。进一步完善监管制度。北京市通过地方人大立法,规定未履约企业需按市场均价处3～5倍罚款。天津规定未履约的企业,其差额部分在下一年度分配的配额中予以 2 倍扣除,与北京相比,天津对未履约企业的处罚力度有待提高。

(二)推动 CCER 项目开发与交易

推动天津市林业、湿地、海洋、地热、CCUS(二氧化碳补集、利用与封存)等碳汇资源普查和项目开发,建设"天津碳库",理好天津负碳账本。以津南、武清、滨海新区为试点,积极对接西青、蓟州、宝坻、静海等区开发林业碳汇项目;出台《天津市碳排放权抵消管理办法》,明确天津林业碳汇项目核证减排量抵消标准、条件和程序,推动天津林业碳汇项目减排量进入天津碳市场交易。探索开展湿地碳汇、海洋碳汇方法学研究。天津市地热资源丰富,预计"十四五"时期可达到 8000 万/立方米,充分利用的情况下可实现碳减排 1500 万吨/年,

应加快地热能碳减排方法学研究和项目开发。推动国投北疆百万吨级 CCUS 一体化示范项目落地,促进早完工、早投产、早见效。中石油(天津)44 亿吨左右的碳存量可为项目开发提供支撑,应加快研究制定《天津 CCUS 示范项目技术指南》,推动中石油(天津)CCUS 项目开发。发挥天津石化能源产业优势,探索在天津自贸试验区设立全国甲烷、CCUS、NCS(自然碳汇)特色减排交易中心,创建减排量开发模式新试点。

(三)健全碳金融体系

在碳市场平稳运行的基础上,适度开展金融创新,推动金融市场与碳排放权交易市场合作与联动发展。推动金融机构积极稳妥参与碳金融市场建设,丰富碳金融市场参与主体。鼓励开展以碳排放权为基础的各类场外和场内碳金融工具创新。一是在融资工具方面,现有碳配额质押融资业务应继续完善质押物风险管理和违约处置机制,借鉴福建南平"森林生态银行"经验,推动将林业碳汇产品预期收益作为质押物融资,探索开展碳资产回购、碳资产托管、碳债券业务。二是在交易工具方面,探索开发碳期货、碳期权、碳远期、碳掉期、碳借贷,盘活碳现货和期货市场,增强碳金融市场流动性。三是在支持工具方面,鼓励发展碳交易信用保证保险、碳汇损失保险等碳保险产品以及碳基金、碳指数,为各方了解碳市场趋势提供风向标,为管理碳资产提供风险管理工具和市场增信手段。

建立天津市绿色金融综合服务平台,推动绿色项目和绿色企业线上评级、线上融资撮合、绿色项目库管理。健全绿色金融组织机构,引进和培育一批高水准的绿色认证、环境咨询、绿色资产评估、碳排放核算、数据服务等中介服务机构,开展碳资产管理、碳足迹管理、碳信息披露、低碳技术认证。

(四)推进碳普惠与碳交易相结合

借鉴广东、北京、上海、深圳经验,加快推进天津碳普惠制度建设,探索碳普惠与碳交易相结合的天津路径。研究制定碳普惠方法学,明确绿色出行、垃圾回收、大型会议等绿色场景产生的 PHCER 计算流程和认定方法。积极推动

PHCER 项目开发与场景设计。加快建立由政府主导市场化运作的碳普惠平台,融通支付宝等各类商业平台推动多源数据接入和整合,应用大数据与区块链等数字技术对低碳行为进行数据采集和核查,并科学核算 PHCER。依托天津碳普惠创新示范中心,建立天津市 PHCER 管理系统,对天津市 PHCER 的创建、分配、变更、注销等进行统一管理。制定天津市 PHCER 交易规则,依托天津市排放权交易所建立 PHCER 竞价交易系统,明确 PHCER 对控排企业碳配额的抵消机制,确定可用于抵消的 PHCER 范围和总量,推动 PHCER 在天津碳市场通过碳排放权交易实现变现。

"双碳"背景下
天津绿色金融发展情况研究

秦晓璇　天津市经济发展研究院经济师

尹晓丹　天津市经济发展研究院经济师

金融是现代经济的核心,在实现资源有效配置和提升实体经济发展效率方面具有重要作用。特别是在碳达峰、碳中和"双碳"目标的驱动下,如何缓解资源环境约束、实现经济与环境的协调发展,绿色金融肩负着更重要的责任和使命。当前天津正处于推进高质量发展的关键时期,绿色投融资需求旺盛,积极实践探索并取得显著成效。但随着绿色金融的深入发展,配套机制不健全、基础设施不完善等成为制约绿色金融有效服务经济社会发展的重要因素。因此,梳理分析天津绿色金融发展现状及困境,并探索新路径,对实现经济社会高质量发展具有重要现实意义。

一、"双碳"目标与绿色金融发展

(一)"双碳"目标的提出

长期以来,我国始终高度重视气候变化问题,主动承担相应责任,秉持绿色发展、循环发展和低碳发展原则,在经济社会发展的全局中融入应对气候变化的方案和策略。2020 年,在第七十五届联合国大会一般性辩论上,中国宣布力争于 2030 年前实现二氧化碳排放达到峰值,努力争取在 2060 年前实现碳中和[1],被称为碳达峰、碳中和的"30·60"目标。这是中国基于可持续发展的内

---

[1]　习近平在第七十五届联合国大会一般性辩论上发表重要讲话。

在要求和构建人类命运共同体的责任担当做出的重大战略决策,强调要树立命运共同体意识和合作共赢理念,改革和完善全球治理体系。

(二)绿色金融的内涵

绿色金融,是指为支持环境改善、应对气候变化和资源节约高效利用的经济活动,即对环保、节能、清洁能源、绿色交通、绿色建筑等领域的项目投融资、项目运营、风险管理等所提供的金融服务。[①] 绿色金融作为一个理论和实践兼容的概念,其本质是从生态环境保护和可持续的角度转变金融业的发展方式,转变既有发展理念、经营模式和评价标准,以实现经济、社会和环境的可持续发展,学术界一般将其定义为在运营过程中,同时考虑环境与经济目标。总的来看,绿色金融的本质是经济活动和金融服务,目标是实现环境与经济的协调发展,方式是通过金融工具创新和制度安排来引导社会投融资,进而产生正向的环境效益。

(三)绿色金融与绿色发展的相关性

党的二十大报告指出,"加快发展方式绿色转型,完善支持绿色发展的财税、金融、投资、价格政策和标准体系,发展绿色低碳产业,健全资源环境要素市场化配置体系"。可见,绿色金融是支撑生态文明建设和实现美丽中国的金融体系,是不同于传统金融业务和模式的金融创新路径。从宏观层面看,绿色金融通过金融的资源配置功能把资源环境从传统意义上的公共品和准公共品属性变成具有高度稀缺性的价值资源,使得市场机制能够在环境资源中发挥作用,实现环境资源的优化配置。从微观层面看,绿色金融的业务形式是通过多样化的金融产品和服务,为环保项目提供资金支持和配套服务。可见,绿色金融是实现"绿水青山就是金山银山"的重要手段,绿色金融与绿色发展是路径与结果的关系,二者相辅相成。

---

① 中国人民银行、财政部、发展改革委等部门:《关于构建绿色金融体系的指导意见》。

二、天津市绿色金融发展现状与成效

（一）绿色信贷规模占据主导

绿色信贷是指投向绿色项目、支持环境改善的贷款。目前我国形成了主要包含《绿色信贷指引》、绿色信贷统计制度、绿色信贷评价体系以及银行自身的绿色信贷政策在内的绿色信贷体系框架。[①] 绿色信贷在绿色金融体系中占有举足轻重的地位,近年来也实现了快速增长,是实体经济绿色低碳发展的重要资金来源。

为了推动绿色金融健康发展,天津市持续加强政策引导,制定出台相关指导意见,积极引导辖内各金融机构不断加大对绿色低碳发展的支持力度。同时积极运用再贷款、再贴现等货币政策工具以及相关政策措施,加强对绿色信贷的业绩评价,并完善评价结果在央行金融机构评级中的运用,进一步强化激励约束作用,提升辖内金融机构的积极性,不断加大绿色信贷投放力度,取得显著成效。截至 2020 年底,天津市本外币贷款余额为 3449.16 亿元,较年初增长 379.09 亿元,增幅 12.35%,高于同期本外币各项贷款增幅 4.83 个百分点。[②] 2021 年,天津市绿色贷款余额突破 4000 亿元,达到 4039 亿元,同比增长 17.1%。2022 年,天津市绿色贷款余额进一步增长,达到 4942.03 亿元,同比增长 22.36%,为 2018 年有统计以来新高。

---

① 马骏:《中国绿色金融的发展与前景》,《经济社会体制比较》2016 年第 6 期。
② 数据来源:中国人民银行天津市分行。

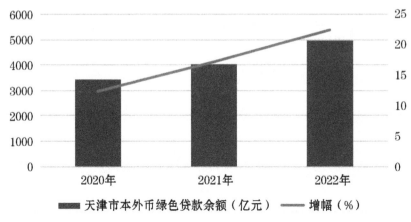

图1　天津市本外币绿色贷款余额

(二)绿色债券品种不断完善

绿色债券是指将募集资金专门用于支持符合规定条件的绿色产业、绿色项目或绿色经济活动,依照法定程序发行并按约定还本付息的有价证券,包括但不限于绿色金融债券、绿色企业债券、绿色公司债券、绿色债务融资工具和绿色资产支持证券。① 与传统债券相较而言,绿色债券对资金用途、跟踪管理和信息披露等方面有特别要求。

天津市不断加强政策支持,建立了主承销商例会制度,着力推动辖内金融机构加大债券承销的工作力度,大力支持企业发行绿色债券,不断丰富绿色债券品种。2017 年以来,天津绿色债券发行保持较快速度,截至 2020 年,天津市共发行了绿色债券 20 只,发行规模达到 146.19 亿元。特别是 2020 年全年一共发行了 10 只绿色债券,发行规模达到 75.55 亿元,数量和规模较与年均相比,均实现大幅增长。2021 年,天津市绿色债券发行规模突破 150 亿元,成功发行全国首单"碳中和"资产支持票据、租赁企业可持续发展挂钩债券、天津市首单中长期"碳中和"债券等新产品。2022 年,天津市累计发行绿色债券187.74 亿元,其中碳中和债发行 16 笔,规模达到 123.76 亿元,占全部绿色债券

---

①　关于发布《中国绿色债券原则》的公告。

的 65.92%,发行笔数位居全国第二,发行规模位居全国第四。同时,天津落地了全国首批转型债券。

(三)绿色租赁优势持续强化

绿色租赁,是指租赁机构为支持环境改善、应对气候变化和资金节约高效利用等经济活动所提供的租赁产品及服务。从行业看,绿色租赁主要覆盖清洁能源、节能环保、绿色出行、绿色建筑等领域,主要设备包括太阳能光伏、风电机、绿色船舶、新能源汽车、港口装备设备等。

天津市积极激励租赁企业助力绿色产业发展,着力打造全国绿色能源租赁中心,尤其支持具有能源产业背景或具备相关产业基础的融资租赁公司率先推进绿色租赁示范项目落地,探索形成绿色租赁创新发展模式。比如,引导国网租赁不断加大对沙漠、戈壁、荒漠地区的大型风电、光伏、水电基地类电源业务的拓展力度,助力乡村振兴等。截至 2022 年末,国网租赁公司绿色租赁业务规模超千亿元探索搭建"服务指南 + 实施方案 + 评价指引"三位一体的融资租赁绿色评价机制,支持通过"政、银、产、学、研"合作共建"绿色租赁生态港"。同时,支持符合绿色租赁标准的租赁公司便利化发行各类绿色金融产品,鼓励银行业金融机构加大对绿色租赁的资金支持,今年前 7 个月,天津市融资租赁公司共发行债券 99 只、发行规模 671 亿元,其中绿色债券 14 只、发行规模 74 亿元。

(四)绿色保险保障作用凸显

绿色保险是管理环境与气候风险的重要工具,旨在促进环境改善、积极应对气候变化。随着经济社会的低碳转型,绿色保险产品不断创新迭代,除了大众较为熟悉的环境污染责任险、森林保险、巨灾保险等,清洁能源、绿色交通、绿色建筑等相关保险产品也逐渐进入市场。

天津市着力提升保险保障水平,与北京、天津联合发布《关于协同推动绿色金融助力京津冀高质量发展的通知》,提出要大力开展环境污染责任险、绿色建筑质量保险,探索推进森林草原碳汇保险、重点行业节能减碳保险等新兴绿色保险发展,为绿色产业和绿色经济发展保驾护航。同时,积极推动金融机构创新保险产品,人保财险天津分公司联合兴业银行天津分行,根据中交智运智慧交通大数据产业聚集区研发基地项目特点,量身打造天津市首个"绿色保险+绿色信贷"模式,该模式的创新有利于进一步发挥金融行业在绿色建筑领域发展中的服务作用。在绿色建筑性能责任保险中,保险公司发挥了保险保障及增信功能,能够有效解决绿色信贷投放与绿色建筑评定之间存在的时间错配问题,是金融支持绿色建筑发展的模式创新,有利于实现绿色金融和绿色建筑的协同发展,高效助力城乡建设的绿色转型。

三、天津绿色金融发展问题

(一)绿色发展理念需再深入,与实际金融需求差距大

随着"双碳"目标的提出,绿色发展成为当前经济社会高质量发展的主题,各个社会主体也在积极践行绿色发展理念,履行绿色发展责任。然而,从现实情况来看,大多数企业、金融机构仍存在着绿色意识相对薄弱,对绿色低碳发展重要性认识不足等问题,从而导致绿色转型步伐相对滞缓。从个体层面看,大多数公众的绿色低碳意识也相对缺乏,再加上低碳产品价格相对其他产品而言较高,导致一些消费者购买意愿不强。与此同时,绿色发展在强调经济效益的同时,也强调社会效益、生态效益等多个方面,所以对于金融机构而言,为了推动相关企业实现绿色转型,需给予其一定的让利优惠,而这又会在一定程度上压缩金融机构的利润空间,使得金融机构缺乏足够的动力参与到绿色金融发展中。此外,有关绿色发展的培训较少,目前的培训多是针对相关政府部门和金融机构的高层,对基层的金融机构、中小民营企业,社会性的组织培训和科普活动较少,因此,全社会对绿色发展、绿色金融、碳金融、碳达峰、碳中和等概念,认识理解大多限于表面。对社会公众开展的绿色消费、绿色低碳等方面的通识教育远远不够,碳达峰、碳中和是一个长期性的任务,针对中小学的实践教育、低碳科普基地的建立,甚至有些内容进学校、进课堂、进课本都需要一个过程,高

校和研究机构在培养多元化复合型人才方面缺乏培养方案和体系建设。

(二)基础设施建设相对落后,激励约束政策有待完善

绿色分类标准、信息披露和压力测试等是绿色金融发展中的重要基础设施,毫无疑问,推动绿色金融的纵深发展需要进一步夯实相关基础。目前来看,部分领域仍存在着空白地区和薄弱环节。例如,绿色分类标准尚不健全、信息披露不够全面、压力测试作用有待提升,加之绿色发展还面临转型升级技术迭代更新,以及由此引发的市场优化调整问题等,长期来看,这会在一定程度上阻碍绿色金融发展进程,难以满足绿色低碳发展的实际需求。与此同时,推动绿色金融发展的激励约束政策也有待进一步优化,绿色信贷贴息、费用补贴、减免税政策、绿色信贷风险补偿、融资担保等财政激励措施的落地效果仍需提升。因为大多数环保行业投资周期较长,而资本又具有逐利性的特征,其所具有的利益属性会驱使他们更多从纯粹的盈利角度来考量项目的准入标准,若缺失相对有效的激励制度,金融机构开展绿色金融将缺少意愿与动力,这也会使商业银行在内的各金融机构将资金配置到风险更低、资本回报率更高的行业中。但推动各金融机构加大力度支持绿色低碳发展,往往会使得这些机构付出的金融资源与其绩效表现改善程度不相匹配,从而进一步削弱其发展绿色金融的意愿和资源投入水平。

(三)产品服务创新有待加强,绿色融资结构不够均衡

随着绿色金融的不断发展,市场对于绿色金融产品的需求不断增多。对比先进地区绿色金融发展情况,虽然当前天津辖内绿色金融产品的种类不断丰富,但是仍存在无法满足多层次、多类型市场需求的问题。具体而言,从规模数量看,当前天津市绿色金融市场仍以绿色信贷和绿色债券为主,而绿色基金、绿色保险、碳金融产品等产品的发展进程与先进地区还存在较大差距。这主要是因为对于节能环保、清洁能源、清洁基础设施等方面的绿色项目,绝大多数是采用传统的信贷产品模式进行融资支持,而对于新创立、现金流暂时不稳定的绿色环保企业来说,因其尚无法满足传统信贷产品的授信要求,各金融机构可以

提供给这些企业的金融产品很少。同时,一些金融机构在设计产品时,往往更看重融资渠道,而忽视了融资对象的鲜明特点。例如,一些大型节能减排、清洁能源等项目或者有实力的企业大多是其主要融资对象,相较而言,中小型的环保企业往往容易被忽略。长此以往,将无法有效使用社会资金,降低资金使用效率,市场在资源配置中的作用也难以发挥,从而进一步加剧与实际社会需求之间的不匹配问题,抑制天津市绿色金融的长远发展。

(四)绿色金融存在转型风险,影响区域金融发展稳定

绿色金融的核心是信贷和风险管理,信用风险是绿色金融的最大风险之一。实际上,对于辖内许多金融机构来说,其投融资对金融风险、环境效益未能做到充分的考察与配合,大多是为了完成监管机构对绿色金融的业绩考核要求,这就可能产生绿色产业、绿色项目连带的融资风险。在推动绿色金融发展的进程中,许多企业和机构为获得资金支持,声称自己是绿色企业,实际上却名不副实。这些企业为了获得相关利益,可能夸大绿色效益、虚构绿色数据,而达不到绿色环保标准,导致信用风险的出现,造成金融资源的严重浪费。同时,一些绿色企业由于市场前景不确定,会产生市场风险。绿色企业的发展受到市场情况的影响,如果市场状况不好,企业的发展将面临许多困难和挑战,从金融机构获取的融资支持可能无法及时偿还,从而产生不良贷款,给市场发展带来风险。此外,由于管理不善、技术不足等原因,还可能产生操作风险。例如,由于技术原因,金融机构无法充分预测绿色企业的未来发展前景,致使资金无法及时收回,就可能出现操作风险。

四、推动天津市绿色金融发展的政策建议

(一)强化绿色金融理念,挖掘绿色金融需求

绿色金融理念的深入人心是绿色金融能够持续推动绿色发展的重要基石。当前绿色金融理念已经得到一定程度的认可和接受,但仍不够普及,大型投资

基金、证券市场等也尚未将绿色投资纳入主流的投资组合。因此,应强化绿色金融理念宣传推广,贯彻绿色发展理念,根据天津的发展实际,进一步挖掘、整合市场中的绿色金融需求。一方面,政府要发挥引导作用,积极推动全民贯彻落实"绿水青山就是金山银山"的发展理念,培育全民绿色发展意识,推动辖内产业链整合以及传统行业的转型升级。另一方面,加大投资者和企业对绿色金融理念的理解,使其深刻认识到,绿色转型与发展是推动经济实现高质量发展的必由之路,是大势所趋,要以行动支持绿色金融深化发展。对环境产生负面影响的高耗能、高污染等传统企业无法实现可持续经营,因为环境污染造成的环境风险和投资风险将更大,长远来看,投资回报率也将不尽如人意。与此相对,清洁节能、环境友好型的新兴产业才是未来发展的主要方向,着力降低环境风险,大力提升技术水平,能为企业带来十分可观的投资回报。

(二)完善绿色金融政策,释放绿色发展潜力

制定有效的公共政策是政府发挥引导作用的着力点,可以有效减少信息不对称,从而缓解相关企业的道德风险和逆向选择问题,带动更多的社会资本进入绿色金融领域。例如,由绿色债券融资所支持的一些环保项目,一般具有资金需求量大、投资周期长的特点。因此,为了提升绿色债券的吸引力,政府可以适时出台优惠政策,以支持绿色债券融资工具的发行,并对绿色债券的发行人和承销机构给予一定的资金奖励;或者在企业推动绿色项目运行需要融资时,政府可以对绿色项目进行优先审批评估,建立完善的绿色项目库,并对入库的绿色项目给予增信等优惠待遇,优先支持入库项目发行绿色债券,以有效改善信息不对称问题,降低环保项目的融资成本,吸引更多的社会资本投入到环保领域中,进一步促进经济的绿色低碳发展。

(三)完善信息交流共享,构建协调合作机制

随着绿色金融的深入发展,相关参与方越来越多,信息传导交流的重要性愈加凸显。只有建立了统一、协调、长效和顺畅的跨部门沟通机制,才能避免绿色金融政策在执行中出现模糊不清的问题,从而确保政策的执行效果明显。因

此,天津市应积极推行全国标准化技术委员会所制定的绿色金融标准,逐步构建绿色发展项目库,推动绿色项目真正实现转型发展。同时,由于政府部门的规制存在较高的成本,相对而言,第三方机构更具有专业性和效率性,可以为政府部门和公众提供更多有效的信息。天津市应积极引导第三方机构参与ESG评级、环境信息披露评价、绿色债券评级和绿色股指研发等多个领域,助力绿色金融全面发展。此外,还应着力推进绿色信息共享平台建设,真正实现金融机构、金融监管部门以及环境保护部门之间的有效沟通,进一步提高银企对接效率,降低信息不对称所引发的信贷风险,推动绿色金融市场平稳健康发展。

(四)加大研发技术投入,推动绿色创新发展

绿色技术创新是实现绿色低碳发展的关键所在,也是绿色金融推进绿色低碳发展的重要着力点。当前正处于经济深化改革的关键时期,面临着产业转型升级、更新迭代等多重问题,更需要加大创新支持力度以增强市场竞争力。对于绿色技术创新而言,对资金的匹配程度要求更高,单靠企业自身是难以实现的,需要更多的中长期融资。因此,天津市促进绿色金融发展应综合运用各种金融资源、金融工具和金融服务,对科技型的环保企业以及由污染型向清洁型转变的传统企业提供全链条的资金支持,推动这些企业从无到有、从小到大、从弱到强地培育壮大和发展成熟。具体而言,绿色金融可以从激发政府、市场双重活力出发,积极推动企业绿色创新发展。一方面,政府可以加强金融机制方面的政策引导,为科技型企业量身打造更多适合其发展的激励措施,营造健康良好的发展环境;另一方面,市场可以充分利用优胜劣汰的竞争机制,淘汰打着"科技型""绿色环保型"名号但实质上与绿色发展毫不相干的企业,使得绿色金融促进绿色低碳发展的路径更为顺畅、效果更为明显。

参考文献

[1]周素芬、周国林:《"双碳"目标背景下我国绿色金融研究》,《中国管理信息化》2022年第11期。

[2]庞超然、李悦怡:《我国绿色金融发展形势、存在的问题和应对建议》,

《中国国情国力》2022 年第 12 期。

[4]张燕:《我国绿色金融发展对策研究——基于实现"双碳"目标》,《财务与金融》2021 年第 6 期。

[5]李晓海:《"双碳"目标打开绿色金融发展新空间》,《中国农村金融》2021 年第 24 期。

[7]王中颖、彭可欣:《绿色金融发展路径探究》,《华东科技》2022 年第 7 期。

[8]池光胜、高文君:《我国绿色债券的发展现状、问题及建议》,《中国货币市场》2021 年第 5 期。

高品质生活篇

扎实推进全体人民共同富裕的
中国式现代化天津实践思路与发展战略研究

王　刚　天津市经济发展研究院高级经济师

袁进阁　天津市经济发展研究院经济师

丁绪晨　天津市经济发展研究院经济师

中国式现代化是全体人民共同富裕的现代化,实现全体人民共同富裕是中国式现代化的本质要求。中国式现代化的发展指向是实现全体人民共同富裕的基本遵循,全体人民共同富裕与中国式现代化深度融嵌。习近平总书记指出,我国已经到了扎实推动共同富裕的历史阶段,必须把促进全体人民共同富裕作为为人民谋幸福的着力点。为深入贯彻落实党的二十大精神,天津市委、市政府积极实施"十项行动",已将"推动共同富裕取得更为明显的实质性进展"纳入建设社会主义现代化大都市高品质生活创造行动,将持续增进民生福祉、促进人的全面发展、扎实推进全体人民共同富裕作为当前的重要任务。

一、共同富裕的基本内涵

共同富裕具有鲜明的时代特征和中国特色,是全体人民通过辛勤劳动和相互帮助,普遍达到生活富裕富足、精神自信自强、环境宜居宜业、社会和谐和睦、公共服务普及普惠,实现人的全面发展和社会全面进步,共享改革发展成果和幸福美好生活。习近平总书记在2021年8月17日中央财经委员会第十次会议上发表重要讲话,强调共同富裕是社会主义的本质要求,是中国式现代化的重要特征,要坚持以人民为中心的发展思想,在高质量发展中促进共同富裕。基于学习贯彻习近平总书记重要讲话精神,我们要进一步准确把握共同富裕的科学内涵。

共同富裕是马克思主义的一个基本目标。马克思、恩格斯指出,"无产阶级的运动是绝大多数人的、为绝大多数人谋利益的独立的运动",在未来社会"生产将以所有的人富裕为目的"。可见,共同富裕是马克思、恩格斯所设想的未来社会的重要特征。

共同富裕是"共同"与"富裕"的有机统一。共同富裕首先是富裕,这是前提,也是基础。富裕是以一定的生产力发展为基础,没有生产力的高度发达,就没有社会物质财富的极大丰富和精神财富的不断积累,就无法实现全体人民的共同富裕。共同富裕是全体人民共同的富裕,是大家都有份的富裕,是"一个也不能掉队"的富裕。贫穷不是社会主义,少数人富裕、多数人贫穷不是社会主义,两极分化也不是社会主义,只有共同的富裕才是社会主义。"共同"是全体人民对于财富的占有方式,是相对于两极分化而言的;"富裕"是全体人民对于财富的占有程度,是相对于贫穷而言的。"共同"和"富裕"是有机统一的、不可分割的。

共同富裕是共建共享的富裕。共同富裕需要全体人民辛勤劳动和团结互助,人人参与、人人尽力,共同担负起推动经济社会发展的责任。共享要建立在共建的基础上,没有全体人民的辛勤劳动,也就无法创造更多的物质财富,更没有可供共享的成果。共享是中国特色社会主义的本质要求,必须坚持发展为了人民、发展依靠人民、发展成果由人民共享,作出更有效的制度安排,使全体人民在共建共享发展中有更多的获得感,增强发展动力,增进人民团结,朝着共同富裕的方向稳步前进。

共同富裕是全民富裕、全面富裕。共同富裕是全体人民共享改革发展成果,过上幸福美好的生活,而不是只有少数人富裕起来。共同富裕是全面的富裕,实现共同富裕不仅是经济问题,不能局限于经济收入,而是要把人民群众获得感、幸福感、安全感考虑进来。要按照经济社会发展规律循序渐进,自觉主动解决地区差距、城乡差距、收入差距等问题,既要不断增加经济收入,又要确保精神是富有的、生态环境是友好的,实现人的全面发展和社会的全面进步。

共同富裕是分先后的分步实现富裕。要强调先富带后富、先富帮后富。就每个劳动者来说,他们的智力、体力和技能不同,所获得的收入也不一样,不可能同步实现共同富裕。就每个地区来说,各地区经济社会发展条件和基础不同,也不可能同步实现共同富裕。共同富裕是我们的方向和目标,在实现过程中总是会有一部分人、一部分地区先发展起来、先富起来,总是会有一部分人、一部分地区处在一个相对落后的状态,那么先富起来的人和地区,就有责任来帮助后发展起来的人和地区,形成先富带后富的前进局面。党的十八大以来,我们把脱贫攻坚作为重中之重,使现行标准下农村贫困人口全部脱贫,就是促进全体人民共同富裕的一项重大举措。

共同富裕既是奋斗的目标也是历史发展过程,要把握好尽力而为和量力而行、公平和效率的关系。统筹需要,把保障和改善民生建立在经济发展和财力可持续的基础之上,重点加强基础性、普惠性、兜底性民生保障建设。不能指望在很短的时间内就达到非常理想的状态,需要经过长时间的艰苦努力才有可能把事情办好。我们要对共同富裕的长期性、艰巨性、复杂性有充分估计,不能做超越阶段的事情,要量力而行,不能犯急于求成的毛病,不能脱离我国正处于并将长期处于社会主义初级阶段的实际情况,不能超越发展水平。同时也要认识到,我国处于社会主义初级阶段并不是说在逐步实现共同富裕方面就无能为力和无所作为,而是要把能做的事情尽量做起来,尽力解决面临的实际困难,不断朝着全体人民共同富裕的目标前进。

推动共同富裕是一项系统工程,不仅涉及经济建设,也涉及社会建设、文化建设、生态文明建设,更涉及政治建设,事关党的执政基础。要注重顶层设计和整体谋划,这样才能使各项政策在取向上相互配合、在实施过程中相互促进、在实际成效上相得益彰。要始终把满足人民对美好生活的新期待作为发展的出发点和落脚点,在实现中国式现代化过程中逐步解决问题,不断满足人民群众多样化、多层次、多方面的需求。

二、推进全体人民共同富裕的
中国式现代化天津实践的基础

(一)经济持续健康发展

经济高质量发展迈出坚实步伐。2022 年,天津实现地区生产总值 16311.34 亿元,比 2021 年增长 1.0%,增速列直辖市第 2 位,三次产业比重为 1.7:37.0:61.3;天津人均地区生产总值 119235 元,比上年增长 1.8%。现代产业加快发展,制造业高质量发展扎实推进,以智能科技为引领,以生物医药、新能源、新材料为重点,以装备制造、汽车、石油化工、航空航天为支撑的 "1+3+4" 现代工业产业体系加快构建,规模以上工业总产值为千亿级的行业达到 9 个,12 条重点产业链增加值合计占规模以上工业的 77.9%;规模以上服务业企业营业收入比 2021 年增长 4.4%,其中商务服务业和专业技术服务业营业收入分别增长 24.3% 和 11.0%。

(二)生活质量不断改善

居民收入保持平稳增长,2022 年全市居民人均可支配收入 48976 元,比 2021 年增长 3.2%。近两年居民消费支出受疫情影响出现负增长,但随着我市居民收入水平提高,居民消费的质量和水平不断提升,发展型和享受型消费比重在逐步上升,由 2020 年的 39.35% 上升到 2022 年的 41.22%。城乡收入差距持续缩小,2022 年城乡居民收入之比为 1.83,连续 4 年缩小,位居全国前列。就业质量稳步提高,2022 年新增就业 36.05 万人,城镇调查失业率控制在 5.5% 以内。

(三)文化生活显著提质

文化事业蓬勃发展,截至 2022 年末,天津共有艺术表演团体 258 个,文化馆 17 个,博物馆 72 个,公共图书馆 20 个,街乡镇综合文化站 257 个,全市公共图书馆、文化馆、基层综合性文化服务中心均实现免费开放。全民阅读活动扎实推进,连续4年开展最美书店评选活动,在10个涉农区(环城区)建设农村书屋3000余个。2022年人均教育文化娱乐消费支出2546元,占人均消费支出的8.1%。城市信用环境持续优化,在国家发布的全国36个省会和副省级以上城市信用状况排名中位列第6名。乡村社会文明程度显著提高,宝坻区周良街道周良庄村和武清区王庆坨镇大范口村获评第三届全国村级"文明乡风建设"典型案例。

(四)生活环境持续美化

生活环境更加宜居,2022年天津城镇老旧小区改造实现开工177个小区,惠及居民10万户。在全国率先出台碳达峰碳中和促进条例,构建"1+N"政策体系。绿色低碳发展能级不断提升,2022年天津单位地区生产总值能耗同比下降2%,2021—2022年累计下降7%。生态环境质量显著改善,"十四五"以来,天津$PM_{2.5}$年均浓度从48微克/立方米下降到37微克/立方米,累计下降22.9%,优良天数比率从66.9%提高到73.2%,重污染天数从11天下降到4天。国控断面优良水体占比提升到58.3%,劣V类水体持续保持全面消除,近岸海域优良水质保持稳定。持续推进"871"重大生态保护修复工程,蓝绿空间占比达到65.1%。

(五)社会更加和谐和睦

城市治理更加高效。探索开展以社区为平台、社会工作者为支撑、社区社会组织为载体、社区志愿者为辅助、社区公益慈善资源为补充的"五社联动"社区治理创新机制。推出和平区"磐石"成长计划,打造了专业化职业化社区工作者队伍等11个基层治理创新典型案例。经济社会发展环境健康稳定。紧紧围绕影响人民群众安全感的突出问题,统筹推进严打、严防、严管、严控各项举措,确保社会面治安秩序平稳。宝坻区、滨海新区被评为全国首批社会治安防控体系"示范城市"。出台《天津市生产安全事故防范和整改措施落实情况评估办法》,全面压实安全生产工作责任。市区应急避难场所建设及配套设施加快建设,截至 2022 年末,全市共挂牌建设中心、固定、紧急应急避难场所合计 2600 处,可容纳避难人数 2400 余万人。

(六)公共服务体系不断完善

多层次社会保障体系不断健全,截至 2022 年末,天津参加城镇职工养老保险、城乡居民养老保险人数分别达到 800.06 万人、171.56 万人,参加城镇职工基本医疗保险、城乡居民基本医疗保险人数分别达到 642.60 万人、533.80 万人。卫生健康体系建设不断完善,截至 2022 年末,天津共有各类卫生机构 6282 个,卫生机构床位 6.85 万张,卫生技术人员 12.44 万人。2021 年天津人均预期寿命达 82.03 岁,位居全国前列。教育事业优质均衡发展,截至 2022 年末,全市共有研究生培养机构 24 所、普通高校 56 所、中等职业教育学校 58 所、普通中学 542 所、小学 884 所、幼儿园 2257 所。城市基础设施建设成效明显,2022 年全年城市公共交通客运量 7.6 亿人次;截至 2022 年末地铁运营总里程达 286 公里,公路里程达 15230 公里。

三、存在的问题

(一)经济动能不足收入差距拉大

经济增长动能衰减,新旧动能接续转换尚未完成。天津经济增速自"十二五"时期开始放缓,自 2016 年以来持续低于全国平均增速。行业间收入分配差距对整体收入分配差距结构产生巨大影响。近年来经济转型步伐不断加快,就业结构也随之调整,技能要求高的行业收入增速高于技能要求低的行业,垄断性行业收入增速高于竞争性行业,行业收入的绝对差距和相对差距出现同步扩大。从不同行业城镇非私营单位就业人员的年平均工资水平及变化看,在国民经济的 19 个门类中,最高收入行业与最低收入行业的收入比由 2015 年的 3.4 上升到 2022 年的 5.0,收入差距由 2015 年的 94793 元扩大到 2022 年的 159299 元。

（二）文化生活不够丰富多彩

作为历史文化名城,天津虽然拥有享誉海内外的漕运文化、杨柳青年画等文化名片,但本地文化品牌没有较好地转化为文化价值,没有转化为更加优质的文化服务产品。与先进省区市相比,天津人均教育文化娱乐支出处于较低水平,2015 年以来天津与上海始终差距较大、与北京差距逐年有所减小、与浙江差距较小。2021 年天津的文化旅游体育与传媒支出占一般公共预算支出的 1.17% ,低于北京、上海和重庆。天津的文化产业尚未形成较大规模,可供人民享有的文化产品数量和服务质量相比先进省区市竞争力不足,如 2021 年天津仅有 989 家规模以上文化及相关产业法人单位,不足北京的五分之一、上海的三分之一、浙江的五分之一。体现天津水准和天津特色的文化精品力作不够多,特别是能够叫得响、传得开、留得下的文化产品和服务还有欠缺。

（三）生态环境质量提升难度较大

能源结构调整制约加大,能源消费强度偏高,生态环境质量还需提升。天津作为传统的工业城市、港口城市,存在电力、钢铁、石化等高耗能高污染行业占比高、业态偏旧,能源结构偏煤、效率不高,交通运输结构偏公、柴油货车尤其偏多的问题,水和大气主要污染物单位面积排放强度全国排名靠后,非清洁货运量占比超过三分之二,结构性、根源性问题短期内难以从根本上改变。天津地处大气扩散条件差的京津冀区域、水资源开发利用强度大的海河流域、洋流活动弱的渤海湾湾底,生态环境基础条件薄弱。大气环境质量受气象条件影响而明显波动,夏季臭氧污染超标发生时间提前、峰值高且难降,提高优良天数比例的瓶颈难以突破,消除重污染天气任务艰巨。与其他城市相比,自 2017 年以来天津空气质量优良天数比例低于北京。2022 年天津空气质量优良天数比例为 73.2% ,明显低于全国(86.5%)、上海(87.1%)、浙江(89.3%)。海河流域上游来水量少、质差,生态用水极度短缺,严重制约优良水质比例。汛期叠加上游水携污入海,造成近岸海域水质大幅波动。

（四）社会治理实际运行有弱项

社会治理手段、能力和保障等方面依然存在不足。尤其是作为群众参与社会治理和公共服务重要载体的社会组织发展滞后于国内其他省区市。近几年由于业务主管部门缺少对社会组织准入条件、设立标准、资质要求、业务开展等方面的政策设计，相关社会组织出现登记困难。天津与北京、上海、浙江、江苏等先进省区市相比社会组织发展明显滞后，2021 年天津社会组织数量大致达到上海的三分之一，不足北京的一半、浙江的十一分之一、江苏的十四分之一。交通安全事故整治效果不明显，交通安全方面仍有短板。

（五）公共服务仍需补足短板提质增效

受政府财政投入不足、缺乏超前谋划和总体统筹等因素影响，公共服务与人民群众的需求仍存在一定差距。养老服务和产品有效供给相对不足，养老机构床位紧张问题日益突出，中高端服务供给尚需提质增效。2021 年天津 65 岁及以上人口占人口数的 15.9%，均超过北京、全国 1.7 个百分点，但每千老年人口养老床位数为 23.3 张，分别比北京、上海、全国低 5 张、5.4张、7.2 张。2022 年婴幼儿托育服务水平距离每千人口托位数约 2.5 个的全国水平仍有不小差距。灵活就业劳动者社保权益保障不足，基层救助力量和能力有待提高，针对低保边缘家庭和支出型困难家庭的救助政策还有待健全，中心城区各区人均体育场地面积与全市平均水平还存在较大差距，优质医疗卫生、教育等资源不均衡问题仍然存在。2021 年天津教育、社会保障和就业、卫生健康的支出占一般公共预算支出比重分别为 15.2%、18.97%、5.79%，其中，教育支出占比分别低于北京 0.73 个百分点和重庆 1.24 个百分点，卫生健康支出占比亦低于北京、上海和重庆，表明天津财政资金在教育、卫生健康投入力度偏少。

四、关于实践思路与发展战略的建议

（一）夯实生活富裕富足经济基础

着力夯实实体经济根基，加快构建"1＋3＋4"现代工业产业体系，集中攻坚重点产业链。全面推行"链长制"，培育有牵引力的"链主"企业，提升信创、集成电路、生物医药、新能源新材料等产业链发展能级。加大重大工业项目筹划力度，推动集成电路、新能源新材料等大项目投产，加快形成国内具有重要影响力的产业集群。强化科技创新的支撑引领作用，加快推进国家重点实验室、海河实验室、科研机构、合成生物技术创新中心等重大科技创新平台建设发展，系统布局制造业创新中心、技术创新中心、产业创新中心等国家级创新平台。加快国际消费和区域商贸"双中心"城市建设，持续推动海河国际消费季活动，大力发展消费新业态新模式，拓展消费新领域。加快构建内外联通、安全高效的物流网络，加大农村地区数字化通信和数字平台基础资源建设投入，促进农村居民消费潜力释放。全面提升数字化技能人才供给能力，深入实施高校毕业生就业创业促进计划，拓宽农村劳动力就地就近就业、外出就业和返乡创业渠道，加强对垄断性行业收入的指导和监管。

（二）促进人民精神生活共同富裕

实施文明创建工程，继续开展文明村镇、文明家庭、文明单位创建，加强网络文明建设，加强家庭、家教、家风建设，提高群众文明素养，推进社会公德、家庭美德、个人美德形成。深入推进全民阅读，弘扬诚信文化，广泛开展志愿服务关爱行动，推动形成适应中国特色社会主义现代化要求的思想观念、精神面貌、文明风尚、行为规范。挖掘优秀历史文化资源，传承津沽大地历史文脉，着力打造一批思想精深、艺术精湛、制作精良的文艺精品。推进文化产业与旅游、制造、设计、健康产业的融合发展，支持"老字号"文化企业规模发展，引进和培育文化产业龙头企业，壮大文化产业规模。建设高质量的公共文化服务体系，完善公共文化设施的建设标准和服务标准,推进公共文化服务设施网络化建设,增加群众文化活动场馆面积,推进图书馆、文化馆、美术馆、博物馆等公共文化场馆数字化发展,推动更多文化产品和服务向基层下沉,促进文化惠民工程与群众文化需求有效对接。

(三)全面提升生态文明建设水平

加强重点工业领域节能减碳,以石化、化工、煤电、建材、有色、钢铁等行业为重点,实行清单管理、分类处置、动态监控,推动能源系统优化和梯级利用。推进污染排放、碳排放"双零"试点建设,在工业、建筑、交通和居民生活等重点领域,挖掘新能源和清洁能源替代潜力。健全绿色产业发展促进机制,加快推动产业园区绿色低碳循环发展,制定绿色产业指导目录,开展绿色产业示范基地创建,培育壮大绿色环保产业。统筹山水林田湖海草一体化治理,推动"双城"间绿色生态屏障内各类城市绿化建设,加强城市公园绿地、城郊生态绿地、绿化隔离地等建设,优化城市公园布局,提升"871"重大生态工程"水库、粮库、钱库、碳库"功能,巩固提升森林碳汇能力。突出精准治污、科学治污、依法治污,继续开展污染防治行动,强化氮氧化物和挥发性有机物协同治理,分类整治68 个入海排口、巩固提升 12 条入海河流水质,强化京津冀生态环境联建联防联治,以更高标准打赢蓝天、碧水、净土保卫战。

(四)打造社会和谐和睦安全城市

夯实社会治理根基,发挥党组织总揽全局、协调各方的作用,有效破解基层治理结构"碎片化"难题,持续深化"战区制、主官上、权下放"党建引领基层治理创新。大力培育扶持公益性、服务性、互助性社区社会组织发展,推广促进社会和谐的枫桥经验,扶持发展社区社会组织规范发展,形成有效的社会治理、良好的社会秩序。深化视觉识别、安全物联网、数字孪生等技术在城市治理中的融合应用,提升城市治理智慧化水平。提高社会安全水平,压实安全生产责任,大力提升社会治安防控体系效能,严密防范和严厉打击各类违法犯罪,提升执法司法公信力。增强交通运输网络韧性,加强交通安全监测预警,加强重大风险源识别和全过程动态监测分析、预测预警。提升食品安全能力和保障水平，提升群众对食品安全的满意度，建立科学高效的全过程、全链条监管体系，创新食品安全年度考核方式，推动食品安全治理体系和治理能力现代化。

（五）推进公共服务补短板提质效

推进社区托育设施建设，规模在1万人以上的新建居住区，原则上按照不少于4托位/千人的标准，结合幼儿园配置情况规划建设婴幼儿照护服务设施，引导各类主体提供普惠性托育服务。发挥市内六区优质教育资源辐射作用，采取集团化办学、合作共建等方式，在环城四区设立校区或分校，增强环城四区生源吸附能力。深化中小学教师"区管校聘"管理改革，推进学校教师交流轮岗制度化、常态化。推动优质医疗资源扩容下沉，平衡优质医疗资源在全市域布局，发展社区医院，加强门急诊和住院能力建设，全面提升基层医疗和公共卫生服务能力和水平。推动以建设、购置、置换、租赁等方式补齐老旧小区养老服务设施短板，加快推进照料中心社会化运营，推进具备综合功能的街道（乡镇）养老服务综合体建设，稳步推进长期护理保险试点。深入实施全民参保计划，积极促进有意愿、有缴费能力的灵活就业人员以及新就业形态从业人员等参加社会保险，建立低收入群体精准识别机制，及时科学调整最低生活保障标准。

参考文献

[1]《1999年2月20日：中国跨入老年型社会》，《人口研究》1999年第5期。

[2]董克用、张栋：《高峰还是高原？——中国人口老龄化形态及其对养老金体系影响的再思考》，《人口与经济》2017年第4期。

[3]谭怡欣：《探索适合天津市的机构养老模式》，《财经界》2019年第7期。

[4]谢钧、谭琳：《城市社会养老机构如何适应日益增长的养老需求？——天津市社会养老机构及入住老人的调查分析》，《市场与人口分析》2000年第5期。

［5］赵濛濛：《社区养老模式下老年人社会服务需求调查——以天津市 H 区为例》，《学理论》2017 年第 11 期。

［6］刘小军、杨敏、王玉婧：《供给侧视角下天津市养老服务业》，《天津经济》2019 年第 5 期。

［7］白莹：《天津市社区智慧养老的需求现状与对策研究——以天津市新闻里社区为例》，天津财经大学硕士学位论文，2020 年。

［8］奚佳慧：《上海市浦东新区社区智慧养老服务供需匹配研究》，华东师范大学硕士学位论文，2022 年。

［9］邓大松、李玉娇：《医养结合养老模式：制度理性、供需困境与模式创新》，《新疆师范大学学报（哲学社会科学版）》2018 年第 1 期。

［10］车德欣、戴美媛、吴非：《企业数字化转型对融资成本的影响与机制研究》，《金融监管研究》2021 年第 12 期。

通过数字化服务平台
破解天津市养老业发展瓶颈对策研究

天津财经大学课题组①

在养老服务业领域,数字技术的广泛应用和各类数字化服务平台的兴起催生了多样化的新型养老服务机构,正在重塑养老服务业发展模式。对天津市养老服务业发展现状的调研和国内先进经验的考察发现,在该行业中积极运用数字技术构建各类数字服务平台成为破解天津市养老服务业发展瓶颈的一个着力点。为此,本文首先在人口老年化背景下从供需两侧考察天津市养老服务业发展瓶颈;其次以国内一些典型经验为例,介绍了运用数字技术促进养老服务业发展的新模式;再次从专业人员供给、"数字鸿沟"、先进模式探索和产业规划等方面分析了制约天津市养老服务业数字化发展的主要因素;最后从劳动力市场、企业运营成本、"互联网 + 养老"模式三个方面提出促进天津市养老服务业数字化发展的对策建议。

一、天津市养老服务业发展瓶颈

(一)养老服务需求侧现状

1. 天津市人口老龄化现状

根据国际标准,当一个国家或地区 65 岁及以上的人口在总人口中的占比超过 7%,或 60 岁及以上的人口在总人口中的占比超过 10%,则说明这一国家或者地区已进入老龄化社会。2000 年以来,我国 65 岁以上人口数量逐年攀

---

① 执笔人马国旺,课题组其他成员:赵晓倩、郭佳敏、白子瑞、刘洋

升,占比不断增加。2021 年我国 65 岁以上人口达 20056 万人,占比为 14.2%(见图 1)。第七次全国人口普查显示,我国 60 岁及以上人口为 26402 万人,占比 18.70%(其中,65 岁及以上人口为 19064 万人,占比 13.50%)。与 2010 年相比,60 岁及以上人口的比重上升 5.44 个百分点。可见我国人口老龄化程度持续加深,即将进入中度老龄化社会。

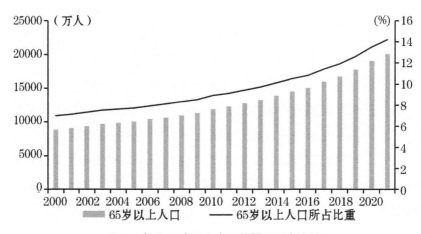

图 1　我国 65 岁以上人口数量及所占比重

数据来源:中国统计年鉴。

自 2002 年以来,天津市 65 岁以上人口数量呈上升态势,2020 年天津市 65 岁以上人口达 204.57 万人。虽然 2002—2018 年 65 岁以上人口占比基本稳定在 11% 左右,但 2018 年以来 65 岁以上人口占比逐年攀升,2021 年这一占比已达到 15.92%。此外,第七次人口普查数据显示,天津市 60 岁及以上人口占比为 21.66%,高于全国平均水平。

天津市人口老龄化主要体现在以下三个方面。一是老年人口基数大、增长快,近年来老龄化不断加速。二是老年人口分布差异大。三是少子老龄化、高龄化、空巢化、家庭小型化"四化"叠加。

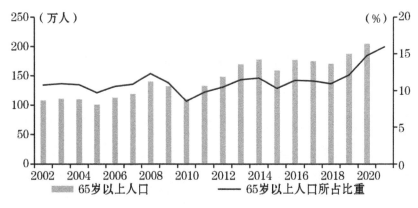

图2　天津市65岁以上人口数量及所占比重

数据来源:中国统计年鉴、中国人口普查资料2010、中国人口普查年鉴2020。

2. 天津市养老服务需求

鉴于天津市老年人口数量及所占比重迅速上升,"空巢"家庭日益增加,孤寡老人和高龄老人不断增多,女性老人和低收入老人比例较高等特点,天津市居民对社会养老的需求可概括为以下两点。

第一,在对养老服务主体的选择方面,大多数老年人希望政府与社区居委会作为提供养老服务的主体,对政府和社区居委会提供的服务比较信任。有学者调研发现,73.5%的老年人希望政府及社区居委会为其提供养老服务;11.5%的老年人希望养老服务企业为其提供养老服务;8.5%的老年人希望"老协"为其提供养老服务;3.5%的老年人希望志愿者为其提供养老服务;2.5%的老年人希望社区民间组织为其提供养老服务。

第二,在服务需求内容方面,首先是对养老机构或养老社区的基础设施建设存在较大需求,譬如完善无障碍设施,改善卫生环境等。养老环境是否舒适、生活服务设施是否完备等将直接影响老年人的生活质量。其次是对医疗保健和居家生活照料存在较大需求。老年人对医疗保健服务的需求较高,且倾向于使用社区医疗保健服务。同时,老年人倾向于使用医护上门服务,对居家生活照料的需求很大。最后,老年人对精神文化服务具有较高需求,对养老服务的需求日益个性化和多元化。

(二)养老服务供给侧状况

相较于养老服务需求,天津市养老服务的供给远远不足。不足不仅体现在数量和质量上,还体现在结构上。

1. 供给数量和质量方面

养老服务供给数量不足。自 2016 年以来,天津市老年日间照料服务中心数量大致维持在 1200 个左右,床位大致维持在 10000 张左右。2018 年老年日间照料服务中心数量激增,但随着养老机构整合,一批不合格的养老机构被关停,2019 年老年日间照料服务中心数量又骤降。目前这个供给数量不能满足老年人数量不断上升的需求。除有效供给数量较低,由于经营方式和服务内容比较传统,有效供给质量不能满足养老服务项目个性化和质量升级的需要。

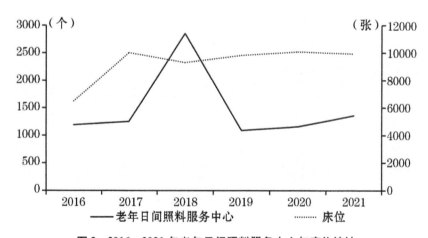

图 3 2016—2021 年老年日间照料服务中心与床位统计

数据来源:天津统计年鉴。

专业护理人员匮乏。由于养老服务机构给予护理人员的工资、福利待遇相对较低,来津务工人员在社会保障、子女就学、职业培训等方面无法获得保障,年轻人甚至护理专业的大学生也不愿意到养老机构工作,因此目前我国登记在册的养老机构护理人员仅 70 余万人,年龄大多处于 45 岁左右,服务人员与养老机构入住老人之比为 1:7.8。天津市拥有专业技术、技能服务人员与在院老人比例为1∶6,专业技术技能人员与年末床位比例为1∶10,人才队伍供给严重不足。

2.供给结构方面

首先,存在供给的城乡分布失衡问题。以2016年为例,城市养老服务机构床位数为35796张,农村养老服务机构床位数为9225张,城市与农村床位比为4∶1。

其次,从供给层次来看,养老服务业低端供给较多,高端供给不足,很难满足不同收入层次的老年人多元化的服务需求。根据2022年天津统计年鉴,截至2021年,老年日间照料服务中心有1357个,床位有9909张,以低端供给为主。

最后,供给机构入住率差异较大。目前公立机构入住率高于民营机构,天津市级国办养老院入住率最高,其次是区级国办养老院,而民办养老机构的入住率偏低。

二、国内依托数字服务平台 提升养老服务供给质量典型经验

随着人口老龄化趋势加深,老年人的照料问题受到越来越多关注。依托雄厚的经济实力和数字技术优势,杭州市和上海市已率先探索运用数字化技术发展养老服务业的新模式。通过不断推进智慧养老项目,杭州市和上海市的老年人生活质量得到了显著提高,政府、社会与市场之间的关系更加清晰,市场在资源配置中的决定性作用得到充分发挥,养老市场更加开放、透明,为老年人提供的服务更加主动和到位。

(一)杭州市智能养老的先进经验

杭州市于2017年初正式启动了"智能养老"综合服务项目,养老服务热线"96345100"随之开通,建立了统一的智能监管评级系统,积极利用大数据、物联网、人工智能等技术提升和更新针对老年人的传统护理服务。其主要做法

如下。

首先,统一服务供给商的品质资格库,标定相关的招标价格,注重对服务质量的评估,加强监督,防止恶意招标和低价招标,形成有序竞争。

其次,制定了面向老年人的智能护理服务的目标,尤其针对三类人:70 周岁以上的空巢、孤寡、独居老人,80 周岁以上的高龄老人以及政府购买的服务对象。该举措涵盖了所有享受政府养老金服务补贴的老年人。

最后,在服务过程中,以"两平台—两中心"为代表,建立完善的智能化的监管体系。"两平台"为市级养老服务综合信息平台(平台数据将作为监管平台基础数据)和市级监管平台(对各区平台提供的养老服务效率、成果、满意度等内容进行全方位的评估和监管)。这两个平台的数据可以动态反映服务提供商的实际服务状况,并作为评估服务提供商和财政部门拨款的主要依据。"两中心"为"96345100"呼叫中心(全市统一的养老服务热线)和市智慧养老展示中心(记录智慧养老发展历程,以直观的方式在大屏幕上展示各类养老服务的成效)。

(二)上海市浦东新区智慧养老的先进经验

围绕"老有所养、老有所托、老有所乐"的目标,上海市浦东新区全力打造"15 分钟养老服务圈",构建"五位一体"养老服务体系。浦东新区以科技助老为手段,以智慧养老为载体,推动养老服务体系不断完善、养老服务不断提质增效。下面通过一些智慧养老服务的微场景说明该经验。

1. "综合为老"服务中心智能设备

某"综合为老"服务中心建筑面积近 1300 平方米,共有两层。一楼设置了长者食堂、辅具租赁、科技助老服务、中医诊所以及便民服务等功能区,实现饮食、娱乐、医疗、学习一站式服务;二楼设置日间照料中心、认知训练营等功能区,提供智能设备帮助老年人康复和娱乐,定期开展包括手机等智能设备的培训课程,帮助老年人使用电子产品。除了日间照料区域,其他区域均为公共开放区域,面向所有社区老人开放。其中助餐点为老年人每天提供餐食,拥有"智能结算系统"机器,通过对餐盘的扫描,可以快捷出账,方便结算,提升用餐体验。老年人还可在"浦老惠"平台订餐送餐上门,方便快捷。

2. 认知症障碍智能系统

在综合服务中心,配备有专业认知症障碍检测设备,为老年人提供认知症障碍评估、筛查、建议、干预方案、后续服务等一系列服务,老年人可以通过该智能系统获得专业的检测以及后续的干预治疗方案。

三、制约天津市养老服务业数字化发展的主要因素

杭州市和上海市探索数字化养老模式的典型经验表明,在从传统养老院向现代养老机构发展过程中,数字技术和数字服务平台在增加养老服务有效供给、提升服务供给质量、降低企业运营成本等方面发挥了关键的技术支撑作用;各类数字服务平台的兴起催生了多样化的新型养老服务机构,正在重塑养老业发展模式。结合对天津市养老业发展现状的调研和国内先进经验的考察,我们认为在该行业中积极运用数字技术构建各类数字服务平台成为破解天津市养老业发展瓶颈的一个着力点。面对这种发展趋势,揭示制约天津市养老服务业数字化发展的主要因素具有重要的实践意义。

(一)掌握数字化专业化技能的养老护理人员供给不足

养老事业的高质量发展需要高质量的专业护理人员。目前养老护理人员的专业技能水平普遍不高,护理人员的年龄偏向于中高龄群体,在接受数字化技术方面存在一定困难,具有老年保健知识和护理能力的专业化服务人员供给不足,也缺乏系统的、专业化的职业技能培训体系和人才管理机制。另外,在养老服务业中,外省农民工占较大比例,他们通常在劳动力市场中遭受一定的就业和社会保障歧视,尤其年轻劳动力面临子女就业难、居住难等现实问题。这种情况一方面造成外地养老护理人员的职业稳定性较差,另一方面不能有效吸引外地年轻人从事该行业。

（二）传统养老院存在"数字鸿沟"

传统养老院在运用数字技术方面存在困难,对数字技术的需求较低。在传统养老院中,护理人员的平均年龄偏大,多在 50 岁左右,他们不熟悉相关知识和技术,且培训难度和成本都较高。由于护理人员普遍缺乏数字技术相关知识,在传统养老院中智能设备的引进受到"数字鸿沟"的限制,对智能技术的运用程度很低,不能通过大数据集成、互联网分析等技术满足老年人不同层次的需求。另外,应用智能设备较高的成本也导致传统养老院不能突破"数字鸿沟"。

（三）对养老服务业数字化发展缺乏先进的示范模式和系统的产业规划

目前养老服务主体与"互联网＋"融合发展总体上呈现散乱状态。譬如,养老服务信息平台功能重叠、服务内容交叉;养老服务的各类资源处于碎片式、割据式、混乱式的发展,很多养老资源未被充分利用;政府制定的养老服务政策多为指导性文件,不能够精准指导养老服务业发展;养老机构的服务水平参差不齐,缺乏统一的行业标准。总之,由于缺乏先进的示范模式和系统的产业规划,"互联网＋"养老模式发展潜力没有被充分挖掘出来,不能通过数字化转型化解养老需求和养老供给之间的结构性矛盾,"物美价廉"的养老服务有效供给不足。

四、促进天津市数字化养老服务业发展的对策建议

（一）培育和优化数字化养老服务劳动力市场

首先,扩大养老服务人员的劳动力市场供给。目前在天津市养老服务人员中外省市人员有一定的占比,尤其以外省市的农民工居多,他们在劳动力市场通常遭遇户籍、子女入学、岗位培训补贴、社会保障等方面的不公平待遇。政府

应通过相关政策调整以吸引津外人员,在数量上扩大天津市养老服务人员劳动力市场供给。

其次,提升养老服务人员数字化业务能力。数字技术在养老服务业中的广泛应用对传统养老服务模式和服务项目提出挑战,它要求培养既掌握数字技术又具备养老服务工作技能的专业化人才。因此,在养老服务业中开展产学研合作势在必行。一方面,养老部门(现代养老企业、传统养老院等)联合职业院校、普通高等院校开展校企合作,对现有从业人员进行专业化培训,提升养老服务人员业务能力;另一方面,针对人口老龄化、少子化压力和养老服务业高素质劳动力有效供给不足的客观现实,职业院校和普通高等院校也亟须优化专业和人才培养方案,为养老业持续培养和输送新型的专业化的养老护理人员。

最后,加大吸引年轻人从事养老服务业的社会舆论宣传力度。目前从事养老服务工作的人员年龄多在 45 岁以上,不少年轻人对该行业的发展现状和未来前景认识不足,甚至认为从事该工作不够体面,这是制约年轻人进入该行业的重要主观因素。为此,在职业院校和普通高等院校以及其他社交平台中加大就业宣传力度至关重要。

(二)通过数字化转型降低养老机构运营成本

其一,通过数字化转型降低养老业的融资成本。养老服务业的数字化转型有助于强化企业内部控制和财务稳定,进而降低融资成本。养老机构应抓住数字技术在本行业中的发展机遇,实现数字化转型,从技术支撑和经营模式上降低融资成本。

其二,通过数字化转型降低人工成本,提升服务质量和效率。通过开发各类数字化养老服务平台终端设备和高精度的健康医疗数据采集设备,借助相关通信网络,实现对老年人各项异常生理数据的监测与预警,能在最短的时间内实现紧急救护,提升养老服务人员的服务效率,实现减员增效。

(三)构建具有天津特色的"互联网+养老"模式

首先,加快制定天津市数字化养老服务技术标准,推进数字化养老服务平台的规范化、标准化建设,让数字化养老服务进社区、进家庭,建设具有示范意义的数字化医养平台、养老社区和养老院,为不同需求的老人及家庭提供全面、精准、多样、便捷、智能的养老服务。

其次,建设全市统一的数字化养老服务体系。通过搭建政府、社会组织、企业之间的合作平台,整合养老服务、医疗康复、产品流通、科技研发、护理培训等企业资源,把智能养老服务作为一个新型行业组织起来。通过政社互动、政企互动,形成市、区、街道三级养老服务系统,为智能居家养老服务企业提供政策咨询、经验交流、协同发展的平台。通过物联网、大数据等新技术,建立天津市"银发族"健康档案数据库,构建多层次可视化数字养老服务系统,开发与智能设备、医疗设备对接的智联网养老系统以及集信息系统、专业服务、智慧养老产品于一体的综合服务平台。

最后,借助数字技术满足养老服务的个性化、多样化需求。基于大数据分析,充分了解老年人的实际需求,提供个性化、多样化、针对性强的高级服务项目,提高服务质量。例如,除了"助急""助餐""助聊""助浴""助医""助洁""助行"等基本需求服务,还可以将互联网医院接入智慧养老服务平台,提供健康体检、护理照料、饮食清单和预约提醒等功能;引入商业运营机构和社会组织开展送药到家服务,打通居家智慧医疗养老服务网上"最后一公里",最大限度提高居家养老的就医便捷度。

天津市推动构建生育友好型社会研究

李　李　天津市经济发展研究院高级经济师

着力构建生育友好型社会是应对人口变化新挑战、促进人口代际均衡发展的必然要求,有助于持续优化人口结构。人口问题始终是我国全面建成社会主义现代化强国过程中需要面对的全局性、长期性、战略性问题。生育政策具有长周期特征,解决低生育问题是世界性难题。从当前的人口发展情况看,我国育龄妇女总和生育率已处于较低水平,有效提高民众低生育率需要对症下药。因此,加快构建生育友好型社会,是我国面对新形势和新特征做出的必然选择。2016年"全面二孩"政策开始实施,表明我国人口政策开始全面调整和优化。2021年《中共中央国务院关于优化生育政策促进人口长期均衡发展的决定》,作出实施三孩生育政策及配套支持措施重大决策,开启我国人口发展新阶段。党的二十大报告强调"优化人口发展战略,降低生育、养育、教育成本"。着力构建生育友好型社会,有利于保持人力资源禀赋优势,应对世界百年未有之大变局,有利于平缓总和生育率下降趋势,保障适度生育水平。

一、生育友好型社会的概念界定

(一)生育友好型社会的定义

生育友好型社会的含义较为丰富。从内涵上讲,生育是"生"与"育"的结合,"生"是人口的生产过程,"育"是指抚育、养育和教育的过程。"生""育"的主体都是育龄妇女及其家庭。"友好"是指生育的主体愿意将生育的意愿转变为实际的生育行动,且整个过程是友善的、和谐的,体现了对生育主体生育行为的尊重和自由决策权的包容。因此,生育友好型社会是一种社会特征,在这样的社会中,生育主体可以享有多样化、差异化的生育意愿和生育行为,民众的生育行为被充分尊重和肯定,且对生育给予全方位、多角度、全过程的支持,目的在于让育龄人口"孕得优、生得安、育得好"。从外延上讲,生育友好型社会意味着国家需要建立完善系统性、科学性的公共政策,不断塑造健康积极的婚姻文化、生育文化,积极回应生育主体的生育意愿,不断完善生育的公共服务措施和配套政策体系。同时,生育友好型社会的构建是由多主体共同参与的复杂的系统性工程,既体现在文化价值层面、政策设计层面,也体现在问题导向层面和制度构建层面。

(二)生育友好型社会的评价标准

生育友好型社会的评价标准应当包括政策友好、文化友好、家庭友好、女性友好、儿童友好、职业友好等多方面的评价指标。本文梳理了 12 个具有一定代表性的指标用于评价生育友好型社会的发展程度,如每千人口拥有 3 岁以下婴幼儿托位数、公立幼儿园数量、0~3 岁婴幼儿入托率、婴幼儿照护专业人才数、孕产妇死亡率、产前筛查率、结婚率、夫妻双方育儿假数量、男女劳动参与率差距、企业就业人员周平均工作时间、房贷收入比等,详见表 1。

表 1　可衡量生育友好型社会的评价指标

数量	指标名称	类型	正/负向
1	每千人口拥有 3 岁以下婴幼儿托位数(个)	儿童友好型	+
2	幼儿园数量(个)	儿童友好型	+
3	0~3 岁婴幼儿入托率(%)	儿童友好型	+
4	保育服务人员持证上岗率(%)	儿童友好型	+
5	千名儿童儿科医师比例(%)	儿童友好型	+
6	孕产妇死亡率(%)	女性友好型	−
7	产前筛查率(%)	女性友好型	+
8	结婚率(%)	女性友好型	+

数量	指标名称	类型	正/负向
9	夫妻双方育儿假数量(天)	家庭友好型	+
10	房贷收入比(%)	家庭友好型	−
11	男女劳动参与率差距(%)	职业友好型	−
12	企业就业人员周平均工作时间(小时)	职业友好型	−

(三)生育支持的主要类别

家庭不愿进行生育的因素包括经济负担加大、儿童无人看管照料以及女性无法兼顾家庭工作等,实施生育支持政策可以降低家庭的负担,对生育率的提升有一定的作用。欧美发达国家拥有很多生育支持经验,生育支持政策的种类也较丰富、力度很大、政策配合程度比较好,也取得了较好的效果。发达国家的生育政策体系基本覆盖了生命周期的各个阶段,主要包括以下几个类别。

第一,降低生育与养育孩子经济成本的政策。例如,发放生育津贴、生育保险、个税减免,儿童津贴等。生育补贴,即地方政府拿出真金白银鼓励生育,对于符合生育政策的家庭发放多种形式的生育或育儿补贴。生育保险,即将多孩生育医疗费用纳入医疗保险支付范围,生育津贴免审即享等。个税减免,即将3岁以下婴幼儿照护费用纳入个人所得税专项附加扣除。

第二,降低家庭抚养孩子机会从成本的政策。例如,提供多类型的托幼机构,为父母亲提供带薪育儿假等。托育服务,支持托育机构建设,增加普惠性托位供给,以多种形式给予托育机构补贴,给予送托家庭补贴(入托补贴、"托有券")等。育儿假,符合法律、法规规定生育子女的夫妻,除了产假,还额外享受生育奖励假30~80天不等,其配偶享受陪产假15天。

第三,促进女性再就业和性别平等的政策。例如,为女性保留工作岗位的产假制度。女性产假,是指在职妇女产期前后的休假待遇,一般从分娩前半个月至产后两个半月,晚婚晚育者可前后长至4个月,部分国家规定女职工生育享受不少于 98 天的产假。

第四,注重广泛的社会参与和部门配合的政策。例如,给予购房优惠等政策。购房优惠,多子女家庭享受公租房优先权,对多孩家庭增加限购住房套数,对多孩家庭给予购房补贴,上浮多孩家庭购房贷款额度,优先保障多孩家庭公租房调换,三孩家庭优先发放租赁补贴,三孩家庭新房优先摇号。

第五,营造家庭友好的生育氛围等政策。例如,倡导创建"家庭友好型企业",提升企业对职工工作、家庭平衡的保障水平等。

(四)国内与天津人口发展现状

人口自然增长率保持较低水平,人口总量负增长或以极低水平增长,人口老龄化、少子化、不婚化三大趋势加速到来,社会逐步从人口红利期转为人口负担期。从 2017 年开始,中国年出生人口和生育率均呈现了连续下降的趋势,尤其是近几年下降趋势显著。2022 年中国出生人口仅为 956 万人,出生率为 6.77‰,人口死亡率为 7.37‰,自然增长率为 −0.60‰。中国人口数据表明,中国人口在最近的 61 年内第一次出现了负增长,导致这一结果的关键原因是出生率的持续下降。因此,中国出生人口数量下降,出生率低迷已经形成了一种不可逆转的趋势。从天津的数据来看,2021 年天津年出生人口为 7.3 万人,人口出生率为 5.30‰,死亡率为 6.23‰,自然增长率为 −0.93‰。天津每年的新增出生人口数都在持续减少,2021 年新出生人口数仅为 2017 年的 3/5,下滑程度也较为剧烈。综合以上来看,中国与天津的生育率和出生人口总体上呈下降趋势,且下降趋势比预计情况更为悲观。

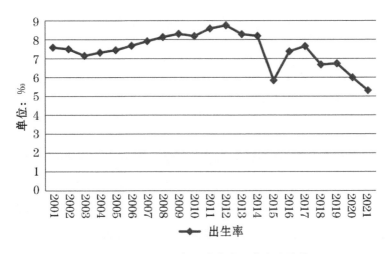

图1　2001—2021年天津市人口出生率趋势

从全球的经验来看,低生育率是成熟社会的必然伴生现象,人均 GDP 和生育率之间存在明显的负相关关系,政策、文化、社会等多因素导致生育率下降。几乎所有的高收入国家都需要在经济发达和生育率之间做出取舍。真正影响生育率变化的是在经济发展过程中人或者家庭生育决策的变化。随着生活成本的提高、就业竞争的日趋激烈、性别平等的持续改善以及女性受教育程度的不断提高,生育的成本也在不断攀升。对于我国来说,主要有三大因素影响生育率。一是前期计划生育政策依然存在一定惯性。长期的严格计划生育已经彻底改变了我国民众的生育观念,也大大降低了育龄女性的基数。二是东亚文化影响生育观念。重视教育导致教育投入过大,在校时间较长导致育龄较晚,工作时间偏长挤占养育时间,女性普遍承担更多家务,以及社会抵触非婚生子等因素降低了大众的生育意愿。同时,我国妇女劳动参与率较高导致生育机会成本更高,照料子女问题突出,也是一大因素。三是住房教育医疗等直接成本大,养老负担重,晚婚、不婚、丁克等社会因素影响较大。在大中城市中高房价拖累家庭生育意愿。在部分生育意愿调查中,房子太小成为家庭不愿生娃的主要原因。教育系统对家庭资源依赖度高,教育供给总体匮乏且分配不均匀,家长教育投入日益"内卷",抑制了生育意愿。

二、天津市构建生育友好型社会的现状

(一)普惠托幼服务逐步优化

天津市坚持办群众满意的学前教育,不断强化学前教育普惠发展,将保障和改善民生作为目标,加快学前教育资源建设。积极开办公立园,扶持民办幼儿园开展普惠性保育服务,逐步解决了入托难、入托贵等问题,普及普惠水平得到了大幅度的提高,优质幼儿教育覆盖面持续扩大,幼儿保育教育质量得到全面提高。2021 年天津市"无证园"全部清零,实现幼儿园三级视频监控全覆盖,学前教育三年毛入园率达到 92.3%,普惠园学前教育资源覆盖率达到 80%,公办园在园幼儿占比超过 50%。天津市每千人口拥有 3 岁以下婴幼儿托位数约为 4.5 个,天津市幼儿园数量 2346 所,天津市保育服务人员持证上岗率尚未达到 100%,天津市千名儿童儿科医师比例为 0.81 人。

(二)优生优育服务水平加快提升

2021 年,天津市孕产妇死亡率为 8.1/10 万以下,总体上多年控制在 10/10 万以下。天津市产前筛查率保持在 90% 以上。天津市结婚登记对数为 8.04 万对,结婚率为 5.8‰,离婚率 2.55‰,离婚/结婚率之比达到 72.93%。天津市被批准的人类辅助生殖技术医疗机构达到 12 家,其中可以开展试管技术的有 9 家。根据天津市内的最新医保政策,辅助生殖技术尚未被纳入报销医保报销范围,目前全国唯一将试管婴儿等辅助生殖技术纳入医保报销范畴的城市是北京。

(三)生育休假保障机制不断完善

天津市生育保险的补贴包括两类,一类是金钱补贴,一类是生育假期。金钱补贴上,生育津贴为女职工产假期间的工资,生育津贴低于本人工资标准的,差额部分由所在单位补足,生育津贴的时间计算由生育假实际天数决定。生育假期上,根据天津市生育假的最新规定,女性职工生育享受 98 天产假、难产假 15 天、多胞胎多生一个婴儿假 15 天,其中产前可以休假 15 天,符合法律规定 生育子女的夫妻还可享受 60 天生育假,子女不满 3 周岁的夫妻双方分别享受 育儿假数量 10 天。可以发现,天津市这类生育配套政策已经很大程度上保障 了女性生育的权利,一方面,可以大范围覆盖到正规就业群体,另一方面,灵活 就业人员通过提前缴纳生育保险也可以享受到生育津贴的权利。

(四)优质教育资源供给继续扩大

针对减轻义务教育阶段学生作业负担和校外培训负担,天津市先后出台 《关于义务教育学校减轻学生课业负担的规定》《进一步做好中小学生减负 工作实施方案》《关于进一步加强和改进义务教育学校作业管理的若干措 施》等一系列政策文件,明确规定,建立中小学生作业总量控制和作业检查制 度,加强作业统筹管理,提高作业设计质量,科学布置作业,保证学生充足的 睡眠时间。制定实施《关于加强校外培训机构风险防控措施》和《校外培训 机构学费资金管理暂行办法》,采取信息公示、规范合同、行政执法、资金监 管等 8 项"硬"措施,进一步加大对校外培训机构的监管力度,有效减轻学生 校外培训负担。

(五)住房支持措施成效显著

精准实施购房租房倾斜政策,天津市出台了《关于调整租房提取住房公积 金和个人住房公积金贷款有关政策的通知》,支持多子女家庭购房需求,文件 规定,养育未成年二孩及以上多子女的本市缴存职工,符合租房提取住房公积 金条件的,可按照实际房租支出提取住房公积金。发布《关于促进房地产业良 性循环和健康发展的通知》,文件规定,对有 60 岁及以上成员的居民家庭和生 育二孩及以上的多子女居民家庭,可凭居民家庭户口簿在本市原住房限购政策 基础上再购买一套住房。

三、天津市构建生育友好型社会存在的主要问题

（一）生育政策支持力度仍有不足

在职职工工作时长过长，用人单位无法执行 8 小时工作制及双休日、法定休息日等工作制，对违反《中华人民共和国劳动法》行为的用人单位执法不严。工作压力过大，加班问题突出，工作岗位不稳定，随时面临失业风险，导致青年人群缺乏时间和精力恋爱、结婚、生育、养育孩子。鼓励生育、支持生育的各类住房优惠政策、税收优惠政策、保险优惠政策、教育优惠政策、就业服务政策、育儿补贴政策等仍然不够完善，生育支持政策的包容性不足，尚未形成全方位、立体化、多层次、能落地的政策措施组合。另外，生育政策和支持政策存在孩次差异，政策多向二孩、三孩倾斜，对一孩的优惠政策支持力度不足，导致一孩生育率较低。

（二）托育服务水平和质量有待提高

托育服务产业发展不强，智慧托育等新业态发展不足。托育服务机构数量不足，托育服务方式和种类不多。由于0～3岁婴幼儿是最柔弱的群体，低龄婴幼儿的养育主要依赖家庭照护，照护模式比较单一。托育服务相关专业在高校中设置相对较少，经过系统培养的托育专业领域人才缺口比较明显，托育教师学历层次不高，人才服务水平和质量仍需提升。托育机构运营成本仍然较高，机构选址难度大、风险大，导致民营托育机构很容易受市场风险影响。总体来看，托育服务供给与需求之间还存在较大差距。

（三）生育成本分担机制有所欠缺

从用人单位层面看，生育保险缴费、女职工产假期间的社保缴费及替工费用等生育成本，主要由用人单位负担，导致其不愿招录或者变相辞退女职工。然而这些生育成本不应当由用人单位独立承担，当前构建家庭友好社会的政府

支持不足、分担不足,是造成家庭生育顾虑、影响生育意愿的重要原因。税收优惠政策仍不完善,没有考虑用人单位因女职工生育而增加的生育成本,如在个人专项费用扣除中仅规定了0～3岁婴幼儿养育和子女教育扣除,缺乏对多子女家庭的专项扣除。江苏、浙江等一些地区开始探索社会保险费的成本分担机制,给予50%或80%的政府补贴,但是目前天津市还未开始尝试。

(四)家庭教育成本投入依然较高

家庭教育支出不合理、结构失衡、子女教育支出成为城市家庭的主要经济支出。望子成龙、望女成凤等社会氛围加剧了家长的焦虑心理,家长教育投入日益内卷化,课业辅导、兴趣培养、出国游学等各类辅导费用高昂。虽然天津市教育供给总体较好,但存在分配不均匀现象,尤其是教育资源在各区域间、各学校间分布不均匀,优质的中小学过于集中于中心城区特别是和平区、河西区,导致学区房价格不断拉升。教育体制改革仍需进一步推进,小学、初中、高中、大学、硕士、博士研究生等一系列学制的总和人才培养时间普遍较长,在校时间过长导致育龄较晚,进一步推迟了青年人的婚育时间。

(五)女性权益保障体系尚不健全

女职工职业发展和家庭养育子女中面临一些问题,凸显了女性权益得不到保障。照料子女问题突出,生育抚育负担增高,孩子养育教育的精力投入过大,压缩女性职业上升空间,牵制女性职业发展提升。用人单位存在不愿意招收女性职工或在工作中存在限制女性提升职位、工资晋级等性别歧视行为,导致女性平等就业权利受到限制。女性普遍承担更多家务,天津市妇女劳动参与率较高导致生育机会成本更高,使女职工难以平衡工作与家庭。社会公共场所内母婴室、婴儿操作台、哺乳室、儿童洗手池等母婴服务设施仍不完备,设施建设技术和使用规范还不完善,服务覆盖率和使用率较低。

四、天津市构建生育友好型社会的措施建议

（一）加大支持生育政策力度

对企事业单位工作时长执行情况加强监督管理、严格执法、主动执法,落实 8 小时工作制以及法定节假日等工时制度,制止企事业单位超时工作、无偿加班等行为。鼓励企事业单位积极采用灵活休假、居家办公、弹性工作、带薪休假等灵活用工机制,为接送子女上下学、照顾生病或居家子女等需求的职工提供便利。重视一孩生育支持政策,着重解决一孩生育率下降问题,巩固保持总生育水平"基本盘"。取消生育政策中的孩次差异,避免出现一孩、二孩、三孩中的差异化政策。改善家庭一孩的生育养育体验,提升首次生育养育的感受,提高再生育意愿。强化多子女家庭的住房支持,对依法生育两个及以上子女的家庭在经济适用房和商品房购买、公租房配租等多方面提供政策优惠。根据家庭未成年子女数量在户型选择等方面给予适当照顾,对于购买首套住房的多子女家庭提高住房公积金贷款额度。加强宣传引导,重视婚姻家庭生育观念营造,帮助适婚人群树立正确的婚育观,形成包容、多元、理性的婚姻价值观,构建婚恋友好型社会,弘扬中华民族美德,鼓励夫妻双方共担育儿责任,倡导文明婚俗,弘扬文明节俭时代新风貌,破除天价彩礼等陋习。

（二）优化普惠托育服务供给

积极发展智慧托育等新产业业态,鼓励托育服务、乳粉乳业、母婴服饰、玩具动漫等行业企业发展壮大。根据人口出生情况,顺应人口变动趋势,建设与常住人口数量相匹配的托育服务机构,提升托育服务机构服务品质,确保价格合理。按照"5 分钟生活圈"范畴匹配小微型、嵌入式、连锁式等多种类型的托育机构,为社会提供全日托、半日托、计时托、临时托等多样化托育服务,支持产业园区、用人单位等在工作场所为职工提供托育服务。完善家庭托育点管理办法,取消将住宅登记为经营性住房等严格的准入规定。鼓励隔代照顾、家庭互

助等照顾模式。完善托育人才保障,加快培养托育专业领域人才,推动保育师等婴幼儿照护专业技术人才参加国家职业技能等级认定和职称评审,支持职业院校开设婴幼儿托育服务与管理相关专业。支持公立、私立幼儿园等有条件的幼儿园向下延伸,开设托管班,提供2～3岁低龄幼儿托育服务。降低托育机构运营成本,实施用水、用电、用暖、用气居民价格。加强托育行业综合监管,健全登记备案制度、定期评估制度、应急处置制度等。

(三)建立公平合理分担机制

将生育成本纳入社会保障体系,从全社会角度补偿女性生育价值,减轻用人单位对女性职工生育成本的负担,尝试建立企业女职工生育补贴制度,对招收女性职工的企业给予一定税收减免,增加女性就业机会。对于灵活就业者、未就业或失业女性等特殊群体,可结合个人缴费、单位缴费、政府补贴等多元筹资方式将其纳入覆盖和受益的范围,以进一步扩大生育保险覆盖面。探索合理的资金筹集与分担模式,如生育费用由个人、单位和政府共同负担,税务部门对执行休育儿假的企业进行适当减税,在一定程度上减轻用人单位经济负担,形成生育养育成本共担的社会机制。完善生育保险和生育津贴支付政策,明确政府、用人单位、个人责任,完善产假、育儿假用工成本分担机制,减轻用人单位承担的生育休假成本。完善在校大学生婚育服务支撑体系,为在校大学生提供生育保险等政策支持,学业调整等时间支持,生活津贴等经济支持。拓宽生育保险基金支付范畴,尝试将分娩镇痛及生殖辅助技术项目纳入生育保险基金支付范围,提高无痛分娩普及率,提高妇产科麻醉师配备比例。

(四)开展深层次教育体制改革

加强教育学制改革,适当缩短六年制小学、三年制初中、三年制高中总体教学时间。推动优质教育资源均等化发展,推动中小学教育标准化,缩小区域内办学水平和师资力量等各方面差距,努力解决择校热、学区房热等问题。加强校际均等化发展,建立健全优秀校长、优秀教师骨干向教育薄弱地区轮岗制度,促进教育人才有序流动。持续深化"双减"政策,降低小升初、初升高等升学压力,减轻家庭教育支出和家长精力负担。全面减少学生作业总量和时长,确保小学一、二年级不布置家庭书面作业,小学三至五年级书面作业平均完成时间不超过 1 小时,初中书面作业平均完成时间不超过 1.5 小时。强化学校教育主体地位,持续优化学生德智体美劳全面发展。深化中考改革,降低考试难度,完善考试方式,根据学校课程课标开展中考命题。

(五)完善女性权益保障体系

完善公共场所母婴设施和母婴绿色通道,减轻母婴出行障碍,鼓励女性职工较多的用人单位配备孕妇休息室、哺乳室、婴儿护理台等必要的母婴设施,协商有利于照护婴幼儿的弹性工作方式。加强女性因照护婴幼儿失业的兜底保障,完善失业保险制度,为女性提供再就业服务,鼓励脱产照顾婴儿的女性重新返回就业岗位,加强就业信息、就业指导和就业技能培训等支持。指导各类培训机构开设适合女性的培训项目,组织就业创业培训会,提供免费创业培训服务,努力做到"愿培尽培、应补尽补"。完善女职工就业权益保障专项督查制度,建立约谈机制,纠正用人单位招聘职工中的性别歧视行为。促进生殖保健服务融入妇女健康管理全过程,普及生殖健康知识,预防非意愿妊娠,减少人工流产。

银发经济开启天津消费新市场的研究

刘祥敏　天津市经济发展研究院高级经济师

刘　营　天津市经济发展研究院经济师

李　锦　天津市经济发展研究院研究实习员

伴随经济和技术的进步同时增长的老龄化是我国社会发展的趋势,也是今后持续的基本国情,高质量应对老龄化已经上升到国家战略层面。《中华人民共和国国民经济和社会发展第十四个五年规划和 2035 年远景目标纲要》明确提出,发展银发经济,开发适老化技术和产品,培养智慧养老等新兴业态。新的人口结构必然催生新的消费需求,为银发族提供丰富适老产品和服务的"银发经济"展现出广阔的空间,成为消费升级的新蓝海,推动经济增长和多元化发展。

一、银发经济发展背景和概念内涵界定

银发经济概念始于 20 世纪 60 年代末的美国,其推崇的是市场经济模式。20 世纪 70 年代这一概念被介绍到日本,由于美国推行的银发经济中缺乏公共产品色彩,日本在引入时先是采用了银发服务概念。在日本,银发经济先后经历了三个阶段:1970—1994 年的银发服务阶段;1995—2004 年的银发产业发展,银发服务与银发产业构成了银发经济的支柱,银发经济概念正式诞生;2005年后,出台《介护保险》并做出三次修订,伴随着日本人口老龄化的加速,银发经济发展为全年龄段可以使用的商品和服务进行销售,也被称作产业或商业发展的银发化。2007 年,欧盟理事会提出鼓励发展"银发经济"。2015 年,欧盟委员会在《银发经济》报告中正式提出"银发经济",将其定义为"来自与人口老

龄化和超过 50 岁公众和消费者支出相关联的经济机会,以及与具体需要有关的支出"。我国"银发经济"是指专门为银发人群消费服务的一个多元化的产业体系,涵盖日用品、医疗卫生、家政服务、教育咨询、文化娱乐、金融理财、保险业、教育等实物和服务消费,还有居所和公共场地设施适老化改造以及科技赋能下的智慧产品和服务,内容丰富,产业链长辐射面广,业态复杂多样。

二、老龄化人口结构特点催生的具体需求

(一)少子化、长寿化、家庭户规模下降催生医养需求

据国家统计局数据,截至 2022 年底,我国 60 岁及以上老年人口有 2.8 亿人,占总人口的 18.9%;平均家庭户规模从 2010 年的 3.1 人下降至 2020 年的 2.62 人。2021 年天津人口开始出现负增长,2022 年人均寿命达到了 78.89 岁,全国排名第三。现代社会中成年子女家庭对老人的整体陪伴照料能力不断下降。现实中,有 75% 的老年群体处于独居状态,无法与子女同住。2022 年天津就有 96 万空巢老人,空巢率达到了 32%。根据《天津市"十四五"养老服务体系发展规划和二〇三五年远景目标纲要》预测,到 2025 年,天津常住老年人口将达到 367 万人,占常住总人口的 24.66%。老龄化、空巢化、高龄化、失能化、家庭小型化进程持续加深。天津养老护理人员紧缺,持证上岗人员护理从业人员供需更加失衡,同时养护人员年龄结构偏大,50 岁上下养老护理员占 60% 以上。可以预见,医养服务从业人员无论从数量上还是专业服务水平提升上都有很大的空间。带有陪伴性质的设备供给以及宠物产业未来也有巨大的发展潜力,同时药品、保健品、康复器械、中医药养生保健的需求也会加大。

(二)老龄人口会催生更广泛的娱乐需求和购物需求

随着 20 世纪 60 年代及以后出生的人群进入老龄,"银发经济"中文娱产业覆盖了九成以上的银发人群。伴随着各种短视频平台的兴起,银发族的休闲娱乐有了更加广阔的空间。老年群体作为短视频平台中长尾市场目标人群之一,

有独特的价值所在。老年"网红经济"是银发经济时代和消费社会的新产物，同时催生了拍摄设备、制作团队、营销团队等需求，也为银发群体打开了消费观念和生活方式更新的一扇窗口。在线下旅游方面，国家老龄委调查显示，我国银发族每年旅游人次占比超全国旅游总人次的 20%。根据《中国产业信息网》预测，到 2027 年老年旅游市场规模将超过 7000 亿元。中国互联网络信息中心发布的第 51 次《中国互联网络发展状况统计报告》显示，到 2022 年底，我国 60 岁及以上老年网民规模达 1.53 亿人，能单独完成购买商品老年网民比例已达 52.1%。结合艾媒咨询的研究报告，我国 60 岁以上网民线上购物的渗透率已经超过 40%，并且保持持续快速增长的态势，成为各大电商平台争抢的"剁手族"新兴势力。

三、天津银发经济发展的优势条件

（一）银发经济市场规模巨大

现在退休的部分"60 后"分享了国家快速发展带来的红利，积累了一定的财富，有更高的消费和投资水平，可以创造更多的市场机会和产业发展空间。银发人群对文化娱乐、身体和心理健康、体育健身、休闲旅游、智能家居、金融与法律服务等领域的需求会逐渐增长，将促进相关行业的发展壮大。我国国家卫健委研究预测，2015—2050 年我国用于老年人养老养生、医疗保健、日常照料等方面的费用占 GDP 的比例将从 7.33% 升至 26.24%。中商产业研究院整理的数据显示，中国康养产业 2018—2022 年分别是 6.6 万亿元、6.9 万亿元、7.2 万亿元、8.8 万亿元、10.5 万亿元，预计 2023 年将达到 11.8 万亿元，2027 年将快速增长至 21.1 万亿元。《中国老龄产业发展报告》预测，至 2050 年我国老龄产业规模可达 106 万亿元左右，成为全球银发经济市场规模最大的国家。根据统计数据，2022 年底天津有 60 岁以上老年人 320 万人，人均可支配收入 4.89 万元，老年人的消费支出占收入的 60%（天津民政局问卷），那么银发经济的规模可达到 830 亿元。发展银发经济还能够增加就业岗位，韩国保健产业振兴院数据显示,在韩国,银发经济市场每增加 10 亿韩元(约合人民币 530 万元),平均可创造 11.4 个就业岗位,据此推算天津可增加的就业岗位高达 18 万个。

(二)国家和天津政府重视养老事业与养老产业的发展

2022 年国务院发布《"十四五"国家老龄事业发展和养老服务体系规划》,涉及实施渐进式延迟法定退休年龄、规划布局高水平的银发经济产业园区等多方面内容。国务院办公厅和中央有关部门也出台了包括金融支持、医养结合政策、服务许可、长期护理保障、老年消费市场、民间资本干预、养老服务业的监管和服务等一系列养老服务政策。养老服务人才文件由九部委下发,医疗保健文件由五部委下发,养老财政文件也由五部委下发,形成了养老政策的组合拳。2022 年 10 月,天津出台《天津市"十四五"养老服务体系发展规划和二〇三五年远景目标纲要》,强调大力发展银发经济。在专项行动中,未来布局 2~3 个京津冀银发经济产业园区。在开展服务业扩大开放综合试点工作中将天津打造为国际性、跨区域合作银发经济重点发展区域。主要通过开展 PPP 项目,鼓励多元化资本通过合资、独资、控股、参股、租赁等方式与政府合作,进入"银发经济"市场,拉长产业链条,推动市场加速发展。倡导建设老年友好型社会过程中,城市有机更新已经转向内向型基础设施建设,建设更多的养老机构,持续进行老旧小区改造升级,健全社区功能,建设专职看护老人食堂,老人娱乐场所等,大大提升了对银发人群的吸引力。

(三)健康和养老行业发展活力快速释放

随着数字化、智能化等高科技的发展,银发人群更加重视自我保健和健康管理,这有利于产业创新,推动科技产业参与康养行业。资本紧盯银发市场、康养产业相关细分领域,"科技 + 资本"双轮驱动康养产业高质量发展。2021 年 7 月,全国第一家拥有自主标准银发经济城市服务综合体落户天津,将高品质的服务于银发人群和少儿群体,取得成功经验后,面向全国复制推广,届时实现社会效益和经济效益双丰收。建设总投资 285 亿元的中国康教示范基地项目即将落户天津滨海新区中心商务区。建设内容包括:基础设施提升改造、文旅产业生态修复环境治理等；联合中国健康养老集团等头部央企打造城市核心功能产业园区；中国生命健康产业园区；建设国家级银发经济产业园，包括康复辅具、健康医药等内容。持续深入推进医养结合服务，自2020年至2022年连续三年开展医养结合机构质量提升行动。截至今年3月底，天津共有医养结合机构78家，其中，养办医57家、医办养17家、嵌入式4家、医保定点59家。

四、天津银发经济发展面临的问题

目前天津多数企业对"银发经济"市场认识存在偏差，无法精准把握"银发市场"中蕴含的巨大商机，银发经济发展水平与未来支撑区域经济高质量发展成为经济新动能的使命要求相比，还存在一定差距。

（一）银发市场主体不多

天津银发经济发展起步较晚，市场主体数量少，新兴养老科技企业占比更少。企查查统计数据显示，在2020年天津注册的企业为747家，其中167家企业已注销，实现注册资金5000万元以上实缴的企业仅31家。天津适老化产品的生产种类不多，特别是让银发族直接购买的适老化产品相对较少。科技产品技术含量不高，局限于检测类产品，具有修复功能、功能恢复补偿和服务功能的产品较少，是典型的有品类、无品牌的市场。从企业发展看，整体竞争力不够强，对技术创新投入的积极性不高，导致难以抢占市场先机；从行业发展看，已有"银发市场"种类在"银发金矿"挖掘不够，"银发市场"占有率偏低。

（二）银发商机开发不充分

通过调研发现，银发人群的消费能力被严重低估，没有对老年人的衣食住行等消费市场进行细分，也没有分年龄段的市场划分。特别对银发族中高消费群体的高质量、高层次、个性化服务供给不足。50～65岁的银发人群是有钱又有闲的阶段，他们的社交、分享、互动、体验等方面的消费需求正在升级，因此他们是推动银发市场发展的主要力量，是发展银发经济极具吸引力的目标市场。

国家、资本和社会个人都对这个市场有着浓厚的兴趣,但如何把兴趣转化为推动银发产业技术进步的驱动力,释放消费市场潜力,也是一个急需破解的难题。

(三)银发市场存在欺诈

老龄消费市场尚未建立起完善的服务标准和规范的市场。市场上严重损害老年人合法权益的产品比比皆是,尤其以老年保健品为首。使用"欺、瞒、骗"等营销手段,恶意夸大宣传产品功效、诱导消费。2022年《天津市老年人消费安全与维权意识调查报告》显示,约两成以上老年人有受骗经历。随着数字化更多进入银发人群的生活,电信诈骗更是防不胜防,诈骗主要集中于交易、返利和交友三类。2022年天津警方共破获涉养老诈骗案件1706起,打掉团伙46个,抓获犯罪嫌疑人1400余人,查封扣押冻结涉案财产20.18亿余元。

(四)银发消费"数字鸿沟"依然存在

相关统计显示,截至2022年12月,60岁及以上非网民人数接近1.29亿人。2022年天津60岁以上人口320万人,按照30%的老年人不能上网,那也是接近百万量级。在当下,如果无法接入互联网,交通、消费,就医、办事等工作生活都会极大不便利。调研发现,大部分老年人在使用金融服务过程中,"数字鸿沟"依然存在,对于手机银行(App)、数字人民币等工具的使用,网上购物支付、交通出行的网上叫车、订票,智慧养老产品购买和使用等很难完成独立操作。"数字鸿沟"显著降低了家庭总收入,无论是城市还是农村的老年群体,由于不能熟练使用信息技术,明显抑制了家庭金融投资的欲望。推进银发人群更好融入数字社会,帮助老年网民顺利使用上网功能是一个亟待解决的难题。

五、推动天津银发经济高质量发展的对策建议

直面老龄化带来的种种社会问题,洞悉银发经济发展面临的机遇和挑战,充分发挥市场在资源配置中的决定性作用,加强政府引领和培育作用,健全现

代康养产业体系,找准更加适合天津银发经济发展的增长点。

(一)调整政策导向,积极应对人口老龄化

天津银发经济正处于起步阶段,迫切需要政府的引导和财政支持。政府要不断完善制度建设,创造良好的营商环境,为参与银发市场的各类企业提供良好的竞争环境和盈利空间。注重发挥家庭、个人自我养老作用。建构政府、市场、公民三者责任分担的协商机制。同时,通过建立系统性、整体性的产业政策,推动京津冀银发经济一体化发展。借助完备的产业体系优势,依托京津冀养老服务协同发展机制,利用京津市场的庞大需求,培育若干家具有区域竞争优势的符合天津资源禀赋和城市功能的品牌连锁养老机构。通过举办康养产业园招商及投融资路演和京津冀老龄产业协同发展高峰论坛等活动,持续推动跨区域养老服务合作,持续深化京津冀养老服务跨地区购买养老服务试点,打造银发经济标杆城市。

(二)创新银发经济产品,挖掘银发消费潜力

依托天津传统制造业优势,结合老年人的生理特性和消费习惯,跟进并引导银发族消费动向,确定产品定位,开发出适合银发人群的日用生活品、服饰、健康食品、保健用品、智能家居,以及文化、教育、休闲旅游、餐饮、家政、养生、金融保险、地产、老年手游、短视频、网络社交服务等。建立和健全银发经济相关行业规范和标准体系。完善银发市场体系,严格把关养老产品和服务的质量,增强对适老产品和服务的监管力度,持续完善网络监管体系,保护老年消费者合法权益。持续引导企业加强品牌战略管理,加强银发族生活方式调研,深挖潜在市场,创新品类,推动品牌个性化发展。以资金投入、配套政策为抓手,集中资源优先加大平均需求弹性最高的医疗保健类产业。鼓励支持开设银发无忧老年用品专卖店和老年用品超市。利用天津国际老龄产业博览会、银发用品设计大赛等活动增强品牌宣传推介。利用新媒体平台加强对老年产品的宣传推广和消费引导,在重阳节、母亲节、父亲节、春节等节假日鼓励各大电商、零售企业开展"爱老孝老"系列"银发节"活动,展示、销售产品,激活银发消费高潮。

借鉴一些粉丝量大的老年视频营销运营模式,积极培育"老年网红",大力推广产品和服务。结合天津建设国际消费中心城市和区域商贸中心城市的定位,打造更多满足银发族优质消费和品牌忠诚度的商品,拓展老年人消费领域。办好天津国际康养文化节和天津国际医疗器械展览会,使天津成为国际银发消费目的地、全球银发消费资源聚集地,带动天津经济的高质量增长。

(三)促进新技术发展,科技赋能银发产业

推进"养老＋科技"模式,打造多层次智慧养老服务体系。推动互联网、大数据、人工智能(AI)、区块链、5G 等信息技术和康复辅助器械、健康食品、智慧医疗服务、家用机器人等在银发用品和服务领域的应用。用人工智能技术服务银发族的购物、安全守护、日常护理、医疗保健、情感关怀,加快搭建全市统一的适老化大数据平台,在保障个人隐私和数据安全的前提下,实现数字助老,智慧养老。加速能大大提高老年人生活质量的智能城市基建设,包括远程医疗、物联网、物联网银行、自动驾驶汽车和具有适当基础设施和服务等。新技术解决方案通过帮助建立新市场,提供新产品和服务,支持新的工作实践以及创建满足银发族需求的互联社区来增强健康老龄化的能力。可借鉴上海国有资本性质"医＋养"发展模式的康养集团,在产、学、研、医领域整合资源,实施康养产业供给侧结构性改革,打造康养产业"独角兽"企业,助力康养事业发展。

(四)提供终身学习机会,消除银发族数字鸿沟

实现老年教育的创新发展,让银龄终身学习无围墙。遵循理论与实践双重逻辑,平衡各区办学水平,建设新时代老年大学;办好家门口的教育,以社区形式,针对客户需求,让每一个小众文娱领域都有教学课程;共建共享推动老年教育发展,打造线下精品课程;围绕老年人需求,采取"线上＋线下""硬件＋软件"的培训服务模式,为银发族提供私人定制的"幸福晚年"。加快数字服务的适老化改造,进一步消除老年"数字鸿沟"。一方面,民生服务和商业服务的提供者,在开发手机应用时多站在老年人的视角,倾听民意;另一方面,鼓励年轻人对老年人的数字反哺,帮助老年人学习新技术。在城市数字化转型中,上海

街头出现的老友亭无疑是帮助老年人"触网"、弥合"数字鸿沟"的有益尝试。"Hello 老友亭"是经过改造的新型数字公共电话亭，除了保留插卡通话功能，拓展手机充电功能，还通过亭内新设的电子屏幕实现一键叫车、预约挂号、15分钟生活圈、养老金查询等民生服务功能，数字生活在公用电话亭里开拓出了养老服务新场景。这种想方设法让更多"数字化失能"老年人参与并融入现代数字生活的做法和思路值得提倡和学习借鉴。

（五）鼓励金融模式创新，拓展银发经济新空间

助推"银发经济"发展的金融创新模式要注重产品与渠道创新和信息服务创新。金融机构，尤其是当前情况下的银行机构，可以设立专门的老龄金融服务部门，分析老年人的金融消费习惯，对银发金融市场做进一步的细分。根据不同年龄层老年人的特点，推出符合其投资偏好的专业性理财产品与人性化服务。硬件上推动银行网点适老化改造，融入多种场景和智慧元素。激励私人投资与慈善事业和公共资金相协调，推动养老事业创新和市场增长。鼓励公募基金完善个人养老基金产品布局，丰富养老目标产品线，为银发人群提供一站式养老金资产管理。保险公司推动保险制度适老化发展，探索"医保＋长护险"、养老床位责任综合保险、老年人意外险，同时为那些提前做养老规划的全年龄段人群定制个性化智慧养老保险。支持数字化科技驱动各类金融应用软件不断创新适应相应的消费场景，满足零售金融市场需求，促使金融决策更加智慧化、精准化。

（六）发掘银发人力资源，提升银发群体就业市场活跃度

考虑各年龄段人口的需求和价值，科学布局和全方位发掘老年人力资源，打造人才枢纽，构建开发、推介、评估、反馈相衔接的"一站式"就业促进平台，为"初老族"提供发挥经验和技能的工作岗位，促进老年人的社会融入和价值再造。鼓励市、区两级公共就业服务机构为有劳动意愿和劳动能力的低龄老年人免费提供就业政策咨询、就业信息、学习培育等公共就业服务，提升老年人的劳动技能，为有就业想法的老年人积极拓展就业渠道。鼓励退休技术人员、医

生、教师、退役军人回乡定居,为乡村振兴做出相应的贡献。让银发人群能够在日益数字化的环境中跟上步伐,互联网课程、短视频拍摄制作、技能提升是进一步吸引他们的一些方式。社会创业是实现银发经济的重要组成部分,公共政策应建立有利的框架,支持非正规和正规教育,激发银发人口的潜力和创新能力,并为下一代应对人口快速老龄化带来的深刻变化做好准备。

(七)推进银发服务队伍建设,助力老龄人口安享晚年

加快推进银发服务的专业化、职业化、专家化人才建设。鼓励高等、中等职业院校开设智慧养老服务与管理、健康服务与管理、护理等专业,并扩大相关专业的招生规模,实施养老服务人才培训提升行动,推动护理职业市场化发展,完善职业发展体系,支持医务人员从事健康养老服务,畅通上升通道社会地位,健全补贴机制、激励机制、奖励机制,调动银发服务行业人员工作的自觉性和积极性。加大养老服务企业人才引进力度,落实好把从事养老服务外地人员纳入短缺岗位的政策。建设一支数量充分、素养良好、专业胜任的养老护理员队伍,让银发人群幸福度过晚年。

(八)提高银发人群社会保障能力,激发银发消费活力

切实提升社会保障尤其是老龄人口社会保障的总体能力,探索财富的二次、三次分配,加快健全社会保障体系,夯实银发经济的制度基础。相比城镇居民,农村老年人需要更多的关注。政府可以通过实施针对农村老年人的福利政策,增加高龄老年人的津贴。在新农村建设中加大对老年人岗位投入,利用涉农区生产天然绿色的农产品优势,鼓励有上网能力的老年人开通直播带货,拓展农产品销售渠道。鼓励旅游村和农业园区发展适宜老年人参与的旅游项目。鼓励乡村老年人转变消费观念,激发旅游、健康养生等新生活方式。积极营造"老吾老,以及人之老"孝亲敬老的社会环境,引导全社会正确认识和应对人口老龄化。通过友好的老年生活消费环境建设,使银发族愿消费、敢消费、放心消费,释放银发经济活力、开启银发经济消费的新市场,将老龄化调整转化为"长寿红利",为天津经济未来高质量发展注入新动能。

参考文献

［1］乔颖:《老龄化加速,韩企开拓"银发经济"》,《新华每日电讯》2021 年 12 月 22 日。

［2］范宪伟:《银发经济发展的趋势特征、问题及对策建议》,《中国国情国力》2022 年第 8 期。

天津市社区嵌入式养老服务发展路径研究

王子会　天津市经济发展研究院经济师

习近平总书记指出:"我国已经进入老龄化社会。让老年人老有所养、老有所依、老有所乐、老有所安,关系社会和谐稳定。我们要在全社会大力提倡尊敬老人、关爱老人、赡养老人,大力发展老龄事业,让所有老年人都能有一个幸福美满的晚年。"党的二十大报告提出:"实施积极应对人口老龄化国家战略,发展养老事业和养老产业,优化孤寡老人服务,推动实现全体老年人享有基本养老服务。"天津市委"十项行动"对"实施高品质生活创造行动"作出重要部署,提出"加大养老服务有效供给,让老年人享有高质量、有尊严的生活"。近年来天津老龄化程度不断加深,群众急需更高品质的养老服务。

一、发展社区嵌入式养老服务的必要性

1. 天津老龄化问题日益严峻

2020 年开展的第七次全国人口普查数据显示,天津 60 岁以上常住人口300.34 万人,占总人口的 21.7%,比全国平均水平(18.7%)高出 3 个百分点。截至 2022 年底,天津 60 岁及以上常住人口 320 万人,占总人口的 23.5%,比全国平均水平(19.8%)高 3.7 个百分点。两年时间,全国人口老龄化程度提高了 1.1 个百分点,而天津提高了 1.8 个百分点。老年人中 80 岁以上的高龄老人约 40 万人,居家失能老人超过 14 万人,独居、失能、生活困难等情况复杂,可见与全国平均水平相比,天津人口老龄化速度更快,面临的压力更大。天津老人绝大多数采取居家养老方式,还有一部分在社区和机构养老。据不完全统计,天津老年人居家养老的占 93%,社区养老的占 6%,专门机构养老的占

1%,当前和今后一个时期,我天津临的养老服务形势将十分严峻。

2. 社区居家养老服务能力不足

居家养老和社区养老的服务类型较为单一、项目选择有限且内容层次偏低,难以满足日益增长的多元化养老需求。多数社区服务产品集中在简单的助餐、保洁以及休闲等领域,未能摆脱低层次家政服务的路径束缚。为居家老人提供入户的生活援助(助急、助浴)、健康管理(助医、康复)以及巡访关爱等专业化、精准化的服务项目偏少、服务能力不足。大多社区日照中心只能为老人提供日间的临时照料服务,对于失能、半自理和高龄老人需要最为迫切的、需要具备一定医疗水平的全托服务、短期和长期助养护养等服务有所缺失,供需关系错位显著。

3. 机构养老结构性矛盾突出

机构养老在资源利用和功能发挥上存在结构性矛盾。一方面,供给侧结构性矛盾突出,即养老机构面对日益增长的多元化养老服务需求,其回应力明显不足。老年人对养老机构是否具备专业的医养护理团队、先进的服务设施以及综合服务"软实力"等方面愈发关注,但目前养老机构在服务内容、专业水准以及运作绩效等方面参差不齐,供需难以匹配。另一方面,养老机构收费水平普遍高于本区域老年人的收入水平,而满足老年人支付得起的服务市场甚微,对入住率有较大影响,造成养老机构床位数理论上供给不足但空床率较高的情况。此外,与社区居家养老相比,机构养老所在地一般与老人原生活居住地相距甚远,造成老人与熟悉的生活圈、亲人圈、朋友圈的物理空间隔离,容易导致老人心理上的孤独感。据统计,2022 年末,天津市养老服务机构 567 家,各类床位总数 6 万张,但总体入住率还不足 40%。

4. 社区嵌入式养老服务的优势

"嵌入式机构是指充分依托社区养老服务设施等资源,主要为社区内和周边有需要的老年人提供专业护理、生活照料、心理慰藉、居家入户等综合性养老服务的居家社区养老服务机构。"横向对比来看,社区居家养老的缺陷主要表现为个性化、专业化养老服务能力不足,而机构养老普遍面临着老年人情感慰藉的缺失和过度社会化问题。社区嵌入式养老服务采取市场化运作的方式,依托社区闲置土地和房屋,以居家社区养老和机构养老服务模式为基础,整合社区养老服务资源,为居家老人提供专业化入户照护服务,为高龄老人、自理及半自理老人及病后出院还需护养的老人等提供短期寄养服务,并面向社区为活力老人提供开放的活动区域。这种养老模式既解决了社区居家养老服务专业能力不足问题,又解决了老年人不愿入住养老机构的问题,成为社区居家养老和机构养老的重要补充。

二、天津市社区嵌入式养老服务模式发展现状

天津于 2019 年运行全市首家社区嵌入式养老服务机构,2021 年全市开展 60 家试点,到 2022 年底,天津市 100% 的街道、40% 的乡(镇)已建有区域型嵌入式机构。天津市民政局相继出台《推进社区嵌入式养老服务机构发展的指导意见》《关于印发深化嵌入式养老服务机构发展"建管扶用"23 条措施》等文件,促进社区嵌入式养老服务机构可持续、高质量发展。

1. 提供多元化服务

社区嵌入式养老服务机构提供的服务功能主要包含"三入四嵌一床位","三入"服务既能为老年人提供短期托养服务,又能为周边老年人提供日间休息、生活照料等社区养老服务,还可以为提供助浴、助急等居家养老服务。"四嵌"分别指"嵌餐""嵌智""嵌康""嵌护"服务,既可以为周边老年人提供就、配、送等助餐服务,还能通过"嵌智"服务对老年人日常行动状态进行监测、预警和远程照护。"嵌康"服务则是通过在嵌入式机构设置"健康驿站",为老年人提供健康指导和代取药等医养康养服务。"嵌护"服务提供长期护理服务,具备定点护理机构的资质。"一床位"则是发展家庭养老床位进行入户服务。社区嵌入式养老服务机构既能够提供较为专业的设备支持,又能够支持近家生活照料,且拥有较为专业的医疗护理团队,可以有效满足老年人的不同需求,缓解社会的养老压力。

2. 整合优质资源

社区嵌入式养老服务能够较大限度挖掘整合社区现有的养老资源,在老城区和已建成居住区注重盘活、整合闲置和分散存量资源,将其升级改造,或由日料中心、养老机构转型,在有效节约大量社会资源投入的基础上降低了准入门槛,有利于社区嵌入式养老服务模式的推广。该模式具有强大的社区溢出效应,不仅服务于机构内的老人,对小区或周边有需求的老人同样能提供助医、助餐、康复等入户服务。社区嵌入式养老机构通过整合对接医养康养等各类优势资源,与周边医疗机构签约或设置医务室的方式开展医养康养服务,符合条件的社区嵌入式养老服务机构能够纳入长期护理保险定点护理机构范围。社区嵌入式养老服务机构根据周边老年人集中活动需求,配备休息、文体活动、老年人学校等设施,提供"居家—社区—机构"有机融合的综合型、专业化服务模式。

3. 满足情感需求

社区嵌入式养老服务坚持社区属性,依托社区内部或社区附近的地理位置优势,充分尊重老年人原有生活习惯和居家养老观念,让老年人在家门口熟悉的环境和氛围中享受到更加专业多元的养老服务,具有显著的情感优势。首先,大多数老年人都有原居安养的愿望,不愿意在年迈时离开熟悉的环境,社区嵌入式养老服务"离家不离社区"的模式,能够让老年人在熟悉的生活环境中安享晚年。其次,可以与子女保持较为适宜的距离,既能减轻居家养老负担,又方便子女照顾老人,老人继续居家养老,有利于维系家庭的和谐。最后,社区嵌入式养老服务机构与附近优质医疗资源搭建便捷通道,方便老人日常就诊就医。

4. 建设运营模式多样

社区嵌入式养老服务机构床位数较少,规模小,因此投资成本相对机构养老来说要求要低,社会资本参与建设运营的积极性较高,天津市形成了各区各街镇各具特色但以公建民营为主的多元化的建设运营模式,举办主体可为街道或区民政局,也可为社会力量,运营主体须为社会力量。政府支持拓宽为老服务领域,突出连锁化,鼓励多址运营、连锁运营,探索多种激励手段,引导嵌入式机构连锁式、品牌化、专业化发展,进一步培育、激发养老服务市场活力。政府通过政府购买服务、发放补贴等方式在政策、资金等方面给予大力支持。

三、社区嵌入式养老服务模式面临的问题

1. 场地资源受限

天津社区嵌入式养老服务设施用地供给明显不足。当前社区嵌入式养老服务设施的新建和改造主要有对社区闲置房屋进行改造、在空闲的土地上申请自行建设和租用小区业主的空闲房屋三种方式。老旧社区由于建设年代较久,当时社会背景并没有涉及人口老龄化问题,因此绝大部分没有配套建设相应的养老服务设施和养老用地。因此在当前寸土寸金的市中心要找到合适的物业或空闲土地进行补建、插建难度很大,且租金很高,大部分养老服务企业难以承受。对于新建社区,中央及各省区市都已出台相应的政策文件,要求必须规划养老设施空间或配建养老服务设施。然而,养老服务设施交付使用有可能引起居民的抵制行为,多数房地产企业并不对外公布小区规划配有的养老服务设施以及具体位置、用途等事项,因此目前多数新建小区的养老服务设施也未能发挥作用。

2. 运营收支不能平衡

社区嵌入式养老机构服务对象广泛多元,加之老年人对部分项目自主消费意愿一般,运营收支不平衡,机构极易陷入成本高而盈利难的困境。一方面,投资回收期长,社区嵌入式养老服务机构嵌入社区内部或社区周边,由于社区用地和空间有限,一般规模较小,床位设置较少,但"麻雀虽小,五脏俱全",机构适老化设施改造、安全标准及人员的配置,几乎与养老院的设置标准一样,因此很难具有规模优势,单个机构的成本高,回收周期长。另一方面,经营成本高,利润低,社区嵌入式养老服务机构运营成本高昂,其中人工成本所占比例较高。除此之外,还面临场地租赁、床位设备购置等成本,以及维持机构正常运转的日常费用等。而大部分社区嵌入式养老服务机构向老人收取的费用较低,利润较

低甚至难以维持运营,即使是"公建民营"模式下的运营主体也难以盈利。

3.专业人才不足

随着天津人口老龄化进程的加速演进,养老人才队伍急剧缺乏,行业发展的第一要素是人才,养老行业更是如此,相关专业人才少成为制约天津养老行业发展的重要因素。目前天津养老服务方面的专业管理人员稀缺,由于养老行业工作强度大、难度高等,很多相关专业的人才在毕业后并没有从事这一行业。此外,养老护理人员是发展社区嵌入式养老机构提供"嵌康""嵌护"服务的重要保障,目前天津专业护理康复人员队伍建设还存在培养周期长、招人和留人难、职业发展空间不畅、年龄结构不合理、专业素质较低等问题,建设一支数量充足、结构合理、素质良好的养老服务护理人员队伍是当务之急。

4."邻避效应"明显

社区嵌入式养老服务模式的推行还面临着"邻避效应"的强力干扰。社区嵌入式养老服务机构因嵌在社区内或社区附近,有的设在居民楼的一层二层,与居民同处一栋楼,医院以及垃圾处置设施等更加明显。一些社区嵌入式养老项目即使手续、流程合法合规,仍会因居民抗议而不能顺利建设或运营,最终导致项目无法落地实施,为政府和经营机构带来了较大损失。由此可见,受居民传统价值观念的影响,社区嵌入式养老服务机构的推行会与社区居民的直接利益发生冲突,"邻避效应"如果不能得到有效解决,将在很大程度影响社区嵌入式养老服务模式的推广。

5.体制性障碍难破除

社区嵌入式养老服务模式的实施面临体制性障碍。按照现行的行政管理体制划分,医疗机构由卫健部门管理,养老机构则是民政部门主管,保险费用报销由社保部门负责,机构建设用地需要国土部门的审批,相关项目的运营过程还需要公安、消防和住建部门等协作监管。在设施建设方面,社区嵌入式养老服务机构的消防设施、洗衣间等配置完全按照大型养老机构要求配备,但因其面积普遍较小,设施配备较为困难,其中消防设施更可能在原有建筑已配置基础上重复配置,电梯、保安等保障性设施和人员的达标要求较高,社区嵌入式养老服务机构难以达到要求,医务室的设置以及医保保险覆盖面难以满足老年人需求。政府多头管理使得政策落实较为困难,服务体系之间产生割裂。

四、社区嵌入式养老服务模式发展的对策建议

1.规划预留配套场地,强化社区嵌入式养老服务机构土地利用

政府应发挥职能,完善社区嵌入式养老服务设施的土地审批机制,建立健全各项配套政策,给予合理的建设运营补贴政策,以应对设施用地难、租金高、租期无保障以及出租方变动等难题。此外,社区嵌入式养老服务机构还可采取更加灵活的布局方式,如"一址多点""主体机构＋外设功能区"等发展模式,即可以在位置较优越的空间布局照护功能区,在社区其他空间设置文娱、心理咨询室以及人员办公等功能区,其中,具有较强共生潜力的住宅建筑首层空间可以布局为优质的照料中心,建筑上层或租期无法保障的空间可以布局为次要功能区,这种模式既能维持机构功能不变,又能够统筹利用住宅、小区公共建筑等,在充分保证社区嵌入式养老服务设施主要使用功能的同时又能兼顾其他使用功能。

2.加大运营模式创新力度,破解运行规模效益不高的困局

综合型养老机构连锁运营是社区嵌入式养老服务可持续发展的重要模式。社区嵌入式养老服务机构的准入条件、评审标准以及功能设置与养老机构基本相同,综合考虑运营成本高、投资回收期长等限制因素,社区嵌入式养老服务机构可依托大型养老企业集团。除此以外,社区嵌入式养老服务机构还可以创新运营模式,如采用连锁化、多元化的运营模式,以平衡现金流。单体门店可采取多元化的经营策略,如一些社区嵌入式养老服务机构除提供住养照料、日间照料、助餐等服务,还延伸至提供老年人家政保洁、家庭维修、辅具租赁等服务。规模较大的运营方因具有复合的经营背景,总体实力较强,因此多采取连锁的运营模式,这种模式的优势在于部分门店的亏损可暂由其他门店或其他业务弥补,对投资回收周期有较高的宽容度。

3. 加快建设养老专业人才队伍,加大人力资源保障

针对天津社区嵌入式养老服务专业护理人员相对缺失、不稳定及专业化程度不足等现实问题,加强专业化养老护理人员队伍建设,利用天津职业教育资源,开设老年服务管理专业,加强养老护理学科专业建设。推动院校与养老服务机构开展"订单式"人才培养和技能培训,支持符合条件的各类院校,特别是职业院校根据国家专业设置要求开设养老护理相关专业,完善教学标准和课程体系,不断提高养老护理人才的培养质量。多渠道解决养老服务人才数量短缺问题,加强与家政、物业、医疗护理等关联领域合作,推动跨行业跨领域人才流动。如一些社区嵌入式养老服务机构采用"专业服务 + 志愿服务 + 互助自助"的服务模式,动员社区居民包括待业下岗人员、退休职工、退伍军人、低龄老人和老人家属等加入公益服务和互助自助行列,以弥补专业力量的不足,既能培育公益服务市场,又增加就业的机会。这是一个有效化解人力资源供需矛盾、增强服务能力的有效途径。

4. 加大宣传推介力度,弱化"邻避效应"的强力干扰

在社会广泛宣传社区嵌入式养老模式,让群众了解社区嵌入式养老服务模式的优势与价值,引导社会对其价值有更加深入的认知,并向社会公众明确表达政府的支持、倡导态度。同时,可以通过免费参观体验、短期试住等各种方式吸引老年人及其家人,增强群众对社区嵌入式养老服务机构的了解,帮助老年人逐步改变传统的养老理念,从而更好地适应养老新常态。联合政府部门增强社区居家养老模式宣传力度,通过举办一些老年人喜闻乐见的社区老年活动,积极宣传社区嵌入式养老服务模式的服务理念及服务项目,动员老人家属,宣传老龄化社会的养老现实与理念,共同引导老年人,促进其逐步认识、接受社区嵌入式养老服务模式,从而形成良好的社区养老氛围。

5. 加大财政资金支持力度,支持社区嵌入式养老服务机构发展

针对社区嵌入式养老服务机构建立初期,建设运营成本高、投资回收期长、收支难以平衡的问题,政府部门应主动承担财政投入职责,在已出台的税费减免政策和床位补贴的基础上,有针对性地加大设施建设、改造、人员等项目的补

贴力度。可借鉴上海的成功经验,由政府在社区投入资金负责社区嵌入式养老服务机构前期的适老化设施改造和建设,建成后由民营养老服务负责运营。对社区嵌入式养老服务机构给予一定的人员补贴,鼓励运营机构雇佣持有养老护理员等级证书的护理员和专技人员,给予一定的奖励补贴。为了保证补贴资金的规范使用和作用发挥,政府也应对社区嵌入式养老服务机构的补贴资金使用情况、组织运营情况、服务质量情况等进行必要的监督。此外,还应积极探索对提供社区嵌入式养老服务的企业,给予同等待遇的运营补贴支持政策。

6.强化扶持政策供给力度,提供制度保障

政府应通过系统的政策扶持和制度设计,出台一系列支持政策,引导社区嵌入式养老服务行业健康有序发展。制定社区嵌入式养老服务行业相关规划,强化顶层设计,准确把握未来发展方向,避免资源浪费。制定切实可行、可落地的方案,以强化社区嵌入式养老服务机构的规范性建设,并随着实际情况的变化持续更新完善管理办法、指导意见等政策法规,逐步构建起完善的社区嵌入式养老服务行业政策体系,形成明确的政策依据和标准规范。强化"医疗"和"养老"服务相关领域的有效衔接和深度融合,主管部门统一监管,整体推进,打破养老服务、医疗服务、公共服务和福利保障发展之间的部门壁垒,破除体制机制限制,各部门协同联动保障社区嵌入式养老服务的健康长远发展。

参考文献

[1]赵小兰、孟艳春:《社区"嵌入式"养老服务模式:优势、困境与出路》,《河北大学学报(哲学社会科学版)》2019年第7期。

[2]贺日孜:《我国社区养老模式探索与创新》,《经验交流》2022年第12期。

[3]黄建:《整合与赋能:社区嵌入式养老服务模式优化研究》,《学术界》2022年第5期。

天津市智慧养老高质量发展
路径研究

王泽敏　天津市经济发展研究院高级经济师

朱　鹏　天津市经济发展研究院正高级经济师

在以推动经济社会高质量发展为主题,同时实施积极应对人口老龄化国家战略的宏观背景下,伴随着"互联网＋"、云技术、大数据等现代新兴技术的蓬勃发展和广泛应用,智慧养老应运而生。智慧养老不仅成为促进天津养老服务产业升级、落实应对人口老龄化国家战略的有效手段,更在天津市融入新发展格局、推动经济社会高质量发展方面发挥着重要作用。

一、智慧养老高质量发展的内涵及特征

(一)智慧养老内涵

智慧养老,是指通过物联网、互联网、大数据、云计算等先进的信息技术和养老服务充分融合,构建起联结老人、家庭、社会、组织和政府的综合适应性体系,聚焦老年人的医疗卫生、护理健康、紧急救援、日常护理、文娱消遣、知识共享等,深度剖析养老需求,高效整合养老资源,提供即时、便捷、高效、智能、个性、精准的养老服务模式,从而提高老年人的生活质量和安全指数。

(二)智慧养老高质量发展特征

一是智慧化,是指充分利用信息技术,将养老服务的各个环节进行信息化、智能化处理,建立起全方位、多层次、全流程的信息交互和数据共享机制,采用先进的智能化设备、信息化管理系统,为老年人提供智慧化服务。

二是数字化,是指通过数字技术将养老服务内容、形式、流程等各个方面进行改进和升级,对老年人的生理、心理、社交等方面进行全方位的数据采集、分析和应用,建立智能化、数字化的养老服务平台,打破服务的时间和空间限制,更好地满足老年人多样化的需求。

三是社会化,是指通过社会资源整合,建立起全社会共同参与的养老服务体系,形成养老服务的共同治理机制,建立起以政府为主导,社会组织、企业、家庭等多方参与的养老服务体系,实现养老服务的全民化、普惠化。

四是个性化,是指在充分尊重老年人个性化需求的基础上,根据老年人的性别、年龄、文化程度、兴趣爱好、健康状况等因素,为老年人量身定制更具个性化、差异化的养老服务。

五是便捷化,是指充分考虑老年人的使用场景,优化服务设计和界面设计,提高服务的灵活性和可携带性,在任何时间、任何地点都能够方便地提供智慧养老服务,满足体验感和便捷度。

六是可持续化,是指智慧养老要遵循可持续性的基本原则,采用清洁能源、绿色材料等环保技术,在节约能源、减少碳排放、资源共享等方面积极推进可持续化发展,实现多方资源协同,提高资源利用效率。

二、天津市智慧养老发展基础与成效

(一)政策环境持续优化

天津相继制定出台了一系列智慧养老扶持政策文件(见表1),为天津市更好发展智慧养老服务提供了重要的政策支持。在全国率先出台了《天津市养老服务促进条例》,以立法方式促进、鼓励、规范了本市的养老服务业发展,同时较早建立了养老服务地方标准,成为全国养老服务标准化体系的典范。近两年更是密集出台《养老机构医疗养老结合基本服务规范》《社区老年人日间照料中心管理规范》等若干文件,推动天津智慧养老向标准化、规范化迈进。

表 1   天津市部分智慧养老支持政策

名称	发布机关	发布时间	主要内容及意义
《天津市推进智慧城市建设行动计划(2015—2017 年)》	市工业和信息化委	2016 年 6 月	指出智慧养老、智慧社区、智慧居家等以为老、便老、惠老为目标的智能化养老服务的构建
《天津市智慧健康养老产业发展实施意见(2018—2020 年)》	市工业和信息化委、市民政局等	2017 年 7 月	从整体上对天津市智慧养老服务平台进行把控,从市、区两级同步推进。扶持企业和社会组织探索智能健康养老模式
《天津市促进养老服务发展三年行动方案(2019—2021 年)》	市民政局	2019 年 10 月	发展智能健康养老。加强老年辅助技术、智能服务机器人研发和推广应用。推动企业和养老服务机构对接,充分运用智慧健康养老产品,创新健康养老服务模式
《天津市建立完善老年健康服务体系实施方案》	市卫生健康委等七部门	2020 年 9 月	构建包括健康教育、预防保健、疾病诊治、康复护理、长期照护、安宁疗护的综合连续、覆盖城乡的老年健康服务体系
《天津市深入推进医养结合发展实施方案》	市卫生健康委等 10 部门	2020 年 8 月	加快建设居家社区机构相协调、医养康养相结合的养老服务体系。加强医养结合信息化支撑
《市教委关于广泛开展老年人运用智能技术教育培训的通知》	市教委	2021 年 8 月	全面发动、统筹协调各优质教育资源服务,老年人运用智能技术教育培训

名称	发布机关	发布时间	主要内容及意义
《天津市智慧城市建设"十四五"规划》	市政府	2021 年 12 月	创新智慧养老服务模式,以智慧手段服务线下安全监护、健康管理、情感陪护等,为老年人提供更加精准、优质、便捷的医疗健康和养老服务。聚焦老年人日常生活涉及的高频事项,提供更多智能化适老产品和服务,坚持线上服务与线下服务相结合,丰富老年人数字生活

资料来源:根据相关部门发布的政策文件整理而成。

(二)智慧养老模式不断创新

天津加快推进新一代信息技术与健康管理、医养结合深度融合。2021 年智慧养老纳入天津"互联网＋医疗健康"示范项目。天津各区积极响应政策,开展智慧养老模式的探索实践。河西区积极探索智慧居家养老模式,依托智能科技、大数据、云计算等先进技术,联合多部门打造"云端管家"智慧养老平台,居家养老试点经验获国务院督查组通报表扬并向全国推广,"老人家食堂"已成为天津养老服务的一张名片。南开区以智慧社区养老模式为特色,先后出台一系列扶持政策,依托社区日间照料服务中心和区智慧养老云平台,延伸机构养老服务。滨海新区智慧养老持续升级,瞄准国际前沿,积极引进智慧养老的创新资源,"柠檬树互助式养老""天同保姆式医养结合养老"等多种养老模式持续激发智慧养老产业活力。

(三)智慧养老社会化进程日益推进

通过资源对接会等形式,促进各区交流互鉴,助力疏通堵点难点。加强多方联动,搭建企业与社会服务机构、区街、社区的对接平台,促进养老服务企业和社会组织对接,助力政企增进了解、协商合作,提升供需"双选"时效。聚焦养老服务机构投资额度大、回本周期长等实际情况,与国家开发银行天津分行、养老服务企业等深化"银政企"合作,引入银行业保险业资源,探索实施"金融助力养老"新模式。

(四)智慧养老信息化建设提质升级

近几年,天津信息技术与智慧养老服务不断融合发展,先后建立市级养老机构信息管理平台、居家养老信息管理平台、老年人助餐服务信息平台和市养老服务网等。2021年天津"银发"智能服务平台入选国家第一批运用智能技术为老年人服务的示范案例。同时,全市16个区同步推进区级平台建设,居家养老应急呼叫服务平台、居家养老信息服务中心、健康服务等各具特色的智慧化养老服务大数据平台纷纷建立,对养老服务机构实现了"可视化"监管,运用智能设备为空巢、重残、高龄等重点保障的老年人构建起安全防护网。

(五)智慧养老试点示范建设初显成效

大力引进扶持智慧养老服务企业,如乐聆智慧养老、天津九安医疗、九樱万联电子商务、爱德励智慧养老、柠檬树居家养老、鹤童公益养老集团、如鱼居家养老等一批致力创新的智慧养老企业不断发展壮大。积极推进智慧养老应用试点示范项目建设,打造并提升智慧健康养老品牌。目前天津九安医疗等3家企业被授予国家"智慧健康养老示范企业"称号,河东区东新街道被授予国家"智慧健康养老示范街道(乡镇)"称号。打造智慧健康养老示范基地,中日健康产业园的加快建设和发展,将形成天津智慧健康养老产业的集聚和示范带动,进一步提升天津智慧养老服务水平。

(六)人才智力支持不断强化

以行业组织为平台,促进行业规范发展,成立"智能居家养老服务专业委员会",整合社会各界智慧养老优质资源,搭建企业与政府、与社区沟通互动、协同发展的平台。注重提升数字素养及技能,成立了天津市切实解决老年人运用智能技术困难联席会议制度,合力推动解决老年人运用智能技术困难问题。

鼓励支持院校合作,依托天津职业大学、天津理工大学等高校成立"天津市养老服务研究中心",设立了全国第一批老年学本科专业,并在多所职业院校开办了养老护理专业,为天津智慧养老的发展提供了人才保障。

三、天津市智慧养老存在的问题及成因

(一)顶层设计不足,标准规范亟待健全

从整体布局看,全市智慧养老建设的顶层设计还不足,对全市智慧养老的发展目标、重点领域以及对智慧养老场景、模式、技术、产品等开发建设统筹规划的还不够系统、完善。由于尚处于智慧养老探求阶段,还缺少相应的经验,规范化、标准化体系仍需不断健全。各类智能养老服务产品和系统在技术、数据、产品标准等方面还缺乏科学、公认的标准与规范,在风险评估、质量管理和监控、纠纷处理等方面的标准化工作刚刚起步。已有的相关技术规范及制度保障不能及时跟进与完善,导致智慧养老产品质量差异较大,适老化应用效果不佳。由于缺乏足够的法治保障和约束,有关部门和开发商在投资智慧养老领域时信心不足,难以吸引资本参与。

(二)相关体制机制不健全,政策支持仍需加强

智慧养老建设涉及发展和改革委、工业和信息化委员会、民政局、卫生健康委、公安局等多部门的工作,一方面,由于缺乏有效整合,各部门难以实现数据信息资源的共享共用。另一方面,由于跨部门的协作和利益协调机制仍不健全,许多政策很难落实到位,缺乏从上到下落实的推动力。同时,智慧养老各主体之间在沟通、协调、合作、互动等方面也缺乏有效的协调机制,导致智慧养老服务资源不能有效整合,距离真正建立起互联互通、信息资源共享的数据库以及养老服务系统还有一定的差距。

(三)产业间融合创新不够,尚未形成完整的产业链

智慧养老涉及信息技术、健康医疗以及包括地产、保险、金融、教育等养老

服务的诸多领域,跨界融合深度不足,各产业间协同仍不完善,产业资源还不能实现跨界整合,与社区、居家、机构养老融合模式不多,养老服务缺乏系统完整性,服务内容零碎,服务模式单一,对老年人深层次的精神需求以及文化娱乐等方面关注度较低。天津智慧养老市场机制还不完善,产业链的上、中、下游企业间缺乏互联互通、科学高效的协同组织模式和良性循环的运行机制,与健康医疗、智能监护、养老金融、文化体育、智能制造等领域深度融合不够,尚未形成完整、成熟的智慧养老产业链,制约了智慧养老产业的集约化、规模化、集群化发展。

(四)龙头企业和产品不足,应用场景还需进一步拓展

智慧养老领域龙头企业欠缺。目前天津智慧养老产业以政府推动为主,加之智慧养老本身投资大、回收周期长、研发成本高等,限制了智慧养老龙头企业的进入。截至目前,我国智慧健康养老应用试点示范名单中,天津智慧养老示范企业只有3家,与北京、上海、浙江、山东等地相比存在较大差距。养老服务产品智慧化不足,对健康数据分析处理、智能传感等智能设备及关键技术的研发仍然欠缺,机器人等高端智能产品相对较少,智能监测及康复设备等低端同质化产品较多。天津仅有9款产品、2项服务入选2020版全国智慧养老健康产品和服务推广目录,提升空间依然很大。部分智慧养老产品与老年群众实际需求不符,产品的实用性及体验较差,降低了老年人享受智慧养老的意愿。智慧养老应用场景还需进一步拓展,目前对天津老年人的需求研究还不深入,亟须丰富拓展一批老年人需求较大的智慧养老应用场景,通过细化需求点,实现智慧养老服务供需精准对接。

(五)宣传推广力度薄弱,智慧养老社会氛围不足

宣传推广力度不够,在对于智慧养老的先进理念、养老服务产品和技术的宣传上以及对老年人在使用操作的培训上都没有达到应有的高度,导致大多数老年人对于智慧养老的认知不足,阻碍了社会对智慧养老的接受和支持,致使市场很难针对不同年龄段以及不同特点的老人,对服务产品进行大规模的扩

张,制约了智慧养老市场的培育和发展。

(六)人才制度体系仍需健全,人力资源支持不够

智慧养老相关复合型人才不足。智慧养老涉及多行业、多学科,同时具备信息技术、医疗护理、老年学、社会学等复合型、专业型人才不多,尤其缺乏智慧养老产品设计研发、智慧养老服务平台研发、行业操作规范等方面的高端人才、智慧养老服务发展规划的高级人才。专业养老护理人员不能满足社会需求。现阶段社会普遍对养老专业护理人才的社会认同感不高、待遇不高,导致天津养老服务人员整体年龄偏大,人员流动性大,并且缺乏护理专业技能,更缺乏适应操作智慧养老设施与设备的专业技能,服务质量无法得到保证。

四、天津智慧养老高质量发展实施路径

(一)政府层面

1. 完善顶层设计,强化政策扶持

一是科学研判,统筹规划。科学研判未来天津老龄人口发展趋势、广度和深度,加强市场调研,精准分析未来天津老龄人口结构以及其健康状况、经济实力、知识水平,准确把握其养老需求及消费意愿,明确天津智慧养老市场发展目标和重点领域,研究健全天津智慧养老体系和规划,推进智慧养老产业的集聚和规模化发展。二是加大政策扶持,完善相关法律法规。加强已有政策的协调推进,确保各项政策落地见效。加大对智慧养老产业的扶持和引导,制定相关产业政策和规范市场行为的法律法规,提升天津智慧养老政策的法律地位,创造良好的政策环境和法律环境。

2. 加强标准规范,推进协同发展

一是完善行业标准,加强市场规范。尽快建立全市智慧养老行业系列标准规范,同时注重智慧养老行业标准与信息化标准相融合。二是推进智慧养老产业的协同发展,加强智慧养老相关部门及行业之间的协调和对接,促进各方的

合作和交流,确保智慧养老项目从规划、设计到建设、运营以及后期的管理、维护等全过程协调推进。建立政府、产业、社会组织等各方参与的协作平台,搭建产学研用的合作机制,推动产业资源的共享和互补,实现政府、企业和市场之间的良性互动。

3.整合公共资源,完善智慧养老服务系统

一是积极推动公共资源整合,落实跨部门、跨领域的合作机制,加强资源共享和数据共享,确保智慧养老有关各部门、各区、社会机构的信息平台之间实现互联互通。建立完善的信息安全管理体系,确保数据信息的安全性、可靠性和完整性。二是构建包括数据中心、智能家居、在线服务、社区互动平台等内容的智慧养老服务系统,并根据老年人的需求和特点进行设计和调整,开发智能化的服务模式,提供定制化、个性化的养老服务。

4.加强市场准入,完善行业监管

一是加强市场准入及资格认定。制定智慧养老服务市场准入标准,明确智慧养老产品和服务必须满足的技术、服务质量和安全等方面的要求,同时,针对从业人员的执业资格和技能认定问题,建议制定相应的政策措施,规范从业人员的行为,提高服务质量。二是建立健全监督评价机制和保障体系,完善智慧养老服务的监管制度,加强智慧养老服务的评价和考核,强化信息披露,完善投诉渠道,建立快速反应机制,确保服务质量和水平,推动智慧养老市场健康发展。

(二)市场层面

1.培育市场主体,引导产业集聚

一是培育市场主体。鼓励市场主体的创新创业,支持智慧养老龙头企业的发展壮大,同时支持中小企业发展,鼓励企业进行技术创新和研发,提升产业的整体竞争力,逐步建立兼顾大中小企业的多元化智能养老服务产业结构。二是引导产业集聚。建立多种合作模式,支持智慧养老企业与其他相关企业、机构进行联合开发,共享资源、优势互补。探索多种投融资方式,鼓励各种资本参与智慧养老产业,创新金融服务模式,拓宽智慧养老产业的融资渠道。三是积极推动新型基础设施与智慧养老服务相融合,提升养老服务基础设施智能化水平。

2.推动融合发展,创新智慧养老新模式

一是促进智慧养老和传统养老服务相融合,鼓励养老机构引进智能设备和技术,进行现代化改造,提升服务品质和水平。积极推广居家养老智能化建设,推广运用智能网络技术实施适老化改造,大力推动智慧养老与居家养老深度融合。二是推动互联网医院与智慧养老体系相融合,推广互联网医院这一全新医疗服务模式从医院向社区、机构和家庭延伸。三是促进智慧养老产业与其他产业的融合。将智慧养老产业与健康、旅游、文化、金融、地产等产业有机结合,形成智慧养老服务生态圈。四是大力推进智慧互助养老模式。通过社区、社会组织等形式,建立老年人互助支持网络。

3.加强应用试点示范,推进智慧养老产业国际化

一是继续加强与支持市级智慧养老应用试点示范工作。通过市级智慧养老应用试点示范,促进各类智慧养老技术、产品、服务的创新和应用。通过试点示范的经验和效果,推广和复制成功的智慧养老模式和产品,扩大智慧养老服务的影响范围。二是推进智慧养老产业国际化,制定包括市场开拓计划、品牌推广策略、合作伙伴选择等内容的国际化发展战略,调整现有的智慧养老产品和服务,确保有针对性地开展国际化业务加强国际合作与交流,吸引国际智慧养老服务机构和高端人才,引进智慧养老产品和技术,提高智慧养老国际化水平。

(三)社会层面

1.健全宣传推广机制,培养智慧康养理念

一是建立智慧养老宣传推广工作机制,将相关部门和社会组织的力量整合到一起,形成推广合力,制定涵盖不同渠道和内容的宣传计划,包括线上媒体、线下活动、社交媒体等,针对不同的受众群体,采用不同的宣传方式和渠道,定

期举办智慧康养宣传活动,加强智慧养老宣传的针对性和实用性。二是加强舆论引导,营造尊重文化,提高全社会对养老护理职业的关注和尊重,加强对养老护理人员的培训和福利保障,加强宣传优秀事迹,提高养老服务人员的职业荣誉感和社会认同感。

2. 推进适老化改造,提升数字素养

一是不断推进智慧康养适老化信息环境的基础建设,在养老机构、社区和公共场所进行基础设施适老化改造的同时,整合智能化技术,鼓励老年人使用智能设备,推广智能家居设施。二是积极开展老年人的信息技术培训和教育,提高老年人的数字技能和信息意识。尤其加强老年人使用智能化产品方面的培训和推广,提高老年人的使用体验。

(四)技术层面

1. 推广人工智能建设,提高科技支撑能力

一是创建专门的研究机构或实验室,聚集人工智能领域的专家和技术团队,致力于探索人工智能在养老领域的应用。加强老年人的数据收集与分析,研发智能化的健康监测设备,开发智能助理应用,加强智能语音、人脸识别、机器学习等技术的推广和应用。二是建立数据管理和隐私保护机制,健全智慧养老数据管理政策,明确数据采集、存储、处理和共享的规范,加强数据安全技术应用,开展定期安全审查和风险评估,保障老年人信息的安全。

2. 加强研发创新,强化智慧养老产品科学供给

一是提高智慧养老产品的研发和创新能力,包括开发更加人性化、可靠性更高的智能化产品和服务。积极推进新技术、新产品在智慧养老领域的应用,如物联网、大数据、人工智能等,同时加强对智能化设备的技术升级和维护,提升智慧养老产品的品质和功能。二是建立科学的产品供给和服务体系,满足老年人和家庭多样化的需求。加强产品质量控制和监管,确保产品符合国家标准和老年人的实际需求。注重多元化的产品供给,通过定制化、差异化等方式提供个性化服务,满足不同老年人的需求。

3.构建阶梯培育机制,打造多层次人才队伍

一是建立多元化、个性化的人才培训机制,结合实际情况,通过政府、企业、高校等不同渠道,为各级智慧养老从业人员提供专业培训、职业技能提升和知识更新等服务,提高其专业水平和服务质量。二是创新人才激励机制,采取多种形式的激励措施,鼓励智慧养老从业人员不断提高自身素质和能力,并吸引更多的人才加入到智慧养老事业中来。三是加强智慧养老领域的科学研究,支持高校、科研机构、企业等单位在智慧养老领域开展科学研究,探索新的技术、模式和服务,为智慧养老的发展提供科技支持和理论基础。四是建立人才储备机制,通过培养学生志愿者、引进优秀人才等方式,逐步建立一支有潜力的、专业的、多层次的人才储备队伍,为智慧养老的发展提供稳定的人才支持。